# **Coastal** Homes

**Editor**
Fernando de Haro • Omar Fuentes

# Casas en la Costa

**LIFESTYLES**
Nature & Architecture

autores / authors **Fernando de Haro & Omar Fuentes** diseño y producción editorial / editorial design & production **AM Editores S.A. de C.V.** dirección del proyecto / project managers **Valeria Degregorio Vega y Tzacil Cervantes Ortega** coordinación / coordination **Edali P. Nuñez Daniel y Martha P. Guerrero** texto original / original text **Luis Mariano Acévez** traductor / translator **Louis Loizides**

**Casas en la Costa 2 / Coastal Homes 2**

© 2006, Fernando de Haro & Omar Fuentes

ISBN español 9709726-30-7   ISBN inglés 9709726-31-5
ISBN 13 español 978-970-9726-30-5   ISBN 13 inglés 978-970-9726-31-2

AM Editores S.A. de C.V., Paseo de Tamarindos #400-B suite 102, Col. Bosques de las Lomas C.P. 05120, México D.F., Tel. 52(55) 5258-0279 Fax. 52(55) 5258-0556 E-mail: ame@ameditores.com **www.ameditores.com**

Ninguna parte de este libro puede ser reproducida, archivada o transmitida en forma alguna o mediante algún sistema, ya sea electrónico, mecánico o de fotorreproducción sin previa autorización de los editores.

All rights reserved. No part of this book may be reproduced or copied in any form or by any means - graphic, electronic, or mechanical, including scanning, photocopying, photographing, taping, or information storage and retrieval systems - known or unknown, without the explicit written permission of the publisher(s).

Impreso en China / Printed In China.

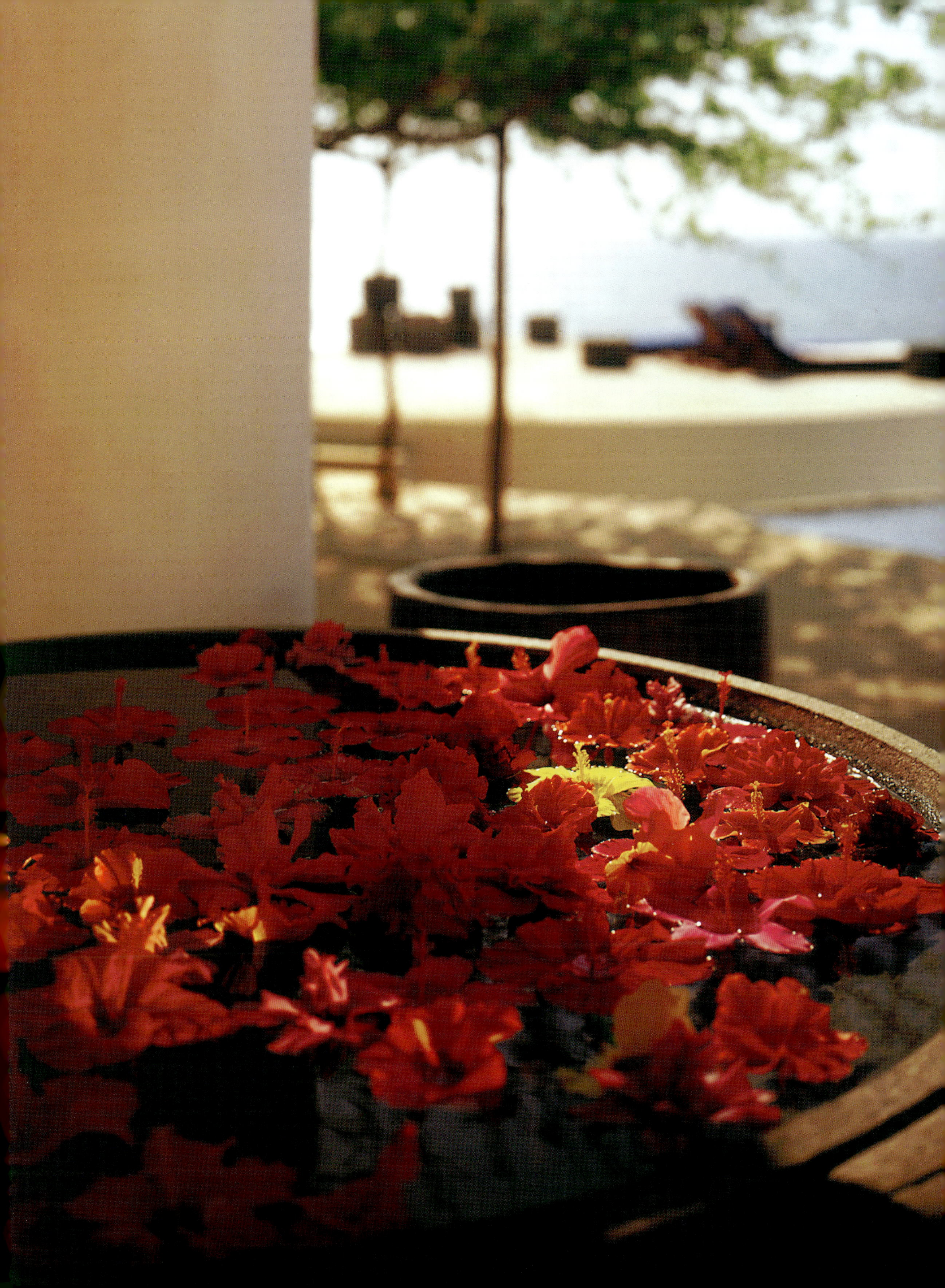

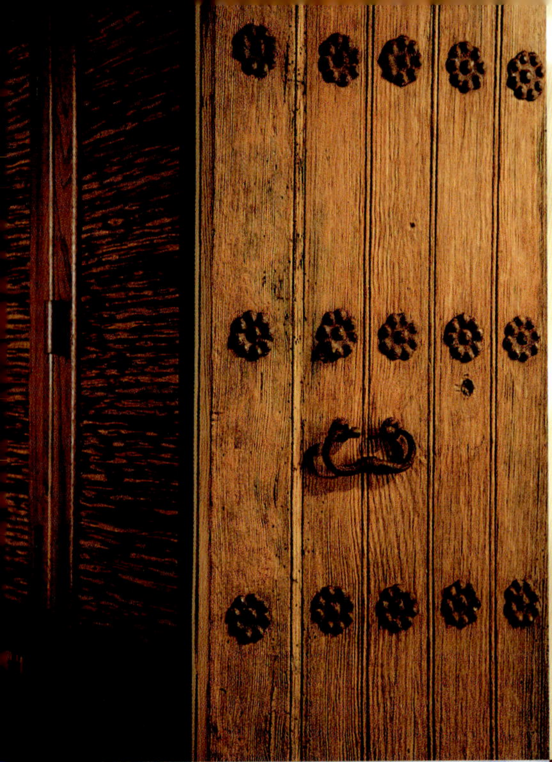
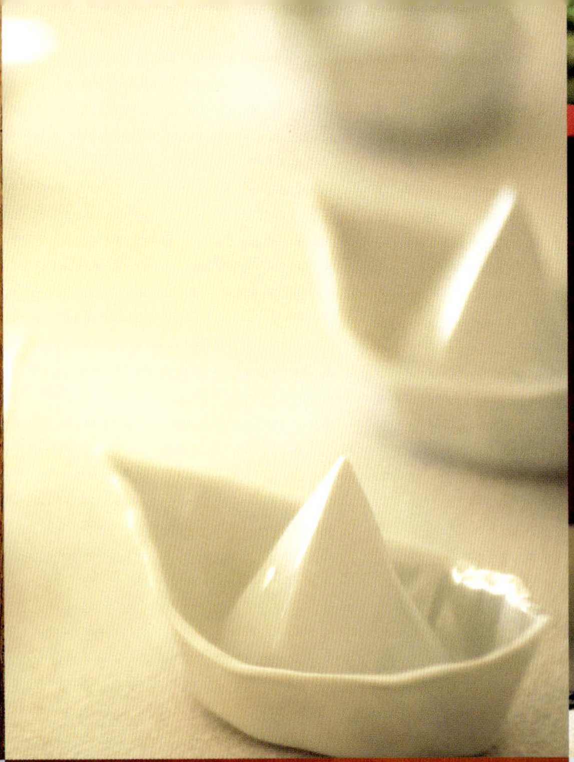
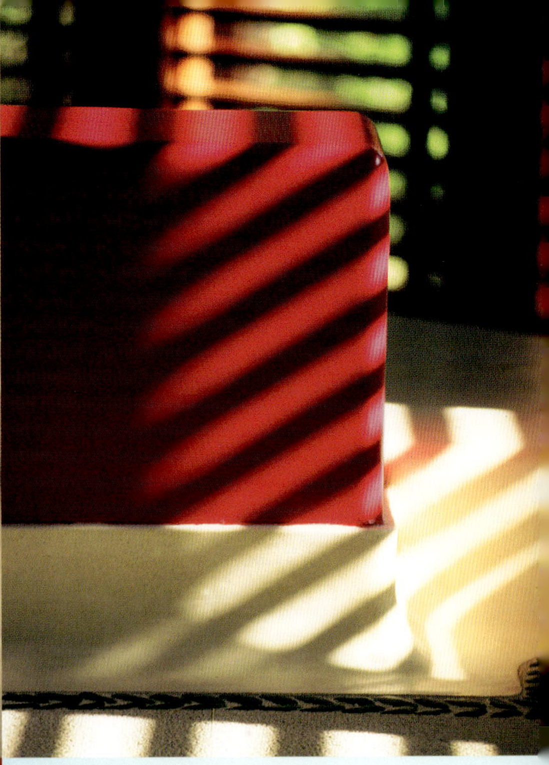
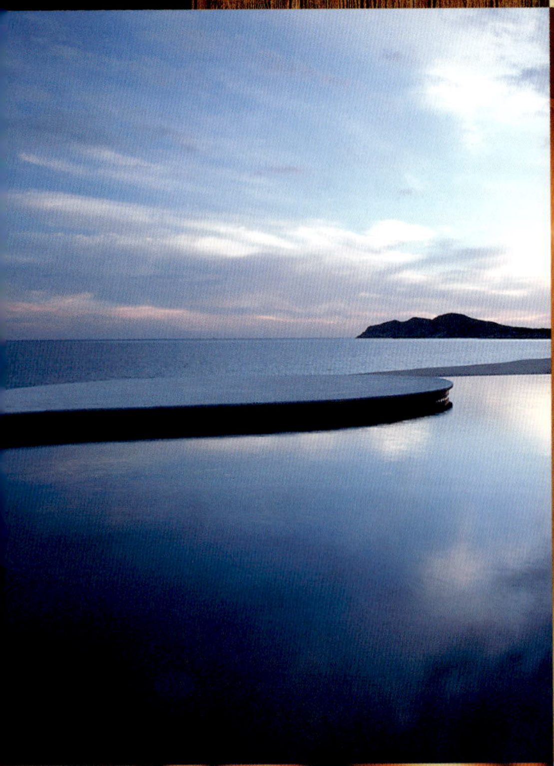
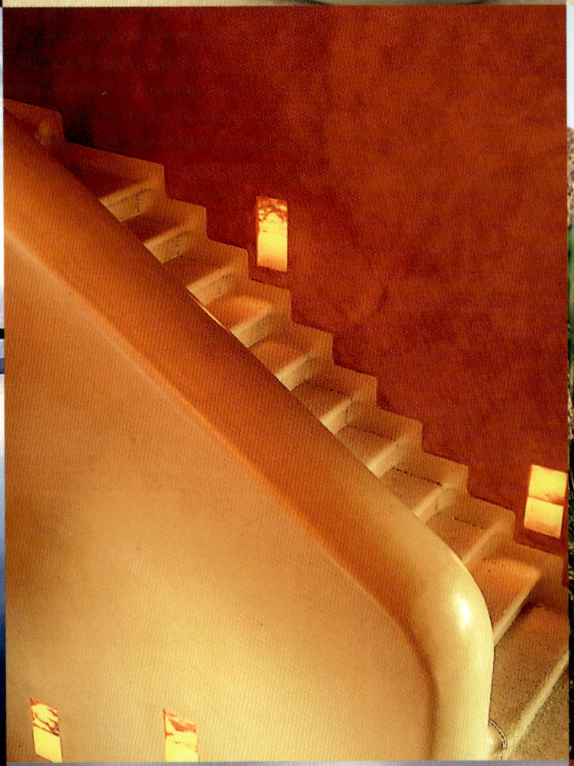
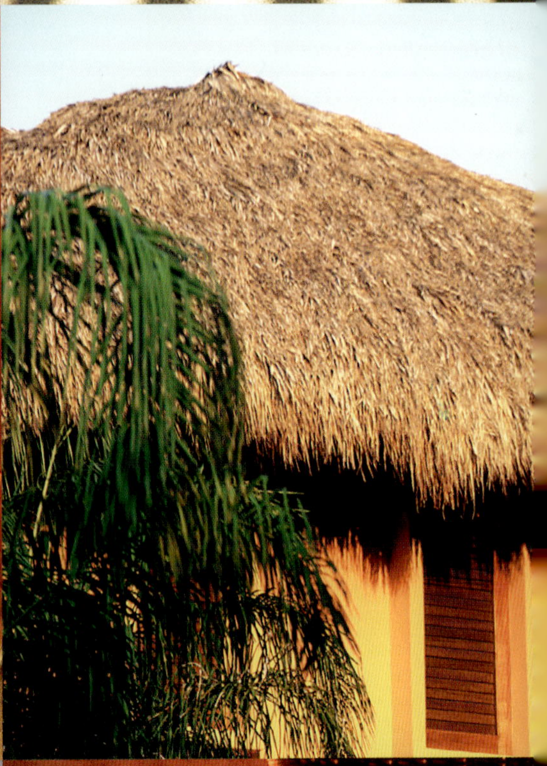

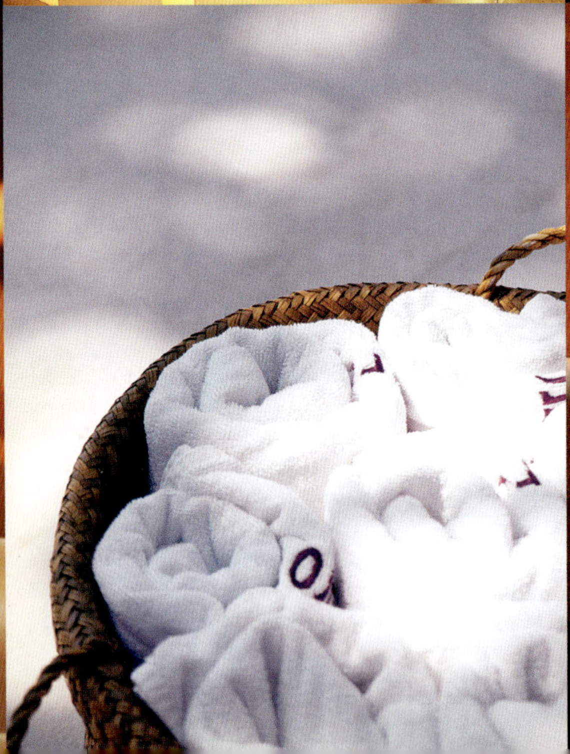
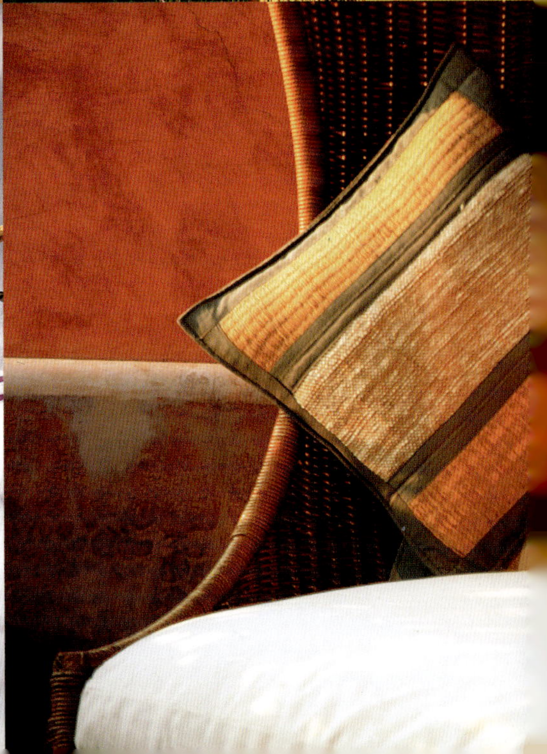

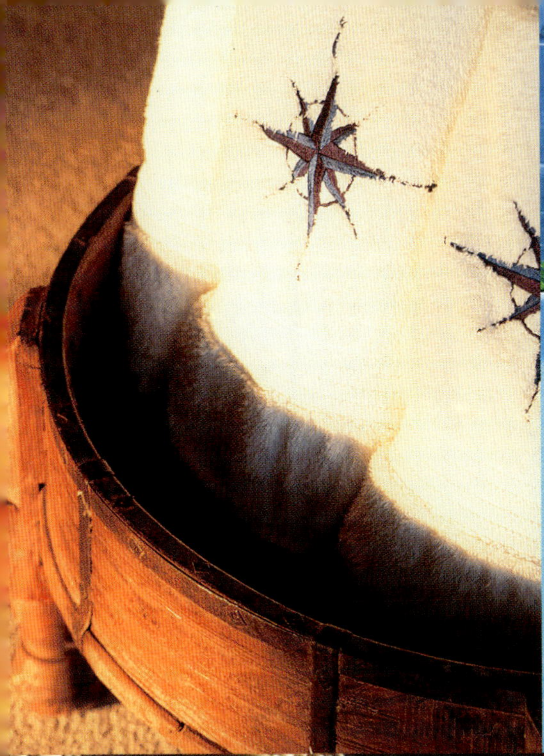
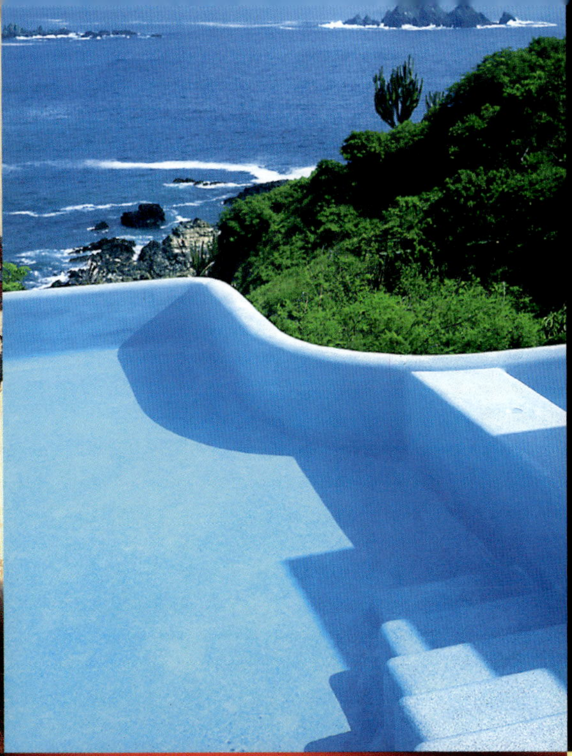
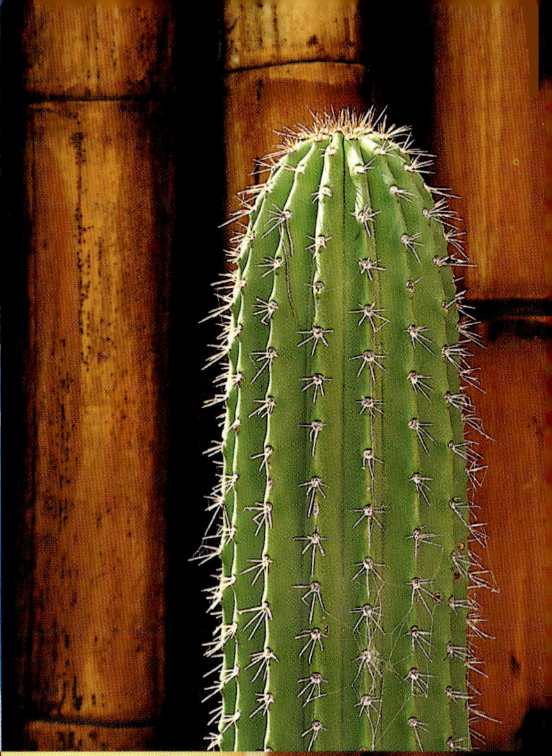
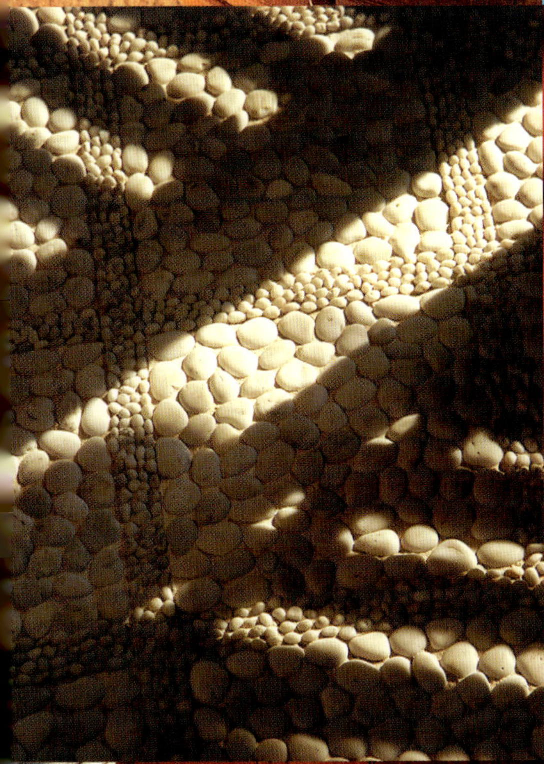
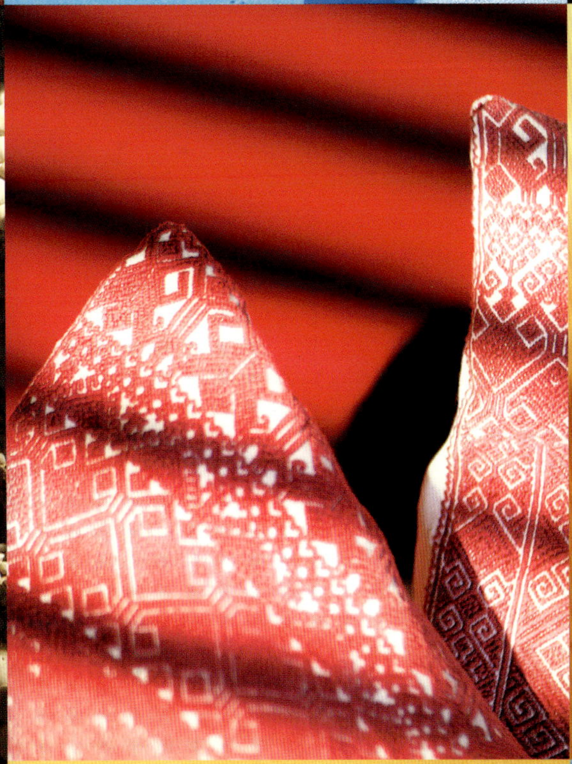
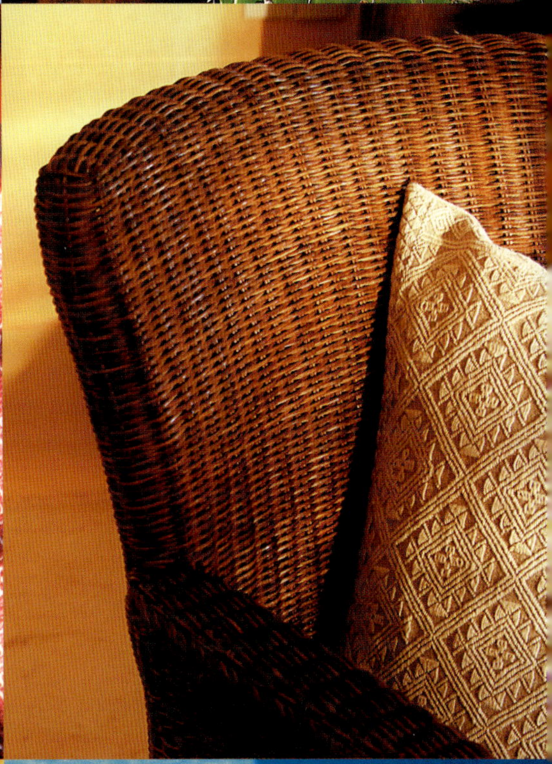
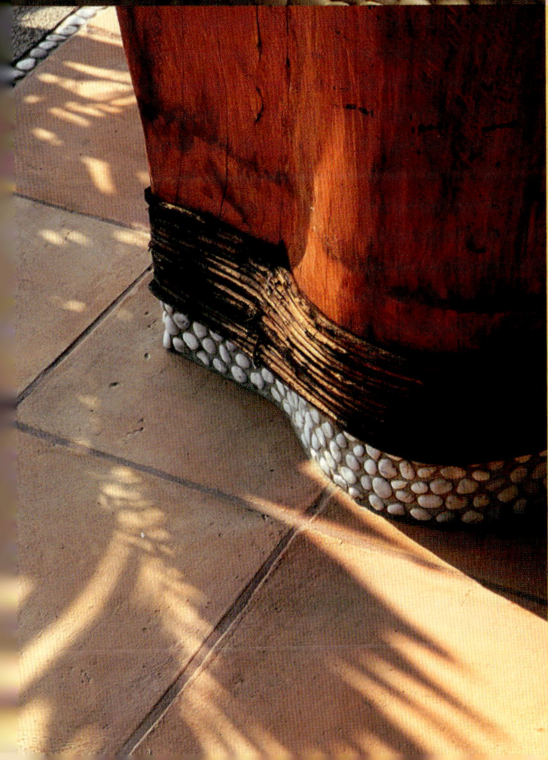
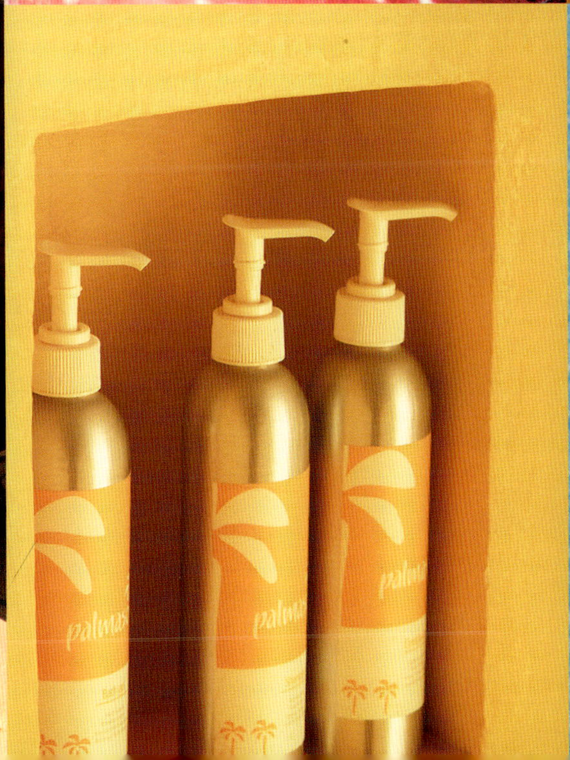

Contenido Contents

Introducción / Introduction — 12

Natural impressions
**accesos y exteriores** — 22
accesses & exteriors

Interior style
**estancias y comedores** — 66
living rooms & dining rooms

Intimate spaces
**habitaciones y baños** — 112
bedrooms & bathrooms

Outdoor life
**piscinas y terrazas** — 158
pools & terraces

Índice / Index — 210

# Introducción Introduction

Construidas en la extensa costa para la contemplación, para el reposo y para el ocio, todas las casas que se muestran en este libro tienen sin embargo, un propósito mayor. Como son el perfecto contrapunto de la ciudad, permiten recuperar el centro de nuestra plenitud humana frecuentemente extraviado para reconocernos a nosotros mismos en la cercanía del amor, para el regocijo de la amistad y para reconciliarnos con el mundo natural, del que somos deudores. En estas casas admiramos el genial acierto de su abrazo al paisaje costero, la armonía de los espacios y la calidad de la mano de obra y de las técnicas que hicieron posible su edificación. Más allá de todo eso, también podemos descubrir en nosotros mismos, como en un espejo, valores que el ritmo del trabajo diario y el acelerado quehacer de la ciudad, a menudo, nos impide sentir: la enorme importancia de la belleza que nos colma de significados, nuestra frágil hermandad con las plantas y con los animales; la necesidad del silencio y el privilegio de la mirada lejana sobre el mar; nuestra pequeñez bajo las estrellas y lo grandioso que puede ser todo lo humano cuando se vive intensamente.

All the houses portrayed in this book have been built on the coast to encourage contemplation, rest and leisure; but there is also an ulterior motive. As an ideal counterbalance to urban existence, they allow us to retrieve our often forgotten human qualities and see ourselves in a setting of love, joy, friendship and reconciliation with the natural world we are so indebted to. These houses will make us admire their effortless fusion with coastal scenery, the harmony of their spaces and the quality of the workmanship and methods used to build them. The possibility of finding in ourselves a reflection of the values that the daily routine of work and the hustle and bustle of the city often conceal from us: the vast importance of beauty that brings meaning to our lives, our fragile alliance with plants and animals; the need for silence and the privileged distant gaze out to the sea; our minuteness beneath the stars and the wonder of all things human when we live life to the full.

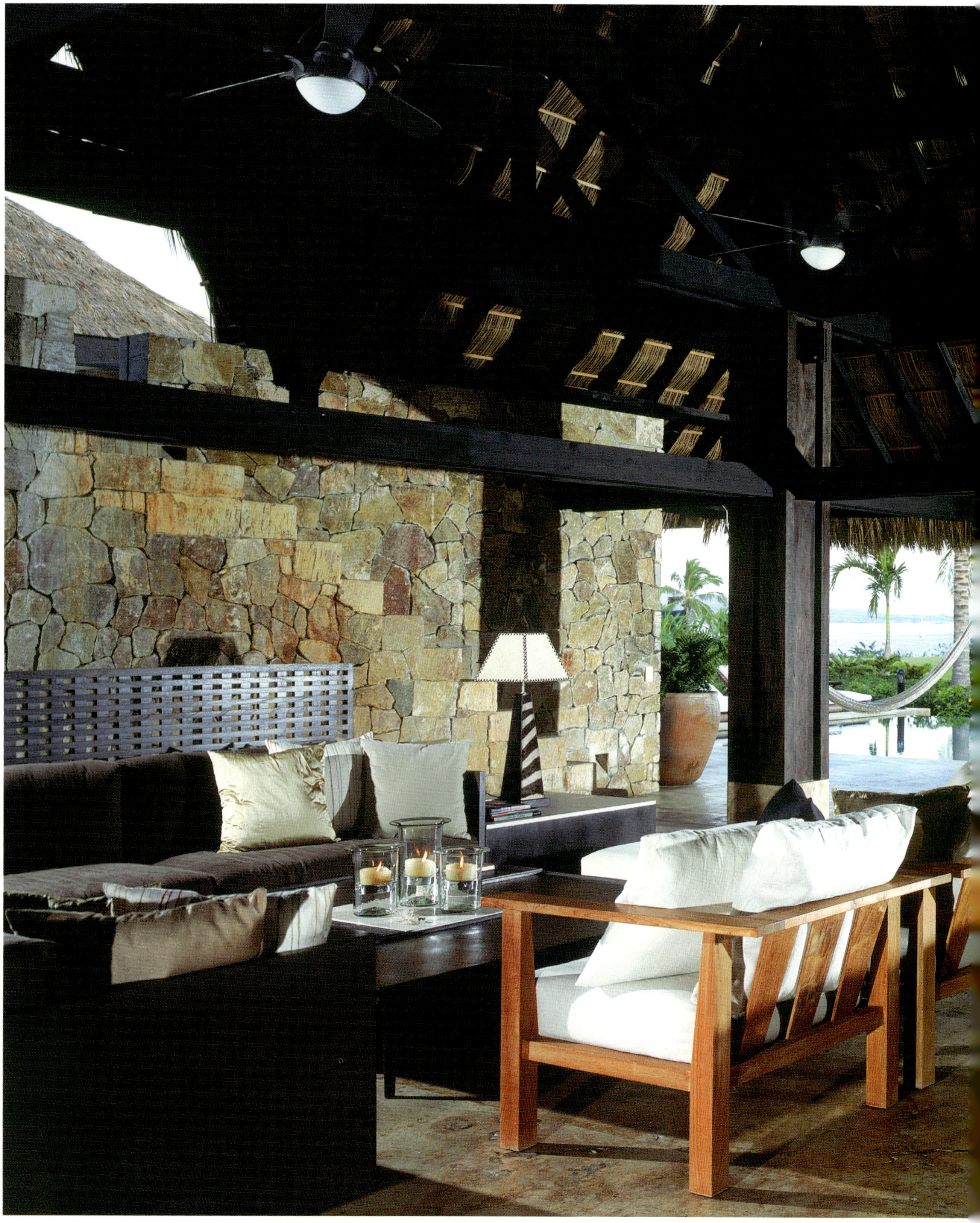

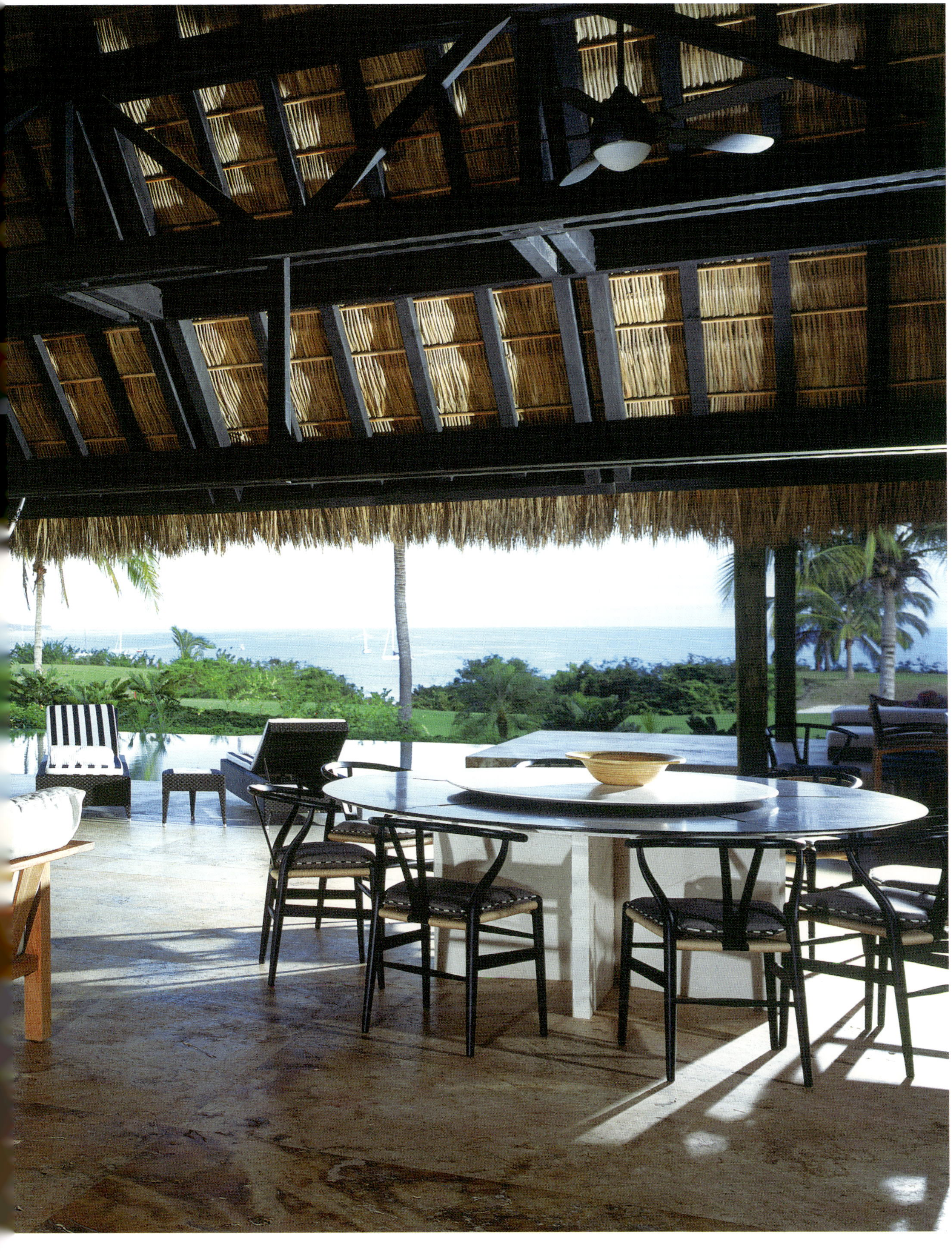

Podemos quedarnos en la tersa superficie de las hojas que forman este libro, acariciando en estas casas algunos sueños y deseos pospuestos, tal vez, envidiando en buena lid a sus habitantes. Podemos ir más lejos, dialogar con nuestro propio corazón, frente a las imágenes espléndidas, y compartir una manera de mirar al mundo y a la vida. Con profundo respeto por la sabiduría de los arquitectos que saben amar a la naturaleza, como prenda del amor que da sentido a las relaciones humanas, con el azoro provocado por la armonía y el sabor del color blanco, ocre y papaya que reviste los muros. Con el sentimiento de equilibrio y serenidad del contraste entre el agua dulce, cercana y fresca, con la inmensidad de ese mar que bautizaron Pacífico por su sonrisa tenue, podemos recrear todos los sentidos. Las imágenes traen el aroma del atardecer en la cocina secreta; los añicos de luz entre las vigas; el canto de las cigarras y los surtidores; la suavidad de la piel y los textiles, la tersura del mármol y la madera; la áspera fuerza de la piedra y el gustoso eco del tequila, el tamarindo y la guayaba. La impresionante belleza de estos espacios nace de su capacidad para convocar y anudar a las artes. Así, cada una de las casas cumple su destino al acompañar a sus habitantes y enriquecer, tanto su vida, como la vida de quienes desde aquí las admiramos.

We could confine ourselves to the smooth pages of this book, letting these houses remind us of our dreams and unfulfilled wishes, and maybe even allowing ourselves to envy their inhabitants. We could go further, finding out our hearts' true desires, reflected by some splendid photographs, and share an outlook on the world and life, based on admiration for the guile of architects in expressing their own admiration for nature, as a token of the love that defines human relationships, with the flush of harmony and the flavor of the white, ocher and papaya hues that caress the walls. Also present is the sense of balance and serenity in the contrast between the cool freshwater within easy reach and the vastness of the ocean they named the Pacific because of its tenuous smile that awakens the senses. These images evoke the fragrances of sunset in the secret kitchen; shards of light squeezing in between the rafters; the melodies of cicadas and fountains; the softness of leather and textiles, the smoothness of marble and wood; the unyielding toughness of stone and the pleasing echo of tequila, tamarind and guava. The stunning beauty of these spaces is created by their ability to convene and unite the arts. Each house is therefore true to its task of providing companionship and richness for its inhabitants and for those of us admiring it from these pages.

Los espacios se duplican hacia los lados y también hacia abajo. Las columnas crecen al hundirse en el agua y forman cuatro templos para el ritual nocturno del encuentro. A la vista, el sentido principal, le toca descifrar estos enigmas del espejo cósmico de la arquitectura.

Twice as much space is obtained extending sideways and downwards. The columns stretch out to plunge into the water and create four temples for the nighttime meeting ritual. The task of deciphering these mysteries of the cosmic mirror of architecture is entrusted to our principle sense: that of sight.

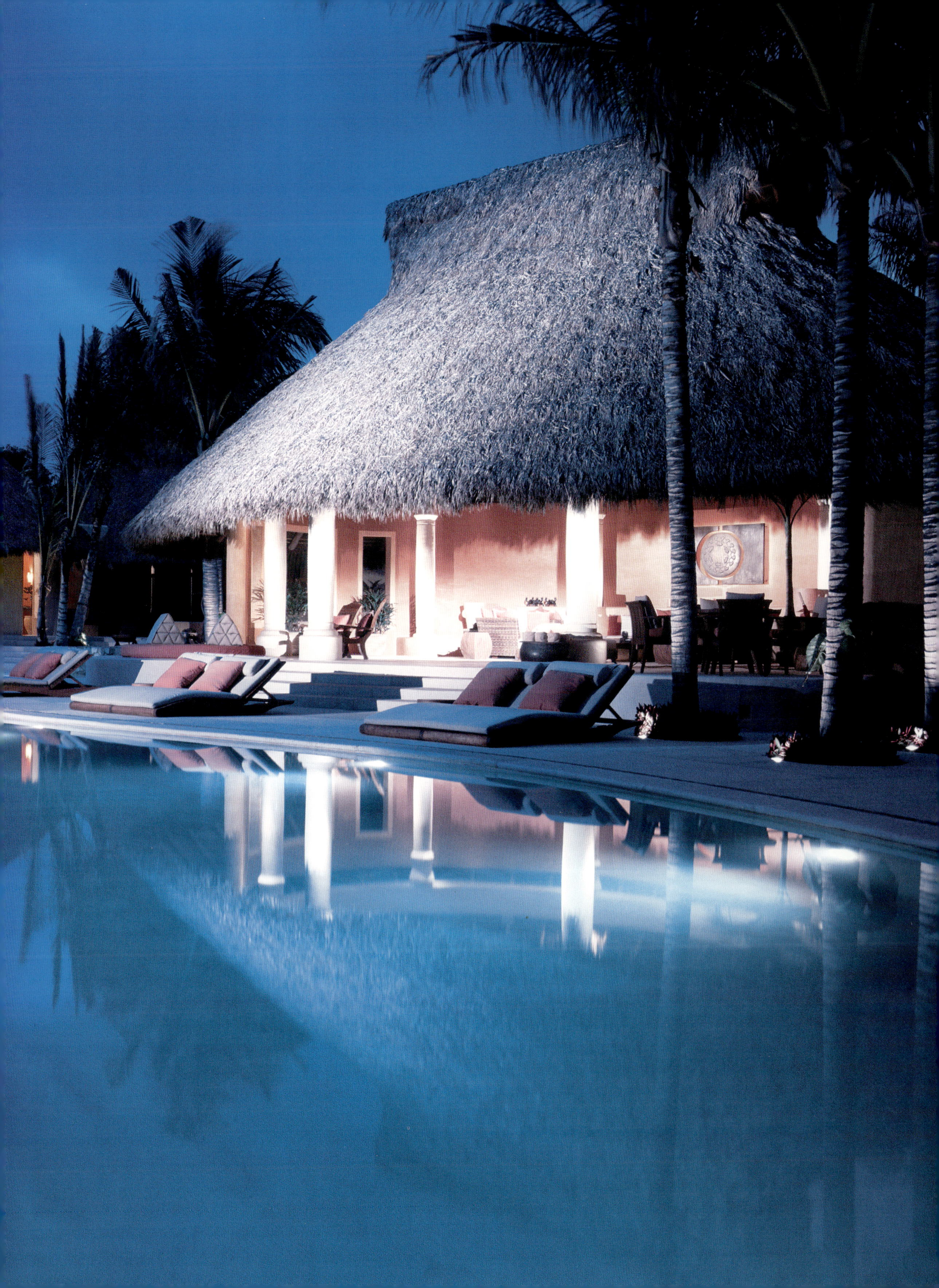

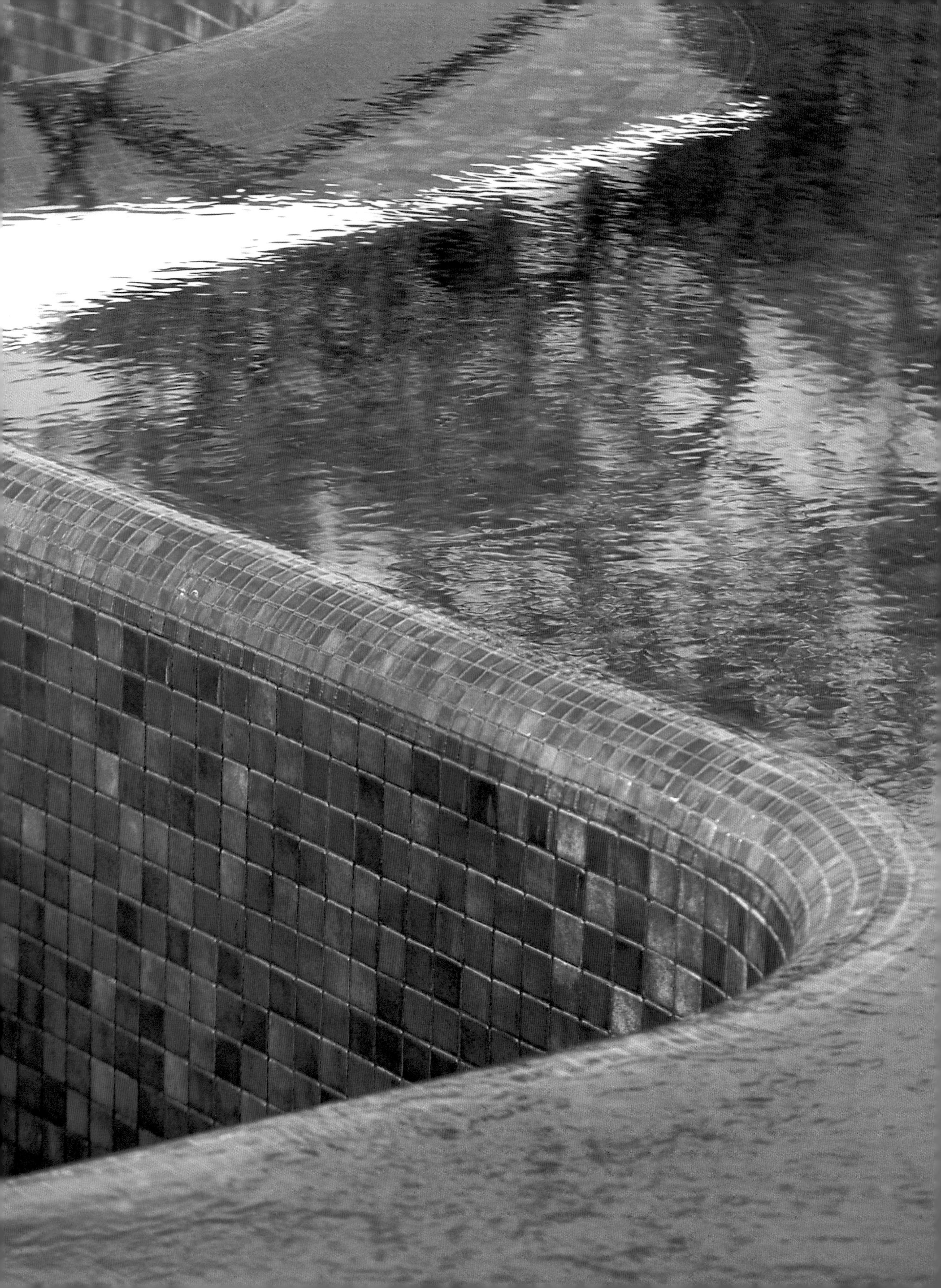

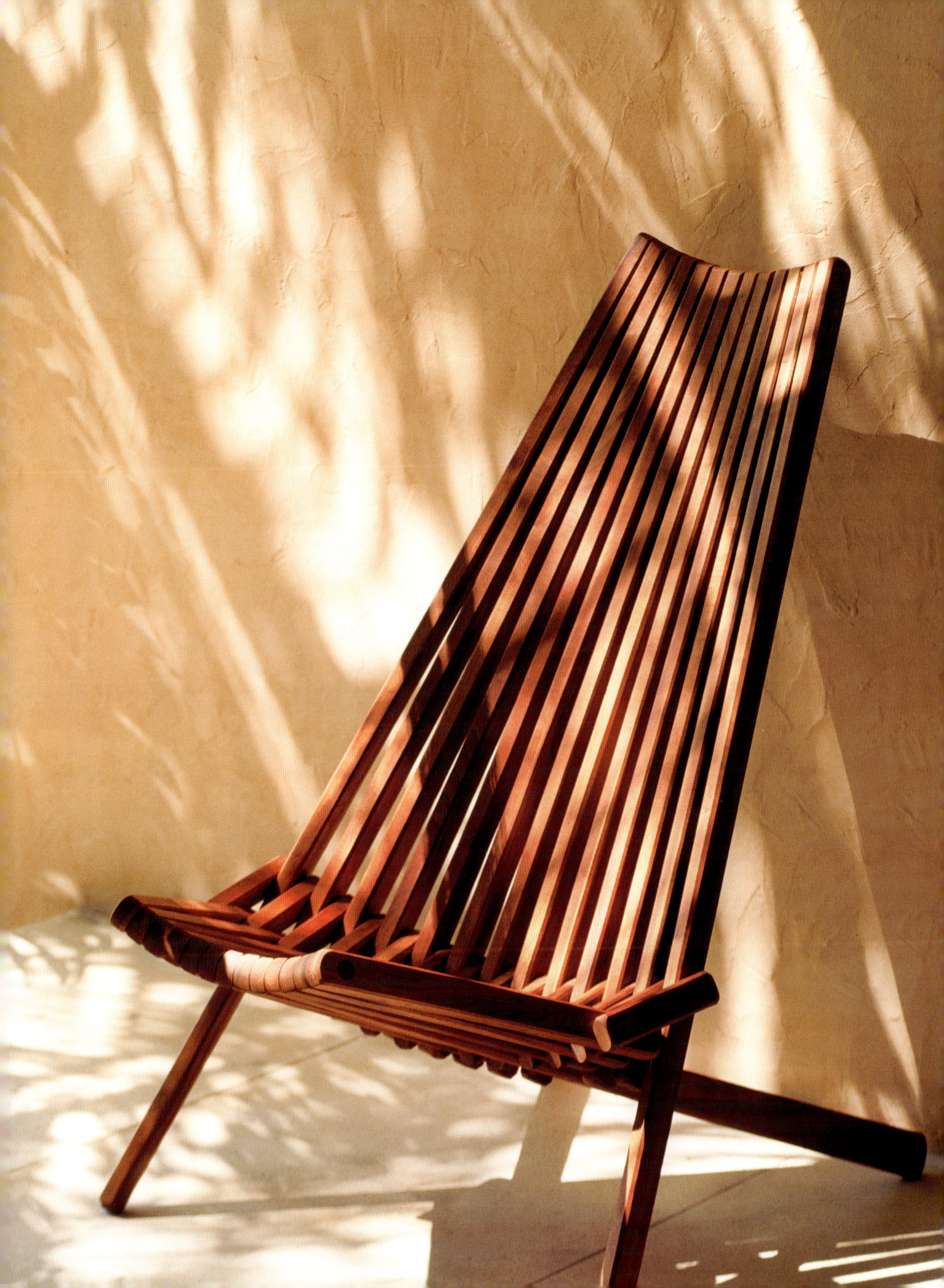

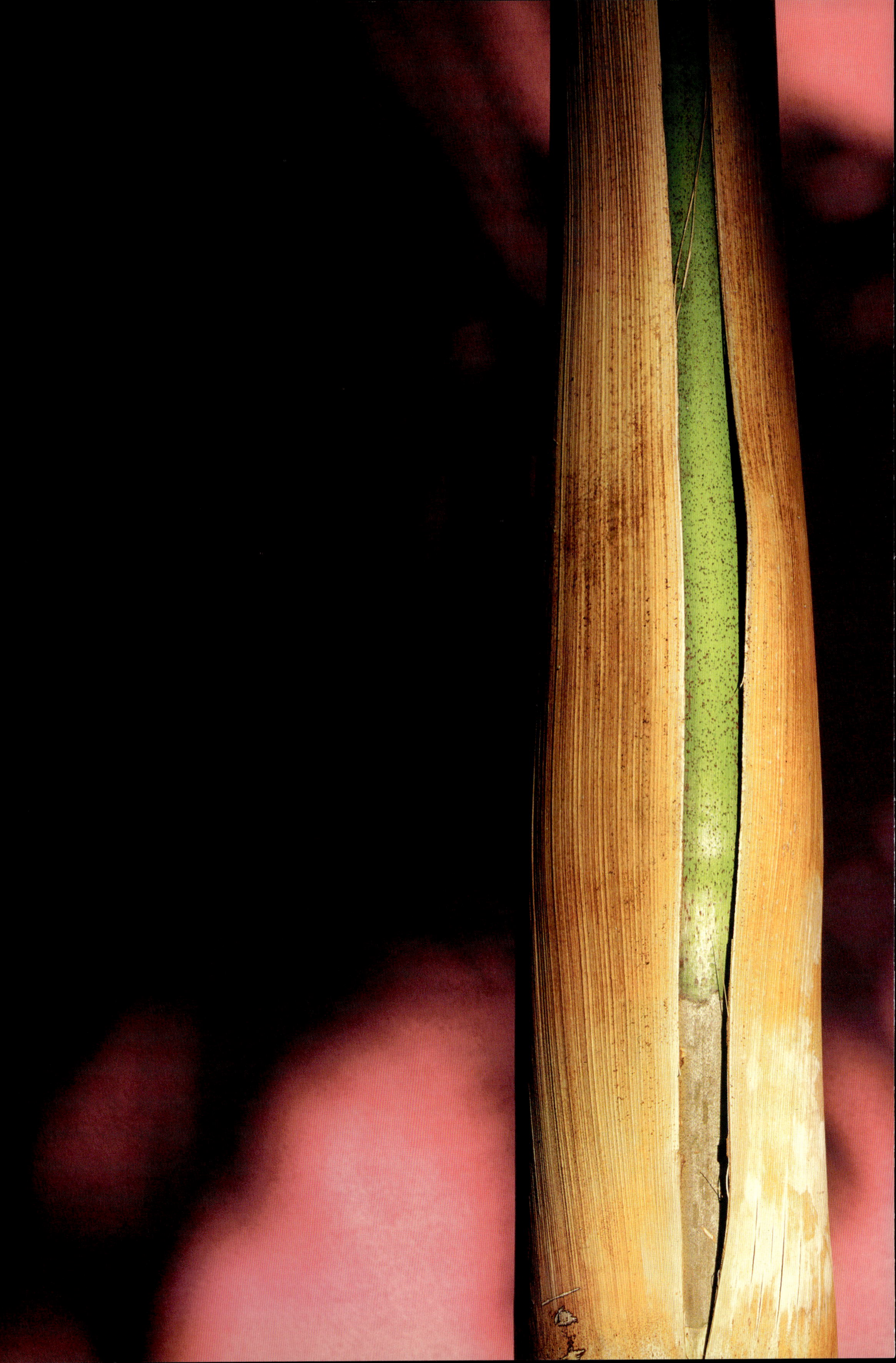

# NATURAL IMPRESSIONS
**accesos y exteriores**
accesses & exteriors

La arquitectura sucede entre el exterior y el interior. Anuda los espacios, los reparte, los define, les pone nombres. Aprendemos así lo que es un suelo, una puerta, un techo. Afuera queda el mundo, los otros, lo distinto y a veces extraño. Adentro, el silencio y la paz de la intimidad. En estas casas los ámbitos se confunden, se entrelazan. La naturaleza no sabe quedarse en los exteriores, y los interiores no son completamente ajenos a ella. Los accesos contienen siempre una promesa porque abrazan a las plantas, las guían y las van domesticando, como si les enseñaran el camino para comunicarse con los humanos. Y de ese diálogo surge una manera de entenderse antes desconocida. Las entradas de estas casas están al servicio, tanto de sus habitantes como del mundo natural, que parece detenerse en el umbral pidiendo calladamente permiso. Un permiso para penetrar al espacio íntimo con los aromas de la costa, con la música de su viento, la imposible levedad de las mariposas y la luz de una luna casi siempre retrasada.

Architecture is what happens between indoors and outdoors. It takes spaces and joins them, distributes them, defines them and names them. This is how we know what a floor, a door or a ceiling is. Beyond this is the outside world of strangers, differences and, sometimes, the weird and wonderful. The inside world is one of silent and peaceful intimacy. But in these houses these two realms come together and overlap. Nature is not content to remain confined to the outside, and the interior is not totally unwilling to welcome it. Accesses extend a promise of complicity by harboring, guiding and domesticating plants, as if instructing them on how to communicate with humans. This gives rise to a hitherto unknown means of exchange. The different entrances to the houses are at the service of its inhabitants and the natural kingdom, which seems to come to a halt at the threshold silently awaiting permission to enter this intimate space pervaded by coastal aromas, the humming of the breeze, the impossible lightness of butterflies and the light of a moon that never seems to arrive on time.

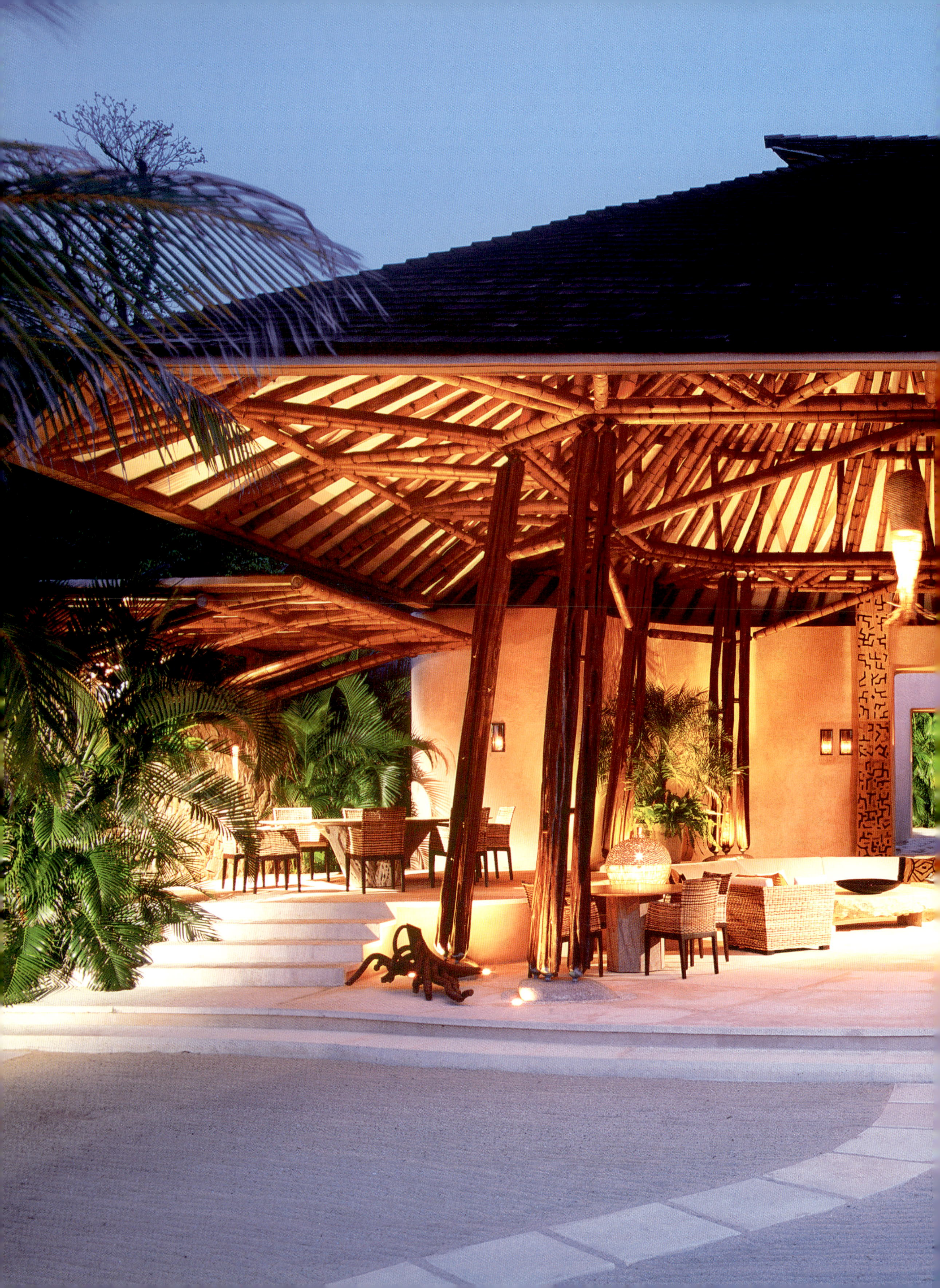

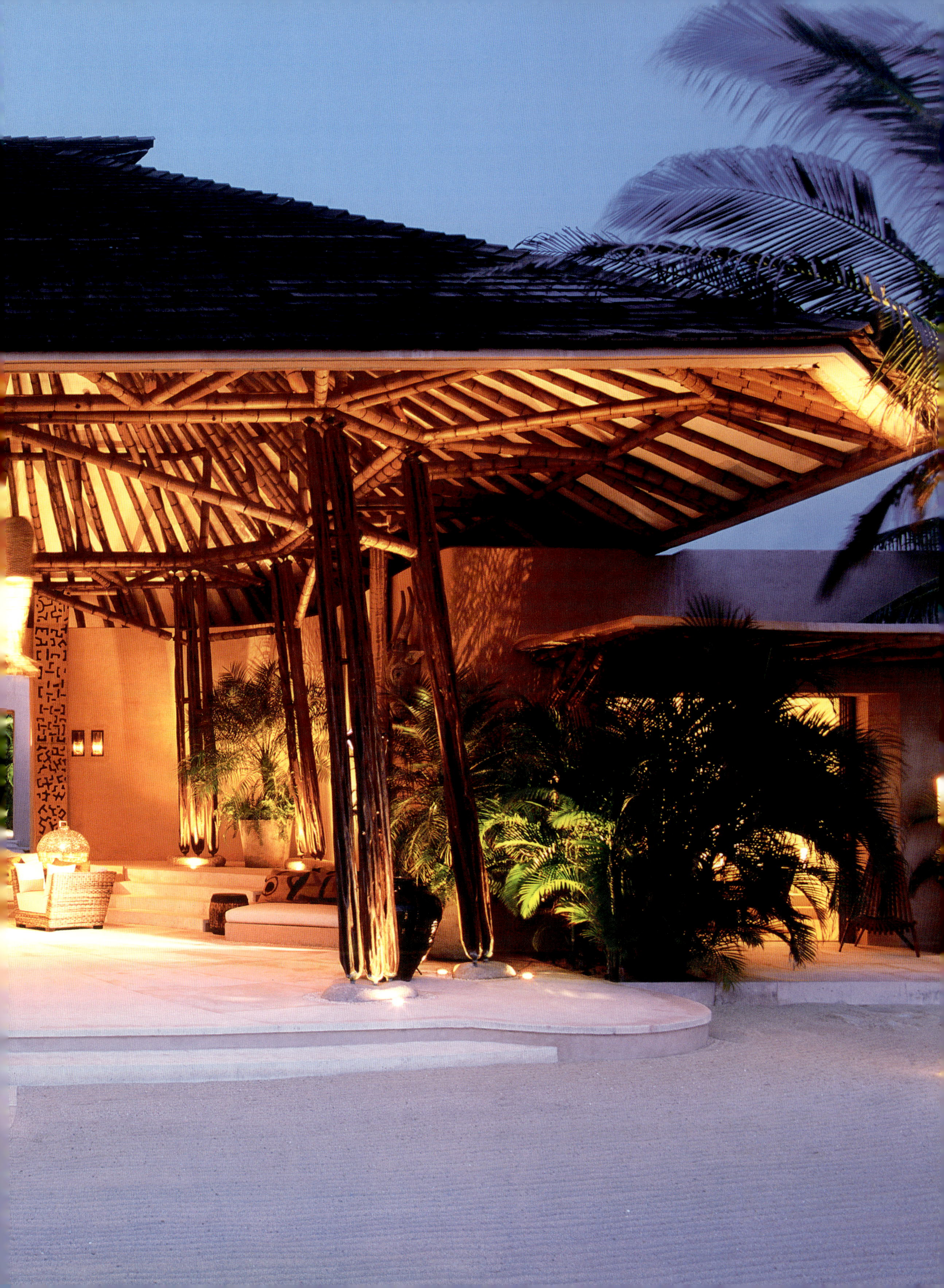

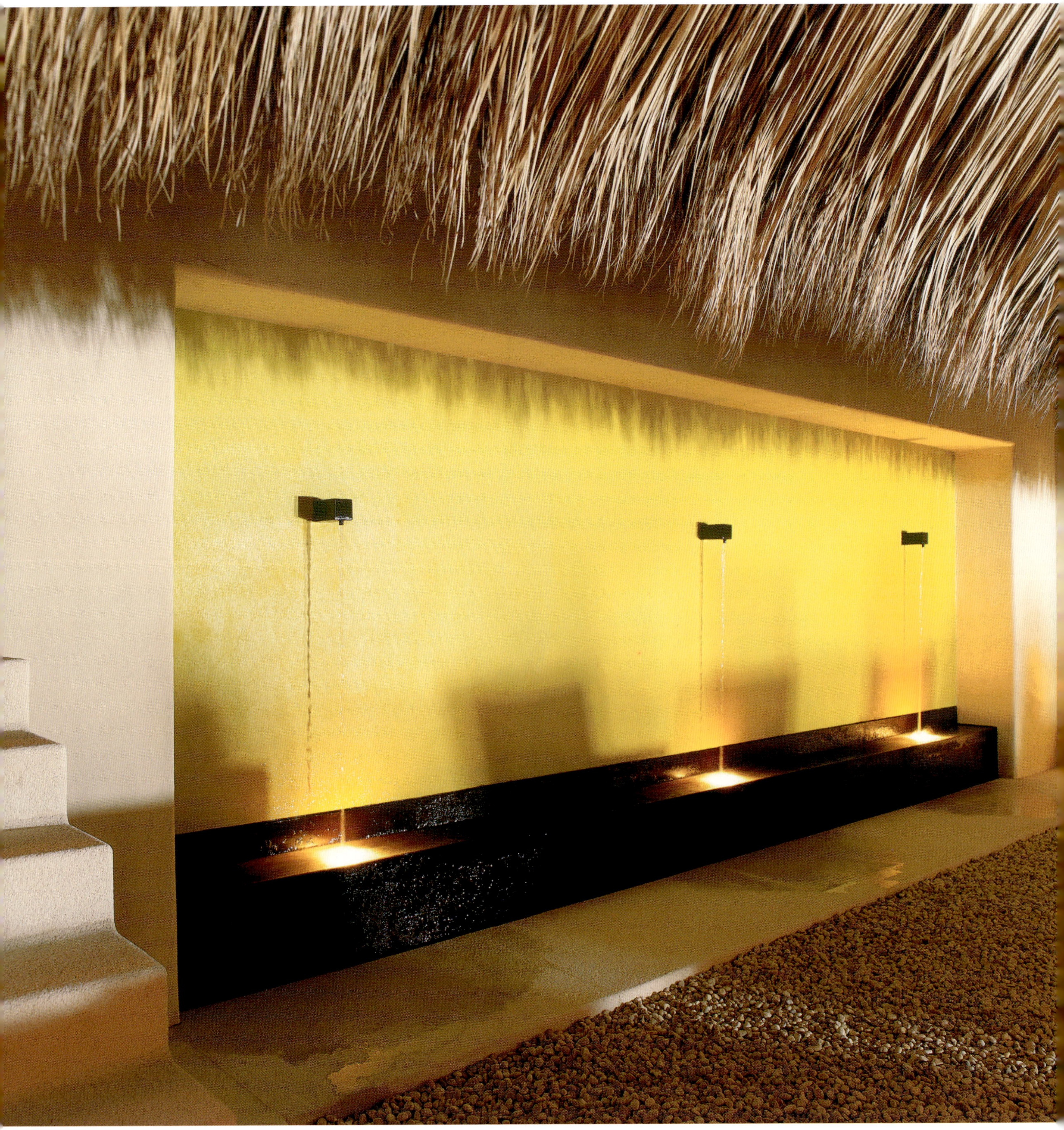

Uno de los instrumentos musicales de la arquitectura es el agua. Otro, la escalera. Ambos cantan y nos mueven en cuerpo y alma, hacia arriba y hacia abajo. Mientras la escalera pulsa sus notas con un ritmo necesariamente limitado por el paso humano, el agua parece moverse libremente. Pero no hay que engañarse: en realidad, mientras la escalera busca al cielo, el agua acaba siempre besando a la tierra.

One of architecture's favorite musical instruments is water. Another is the staircase. Both sing to us, hoist us high – body and soul – and pull us down. While the notes of the staircase must await the rhythm of human steps, water seems to offer its own spontaneous symphony. But behind this, the staircase aspires towards the sky, while water will always end up kissing the ground.

La piel de esta casa juega al exterior en el interior. Su color piñón, arena, barro tierno se extiende sin límites. El balcón, perfectamente armado pieza por pieza, es un palco que espera la puesta de sol con la nostalgia de las celosías árabes. La palapa, que parece crecer como melena generosa, apoya su ligereza en otro recuerdo: el de la selva ceñida en un apretado abrazo, convertido en columnas.

The surfaces of this house lend the interior and exterior their own disguises. Their colors pine nut, sand and the soft, moist earth are free to stretch out. The balcony, harmoniously assembled component by component, is a theater box awaiting the performance of the setting sun with the nostalgia of Arabic lattice windows. The weightlessness of the thatched roofs, flourishing like a generous mane, is reminiscent of dense jungle in the form of pillars.

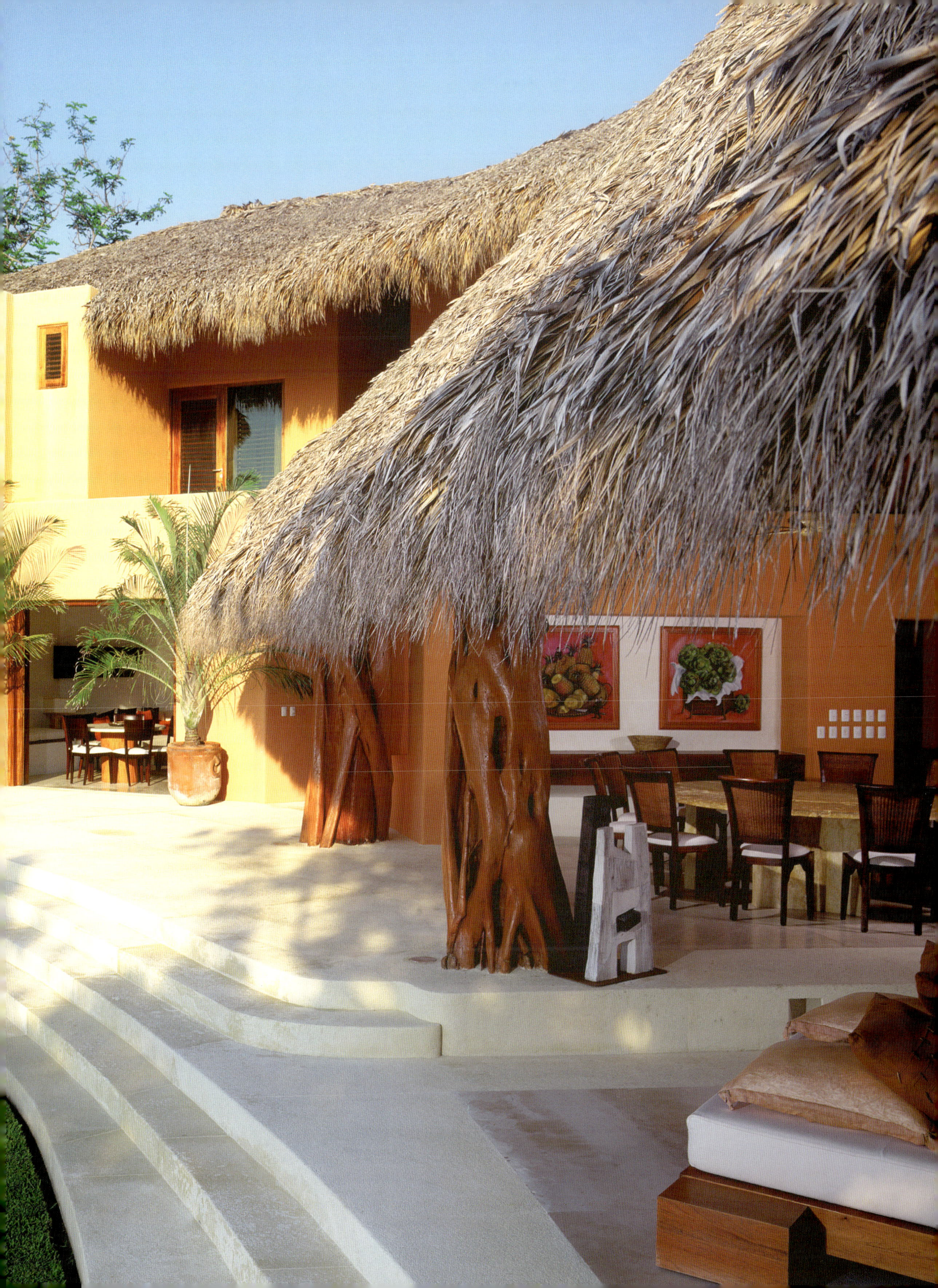

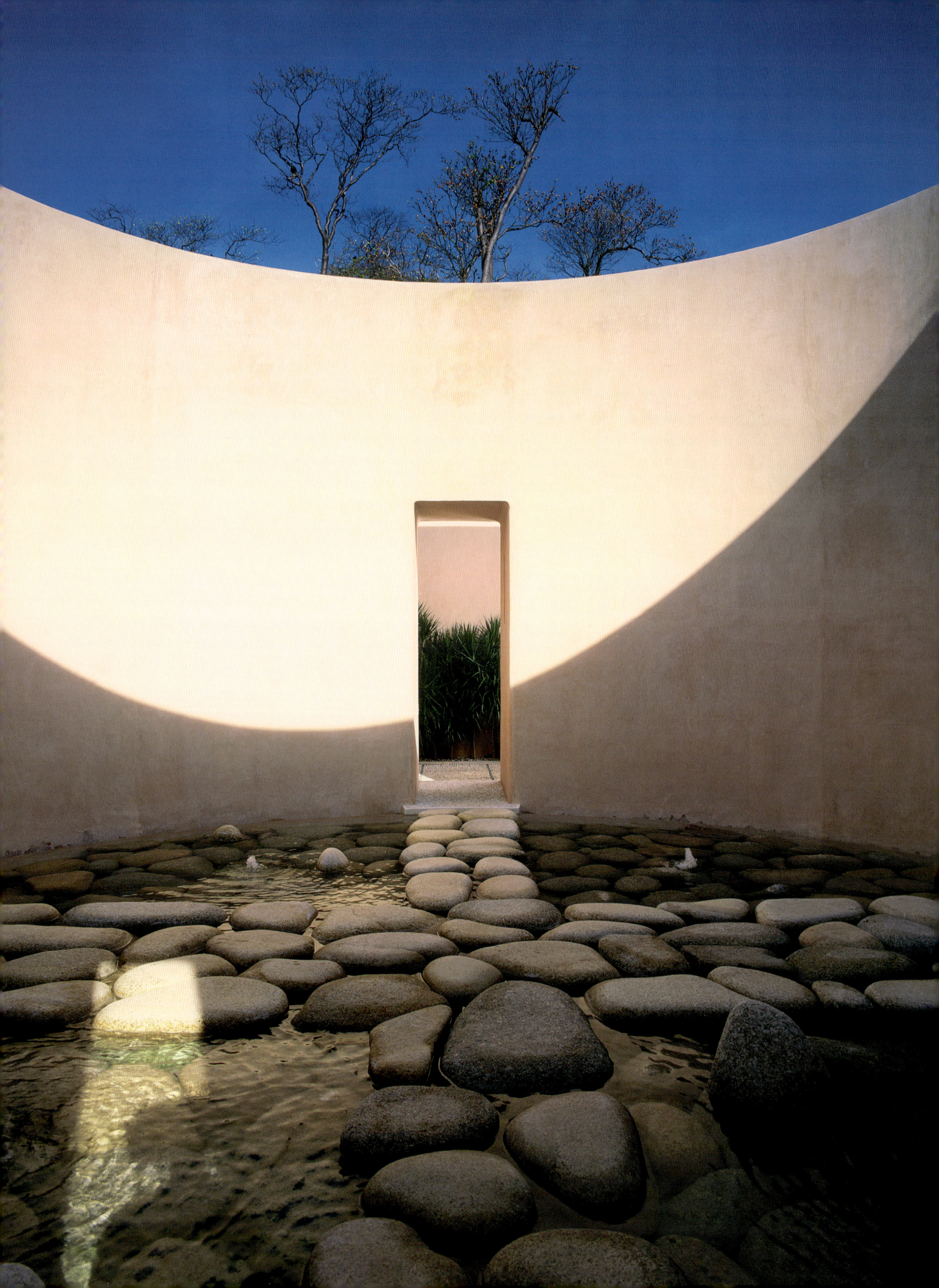

Estamos hechos para andar y para amar. Cuando lo sabemos y lo asumimos, cada paso se encamina al feliz encuentro con nuestro propio centro. Entonces nuestras huellas son piedras robustas, cada una plena de significado, y los muros paréntesis para detenernos a gozar de este mundo nuestro, tan bello y tan calumniado. Estamos hechos para andar y para amar. Y la arquitectura es el mejor escenario para conseguirlo.

We were made to walk and love. Once we accept this, each step takes us closer to our very essence and is marked by robust stones, each with its own significance, while the walls oblige us to pause and reflect upon our own beautiful yet blasphemous world. We were made to walk and love, and architecture provides us with the perfect setting for this.

A la generosidad de estas casas hay que agradecer los sentimientos de espera, anticipación y sorpresa, que provocan espacios aparentemente inútiles. Pensados y hechos para dar vuelta, encerrar un momento, cambiar de dirección o detenerse brevemente, lejos de ser un desperdicio, son parte indispensable del lenguaje poético de la arquitectura.

The generosity of these houses is the fruit of expectation, anticipation and surprise, which give rise to apparently useless spaces. But far from being a wasteful whim, they are an essential ingredient of the poetic language of architecture, conceived and created to surround and frame a moment, change direction or pause briefly.

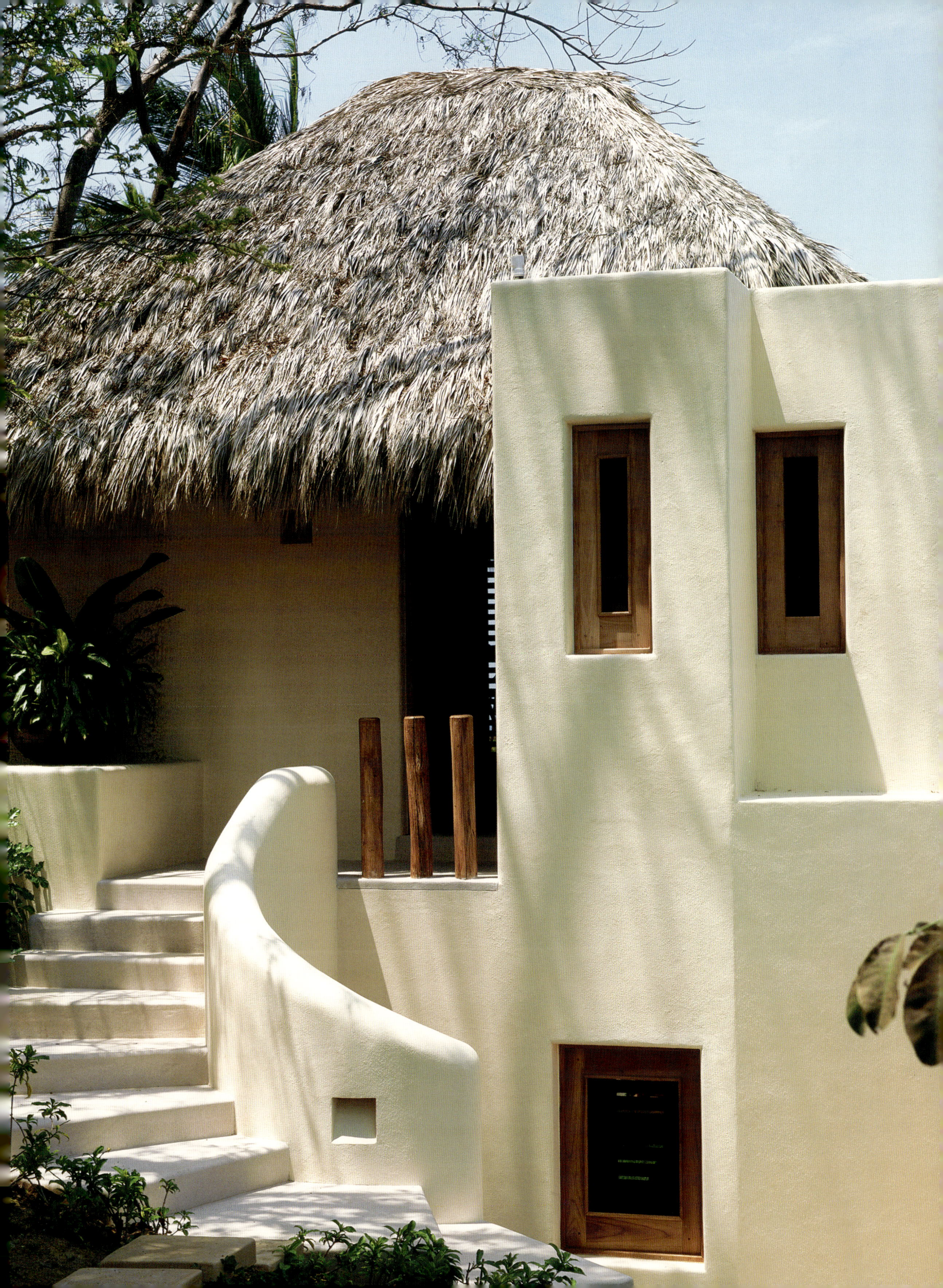

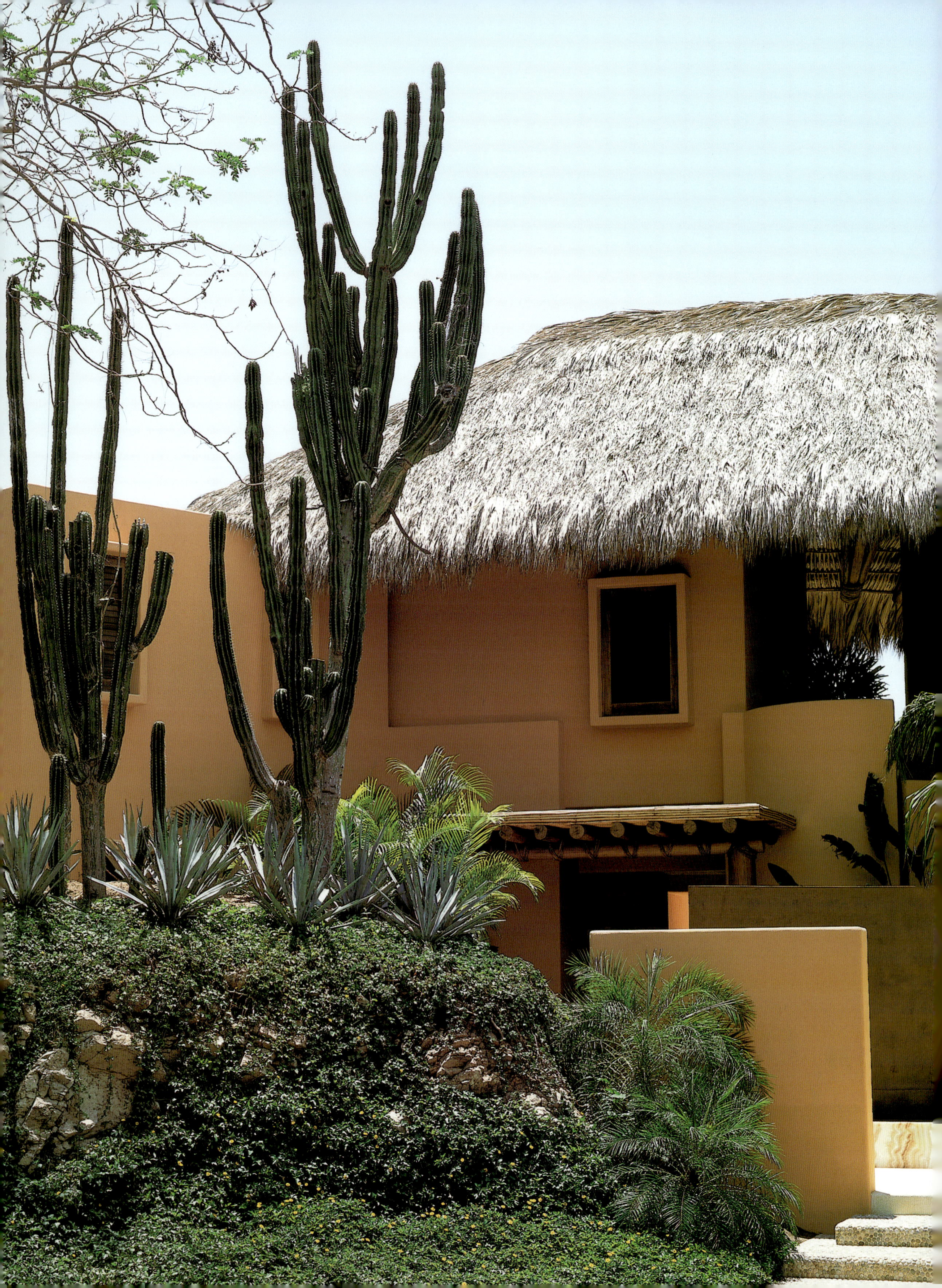

En silencio, las plantas dicen lo que saben de su origen: el calor del sol, la fuerza de los vientos, el agua escasa, los horizontes. También en silencio, la arquitectura, abre y cierra miradas, oculta y descubre, muestra, anuncia, esconde. Estos dos lenguajes, juntos, enriquecen nuestra percepción de la vida. Nos permiten integrar la creación del hombre con lo creado antes de él, para sentir la plenitud del mundo.

In the silence, plants whisper what they have known all along: the heat of the sun, the force of the wind, the scarcity of water, the distance of the horizons. In this same silence, architecture offers and denies views, playing hide and seek with everything it reveals, announces and conceals. This dual language, as one, enriches our perception of life. It allows us to combine man's creation with the creation before him, laying out the plenitude of the world before our senses.

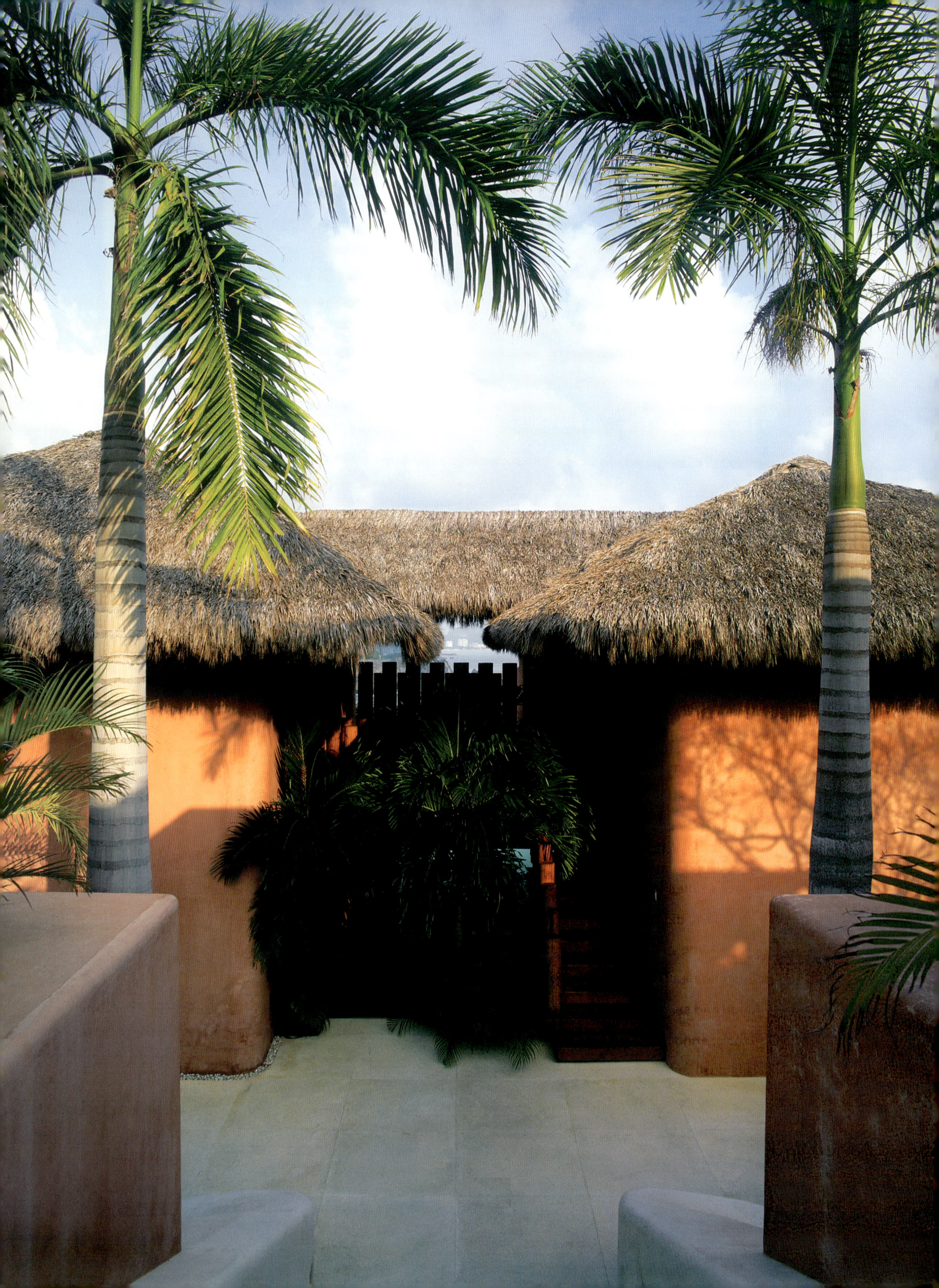

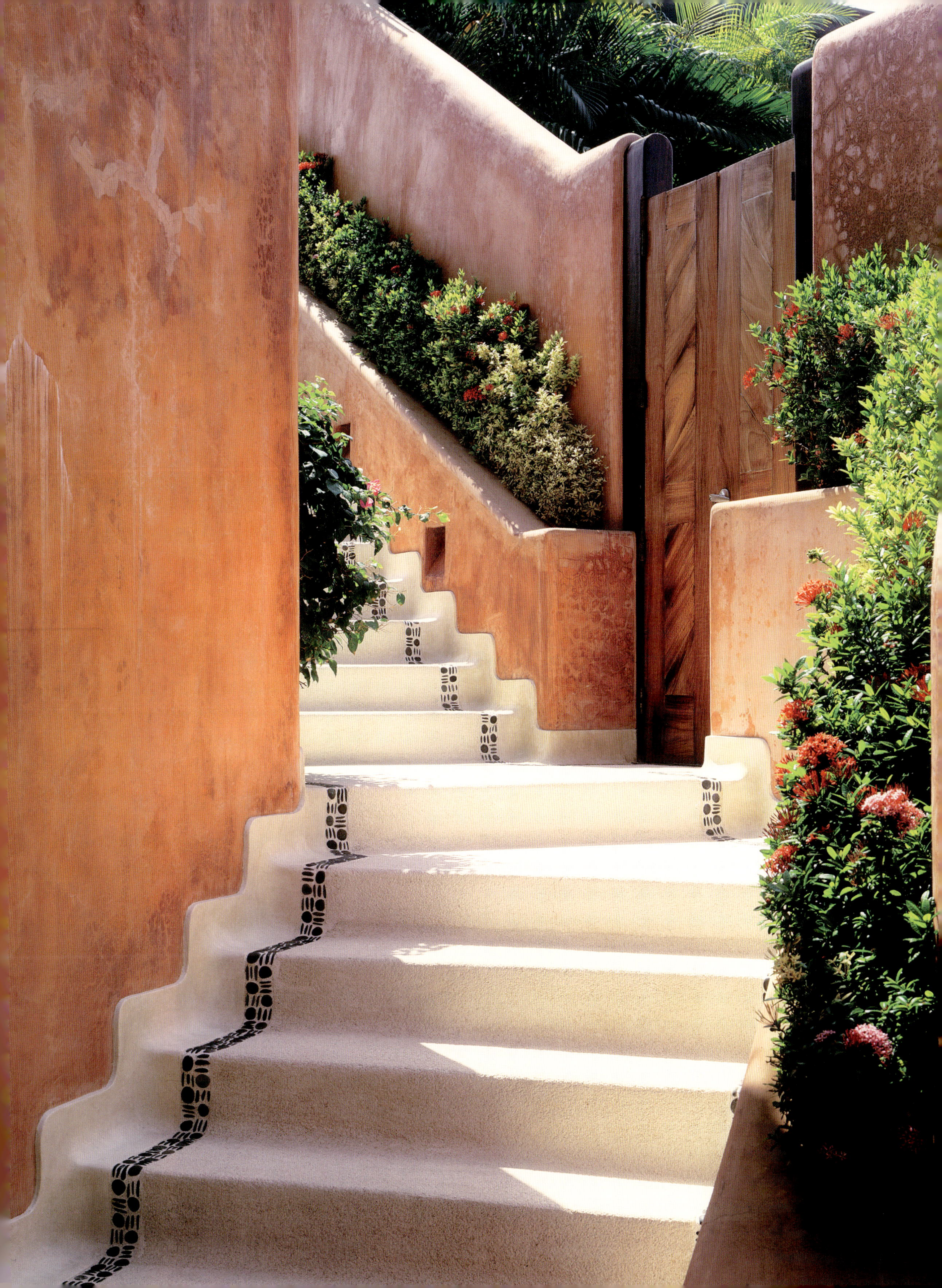

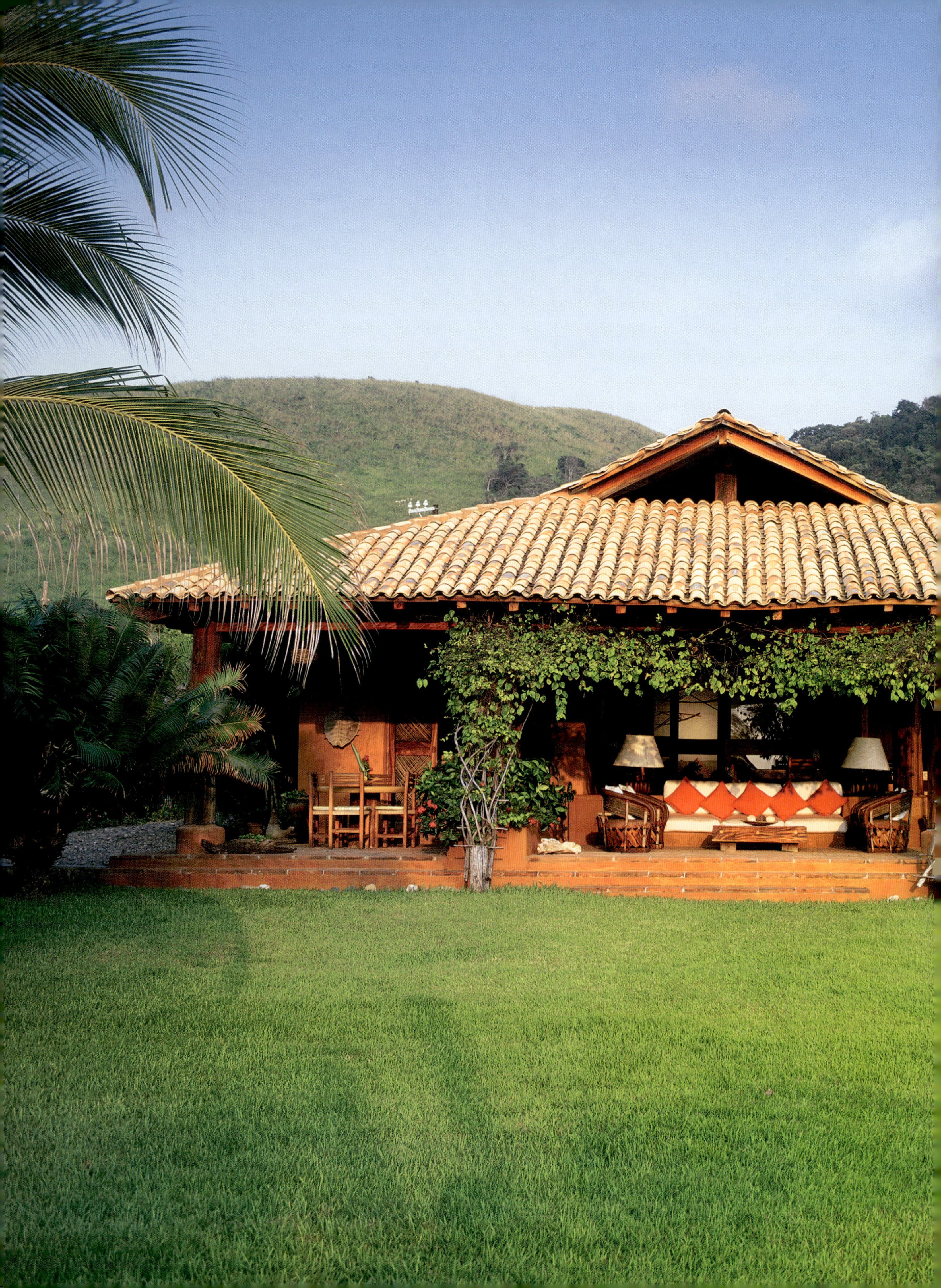

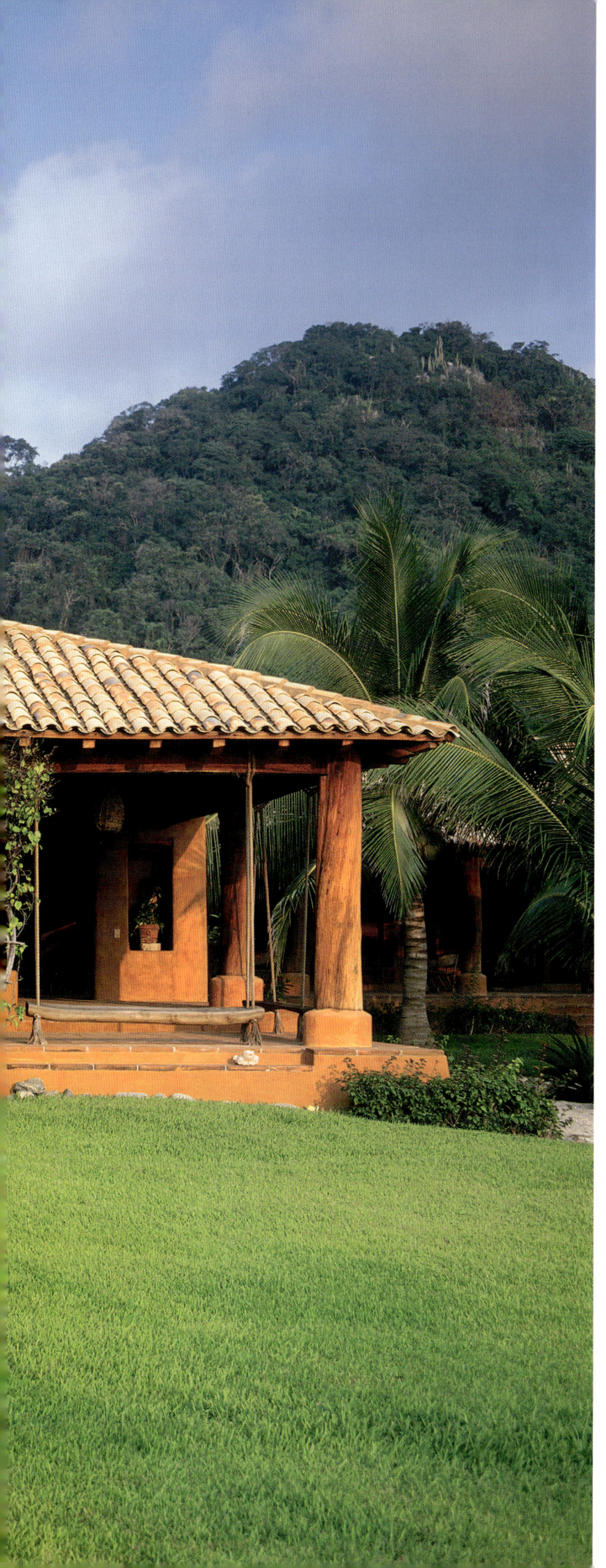

Cuidadosamente armada a mano, pesando y acariciando cada una de las tejas, la techumbre extiende sus manos protectoras con generosa amplitud. Bajo su fresco manto cabe el reposo y el encuentro alrededor de la comida, tanto como la fortuna de la contemplación. La casa se asienta sobre el suelo verde y plano, con tal fuerza y solidez, que la hamaca se convierte de pronto en telaraña de joyas.

The roof, crafted with diligent hands, reclining on and caressing each tile, lies extended in a protective pose. Under its fresh cover is a place of rest and a meeting point centered on food, fortune and contemplation. The house stands solidly on the flat green earth and the hammock is a web woven with jewels.

La estructura del techo, un caparazón casi animal, cobija a la casa con la imagen invertida de una lejana embarcación. Contrastando con la libertad de formas de las plantas, el volumen cerrado y brillante del muro que es escultura y fuente de fina vibración, abre una interrogante cargada de presagios. El juego exterior del espacio y el volumen obliga a entrar como si la casa fuera un templo.

The structure of the ceiling, akin to a turtle shell, shelters the house like the hull of an upturned ship. In sharp contrast with the unrestricted shapes of the plants, the bright, enclosed volume of the walls, like a sculpture and source of the sublime, is an enigma that whispers prophesies. The interaction between space and volume on the outside creates the feeling of awe usually reserved for temples.

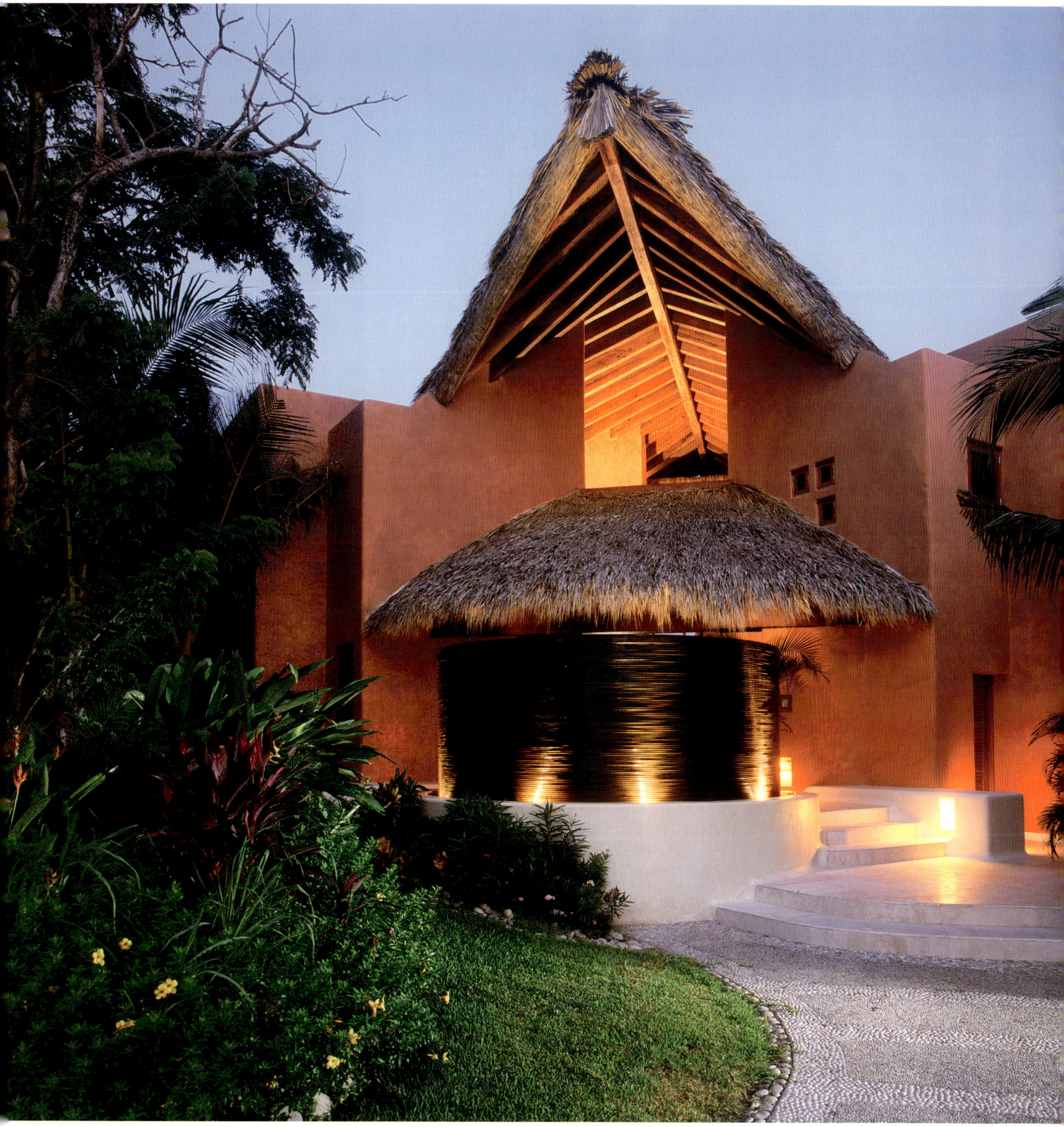

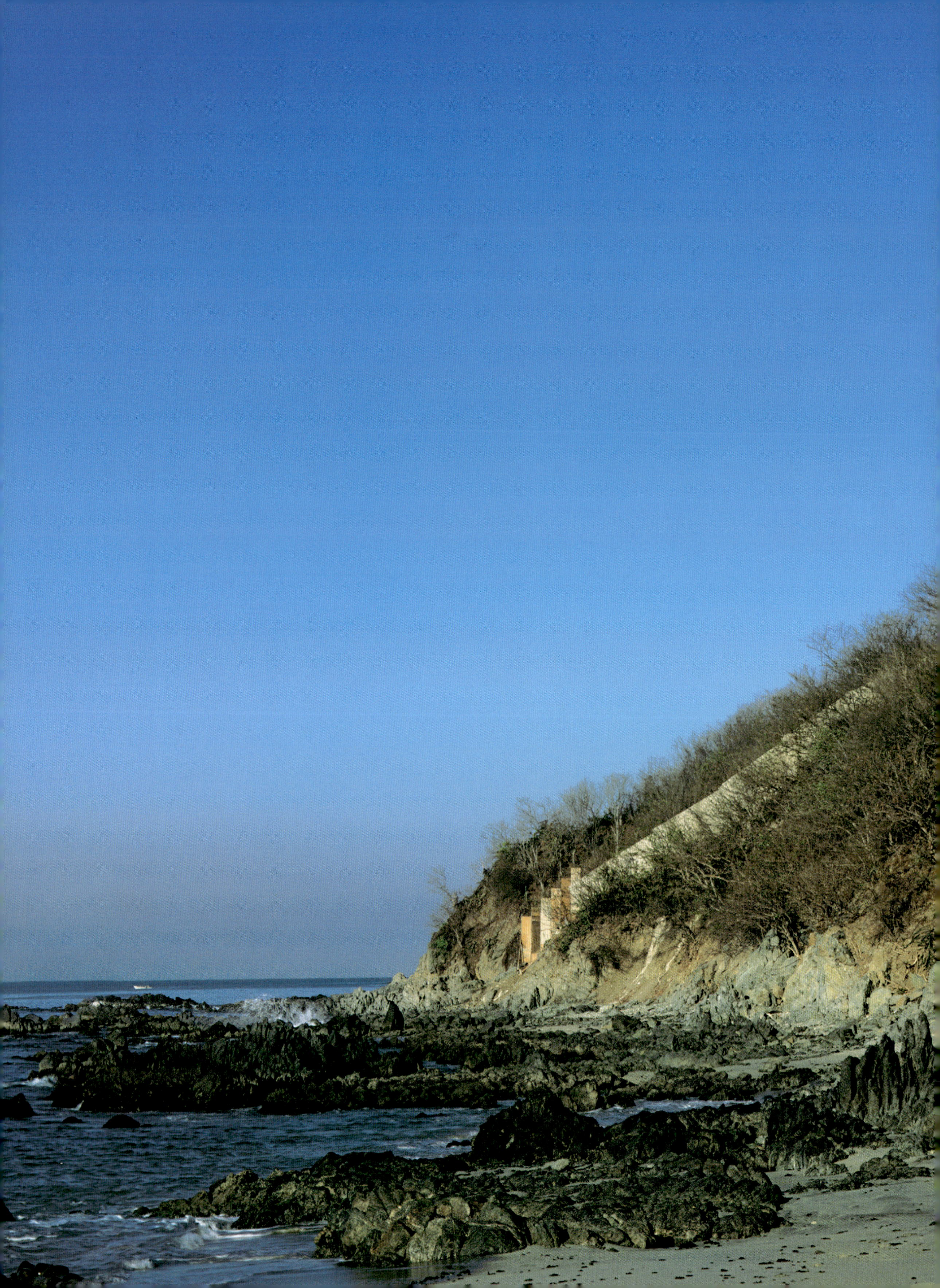

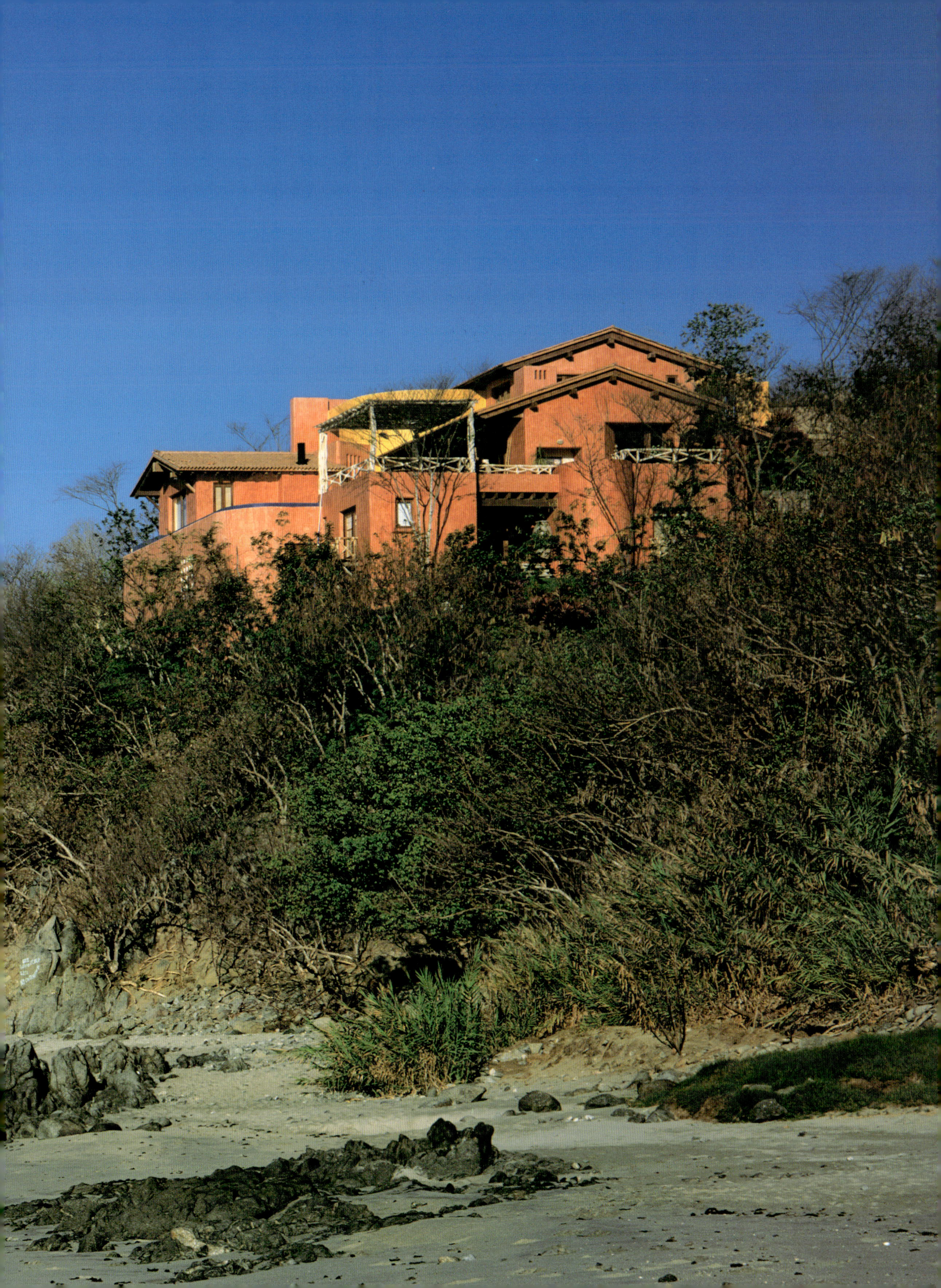

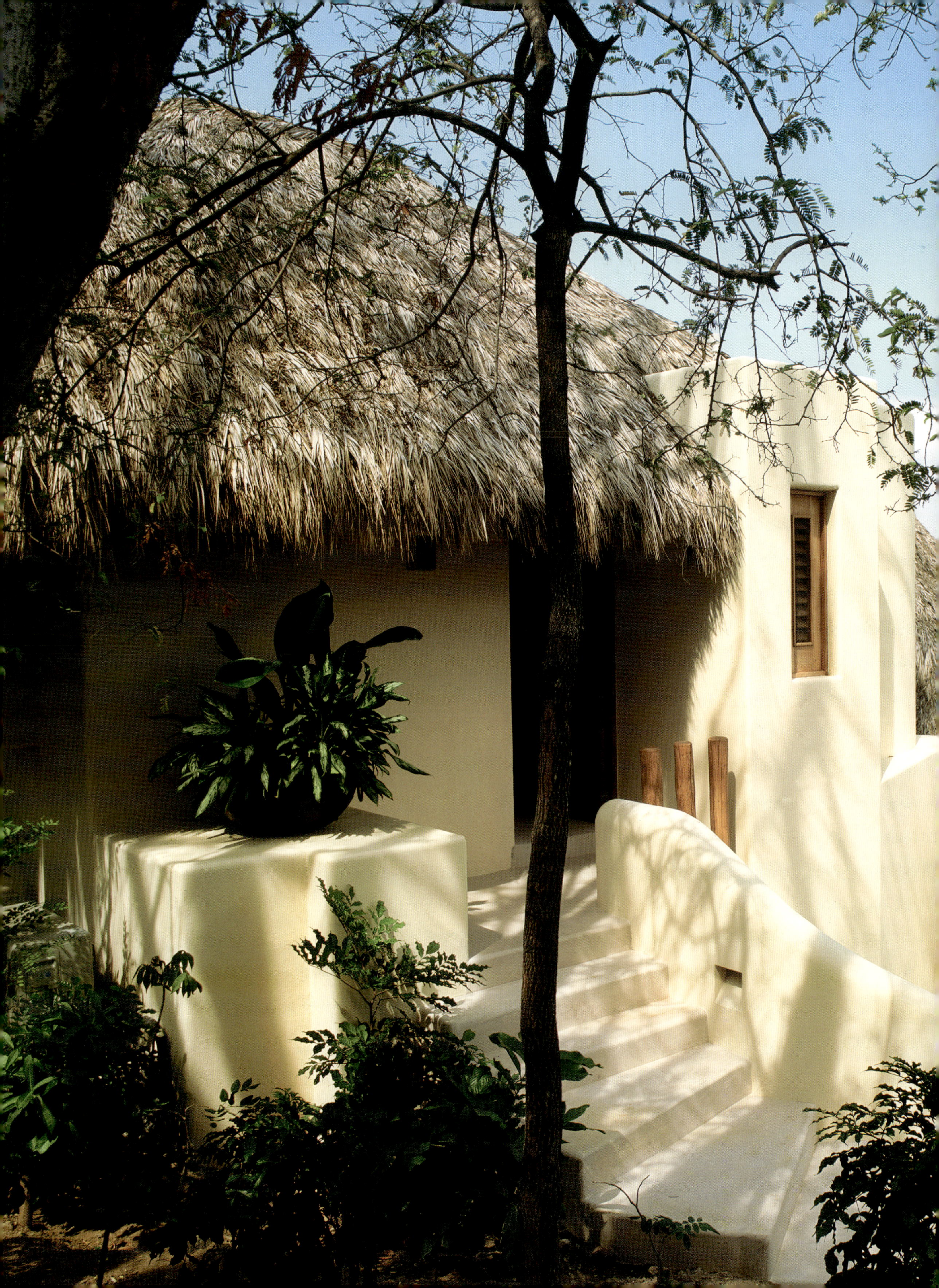

El cercano parentesco de la casa con la naturaleza se hace evidente con el movimiento curvo de los muros, que contrasta con las ventanas y las puertas, disciplinadas en el rectángulo. Nunca fue más acertado un nombre: el pasamanos es resultado de la caricia que le dió forma y de las manos que lo reconocen cada día. La reja abierta, oscura y ligera, invita sutilmente a seguir el camino del descubrimiento.

The bond of kinship between the house and nature is eloquently expressed by the curved walls, which contrast with the sharp angles of the doors and windows. The banister was created by the caress that shaped it and the hands that greet it every day. The gate, open, dark and weightless, is a subtle invitation to enter and follow the path to discovery.

El sol perfila puntualmente al tiempo. El centro está en el agua viva que riega a la Rosa de los Vientos atrapada en el piso. De ahí se desprende la aventura de un recorrido en vuelo, suspendido entre troncos zigzagueantes. Las palmas nativas, en su pequeña majestad, lo atestiguan abundantemente.

The sun is a punctual gauge of time. The center is marked by the living water that quenches the thirst of the compass trapped on the floor. This is the runway to the adventure of a trip through the air, held between zigzagging trunks. The majestic local palms are perfect witnesses.

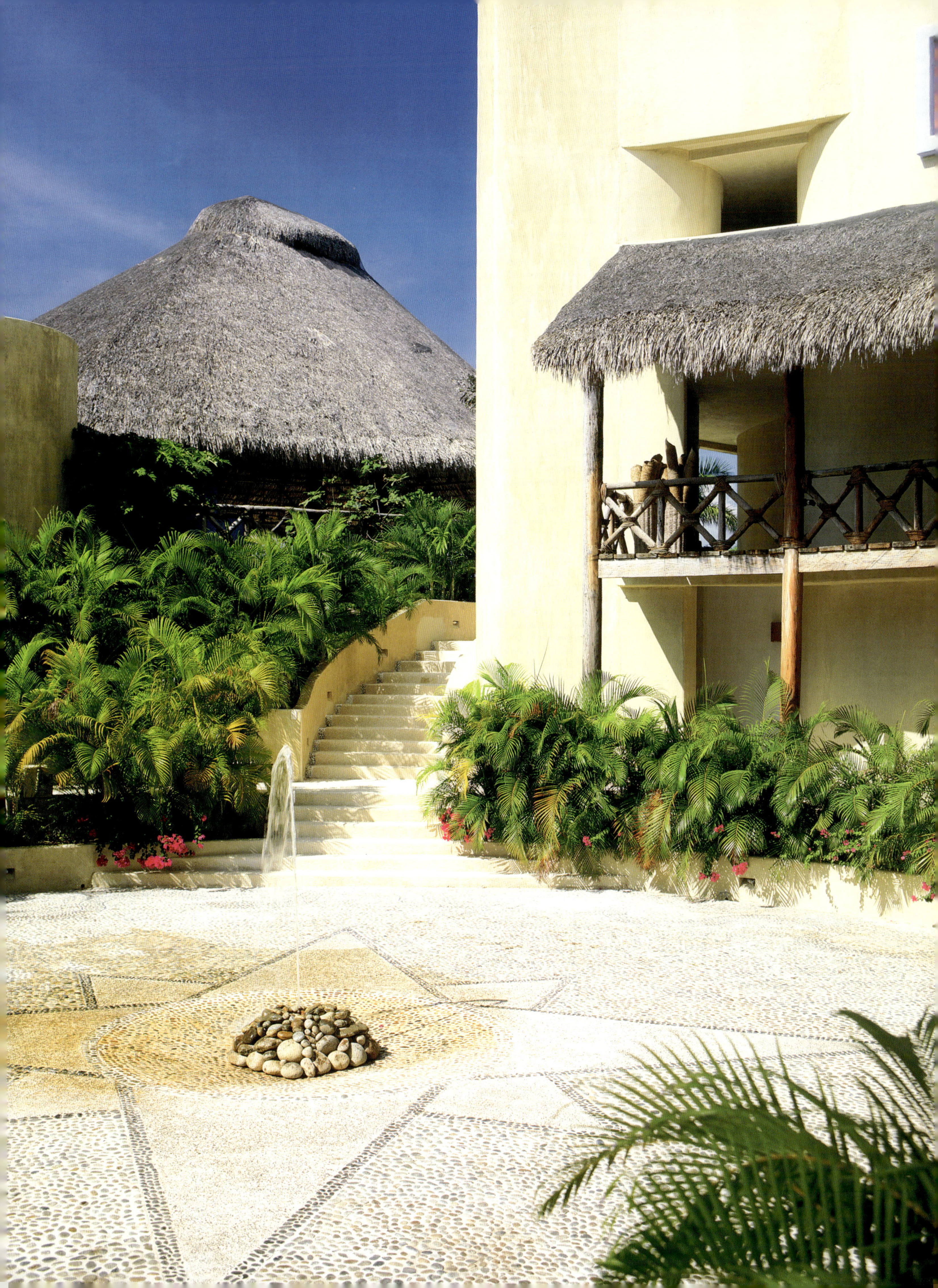

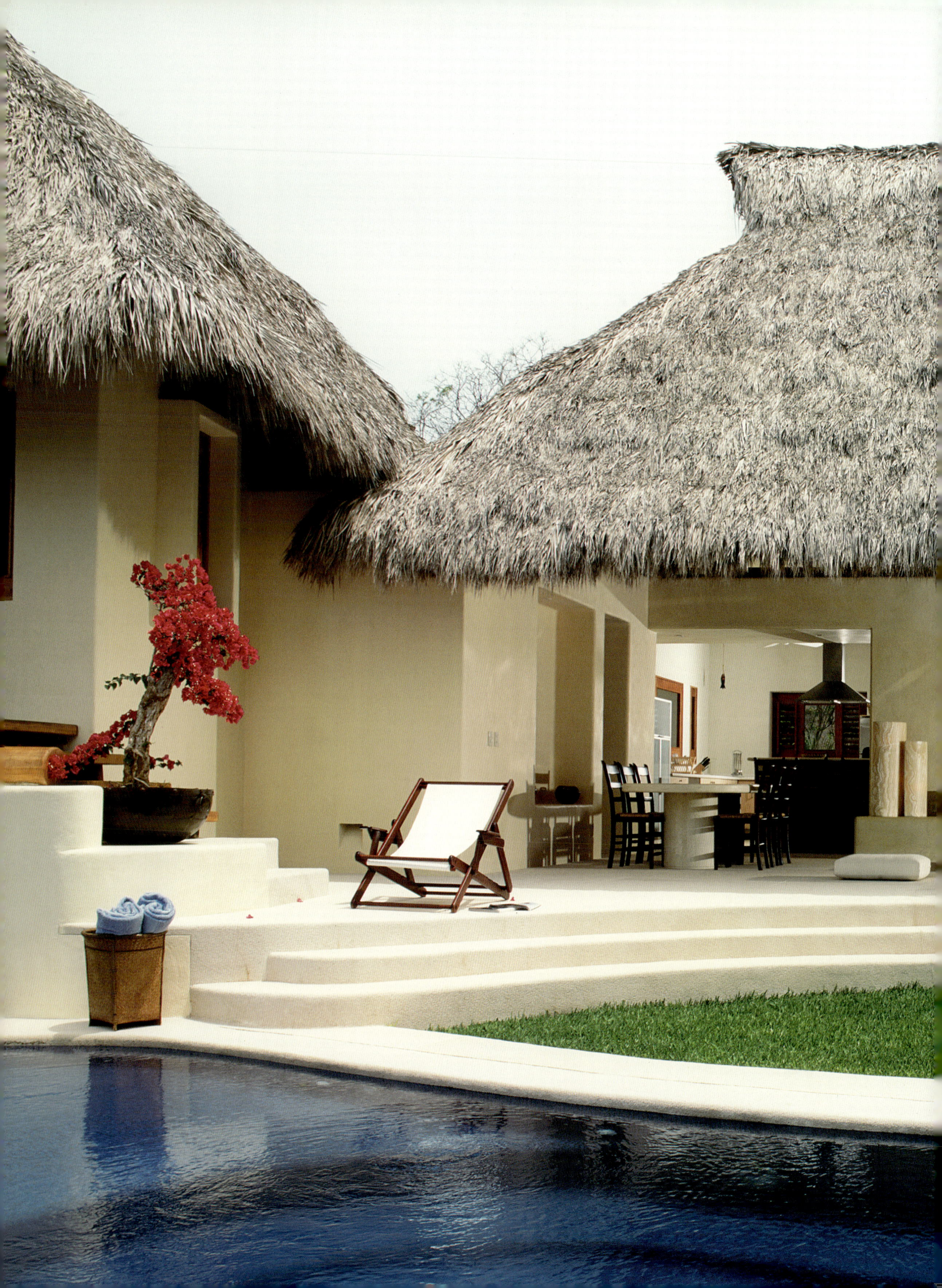

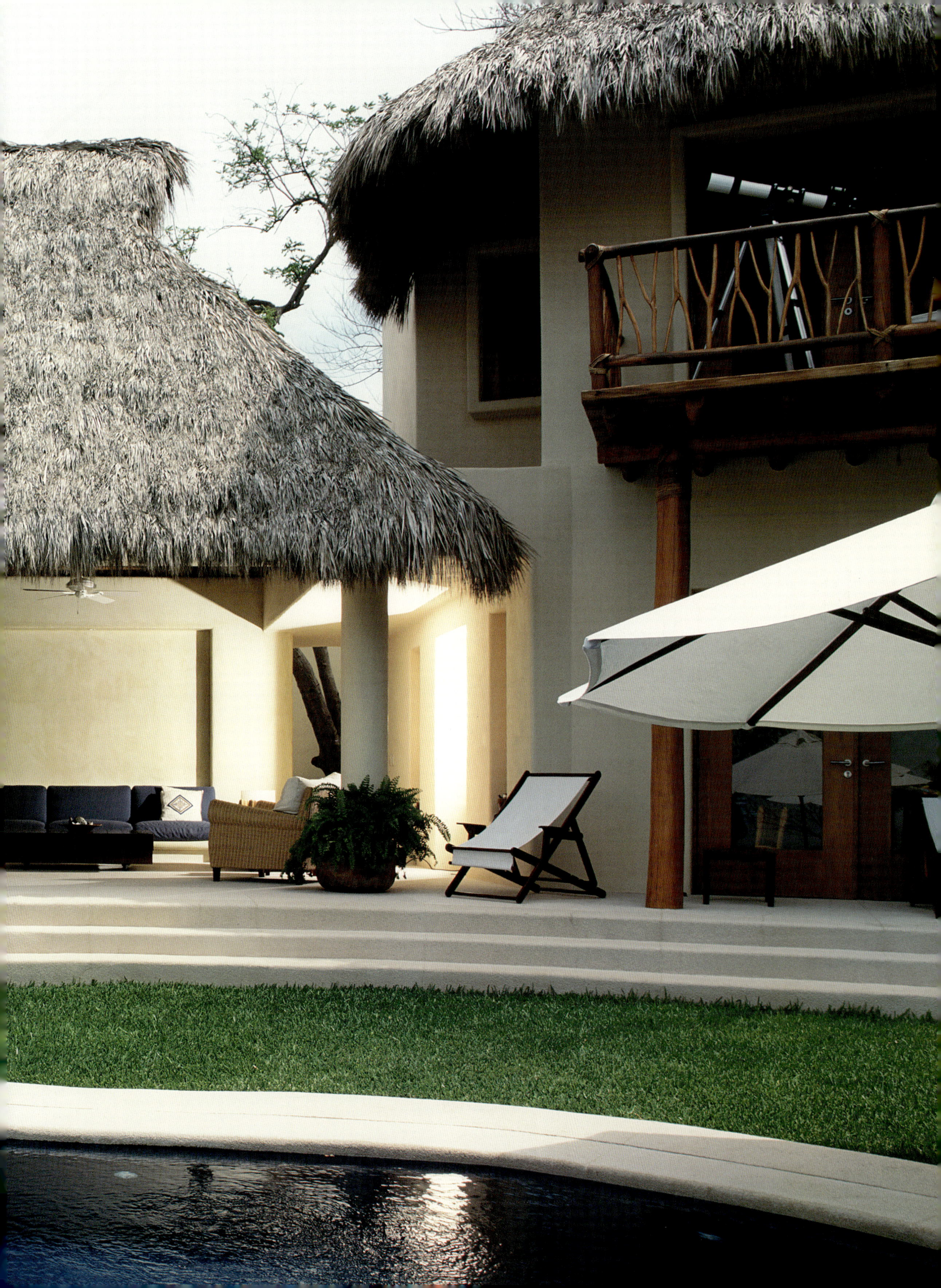

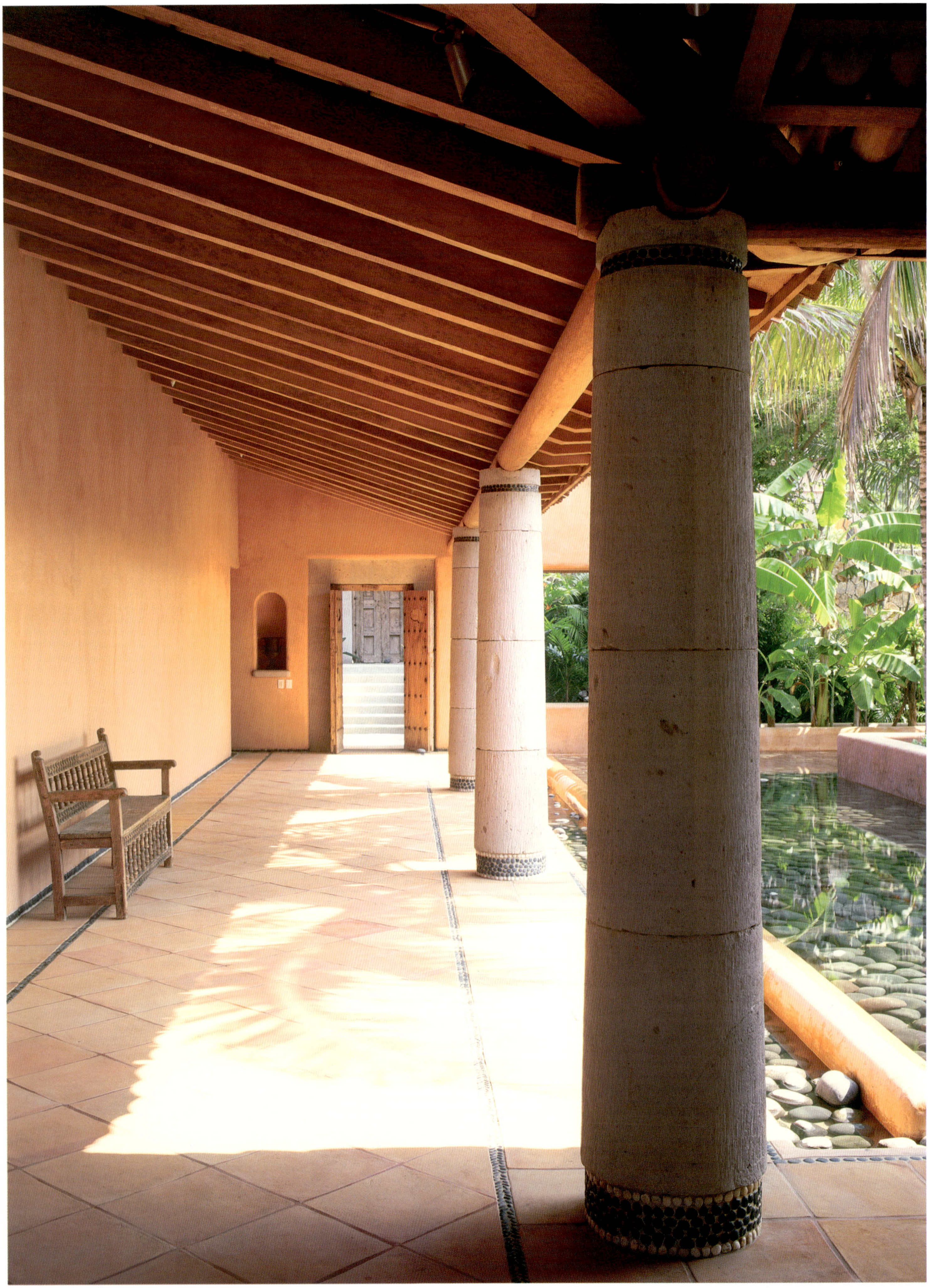

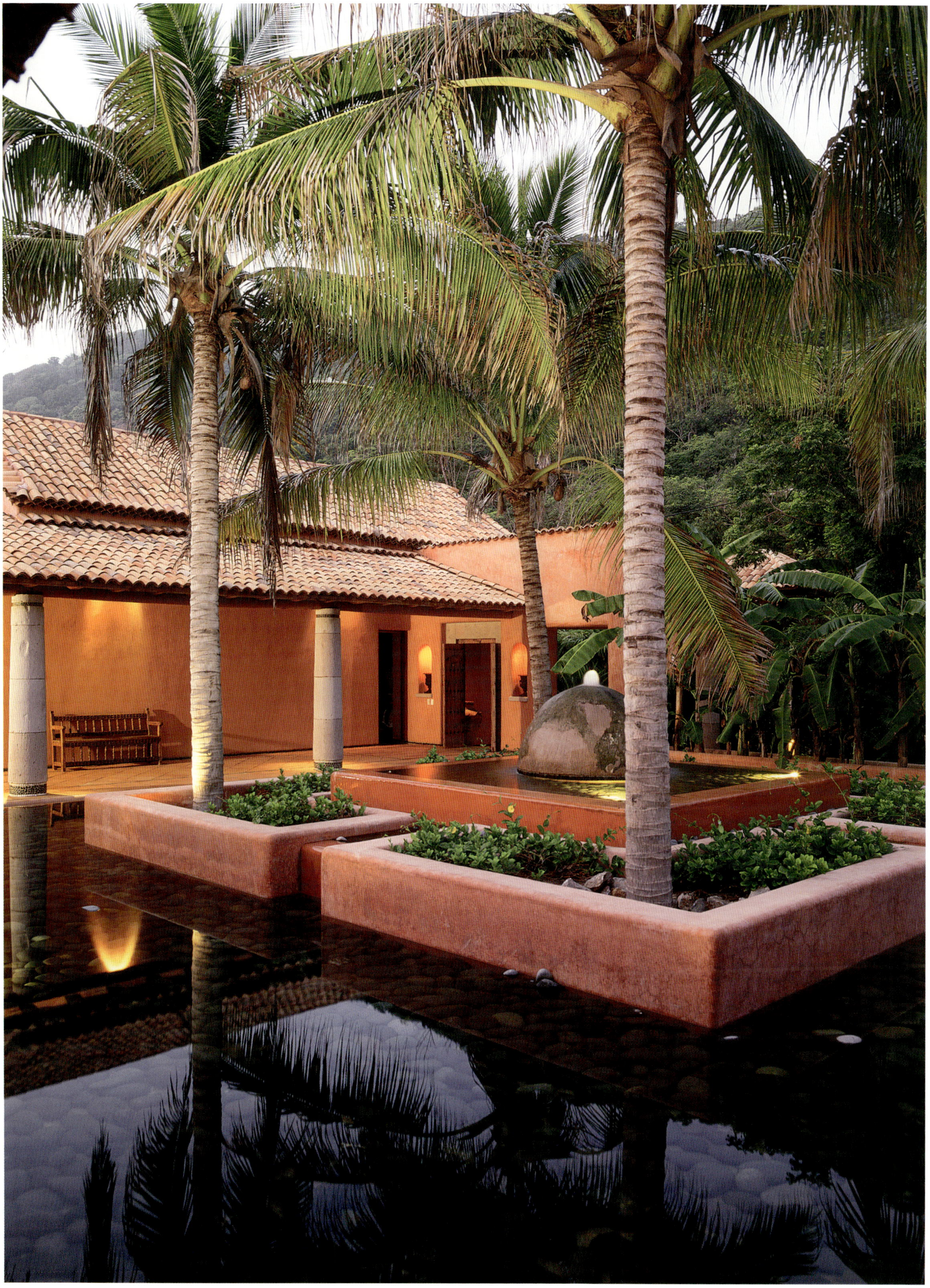

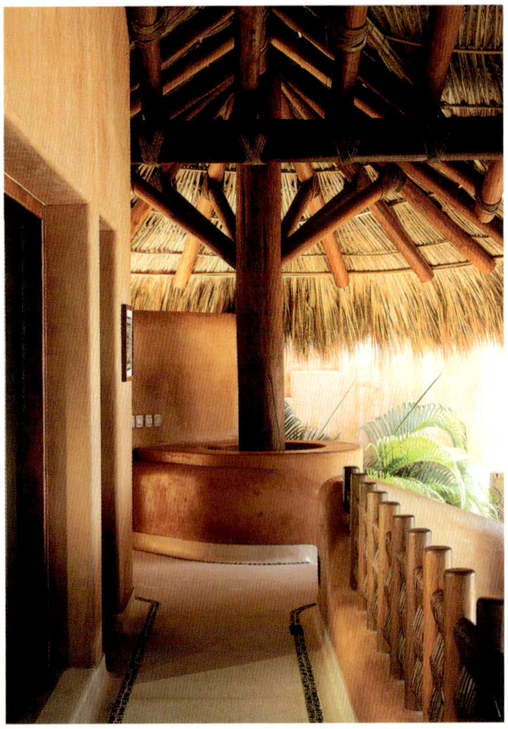
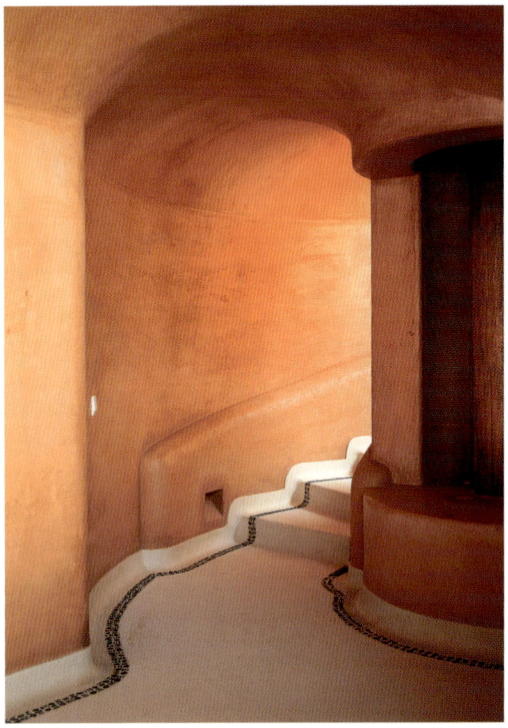
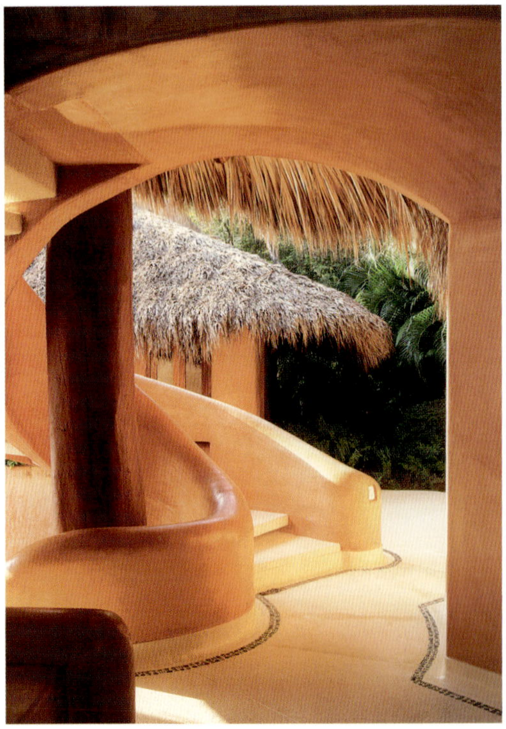
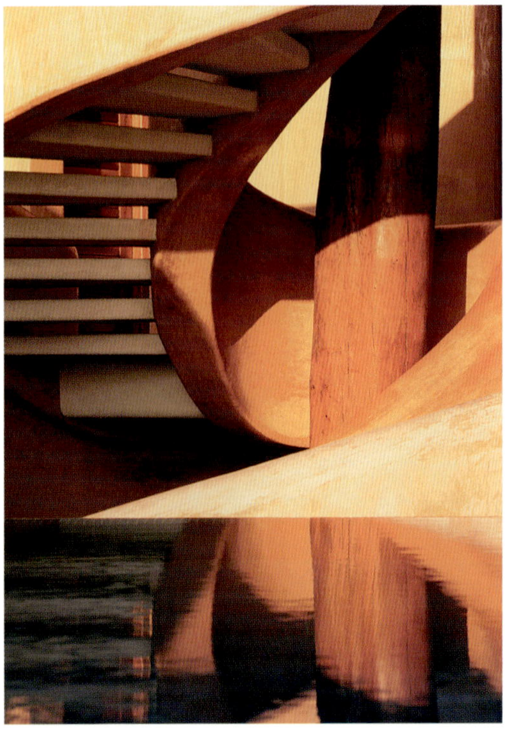

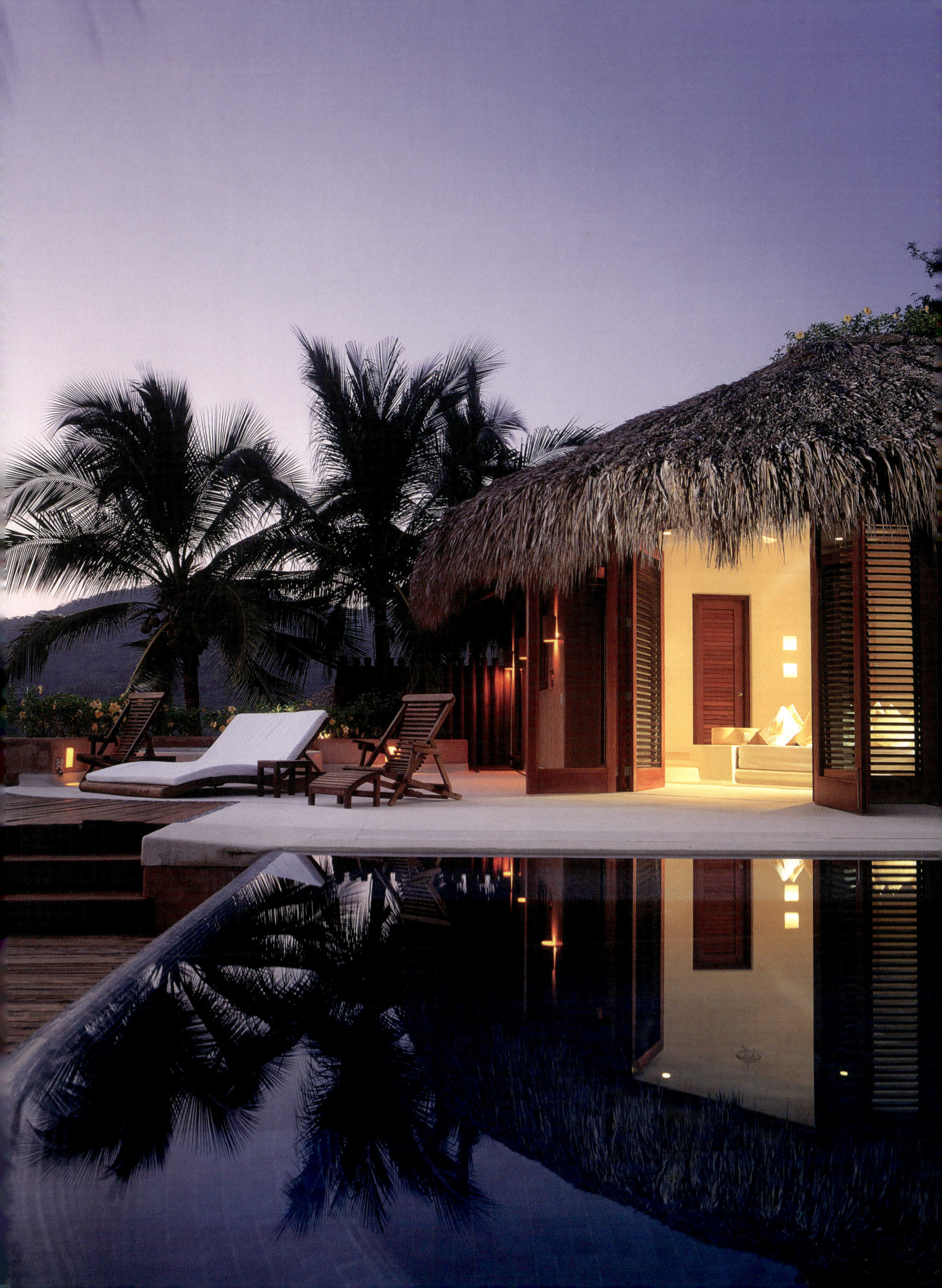

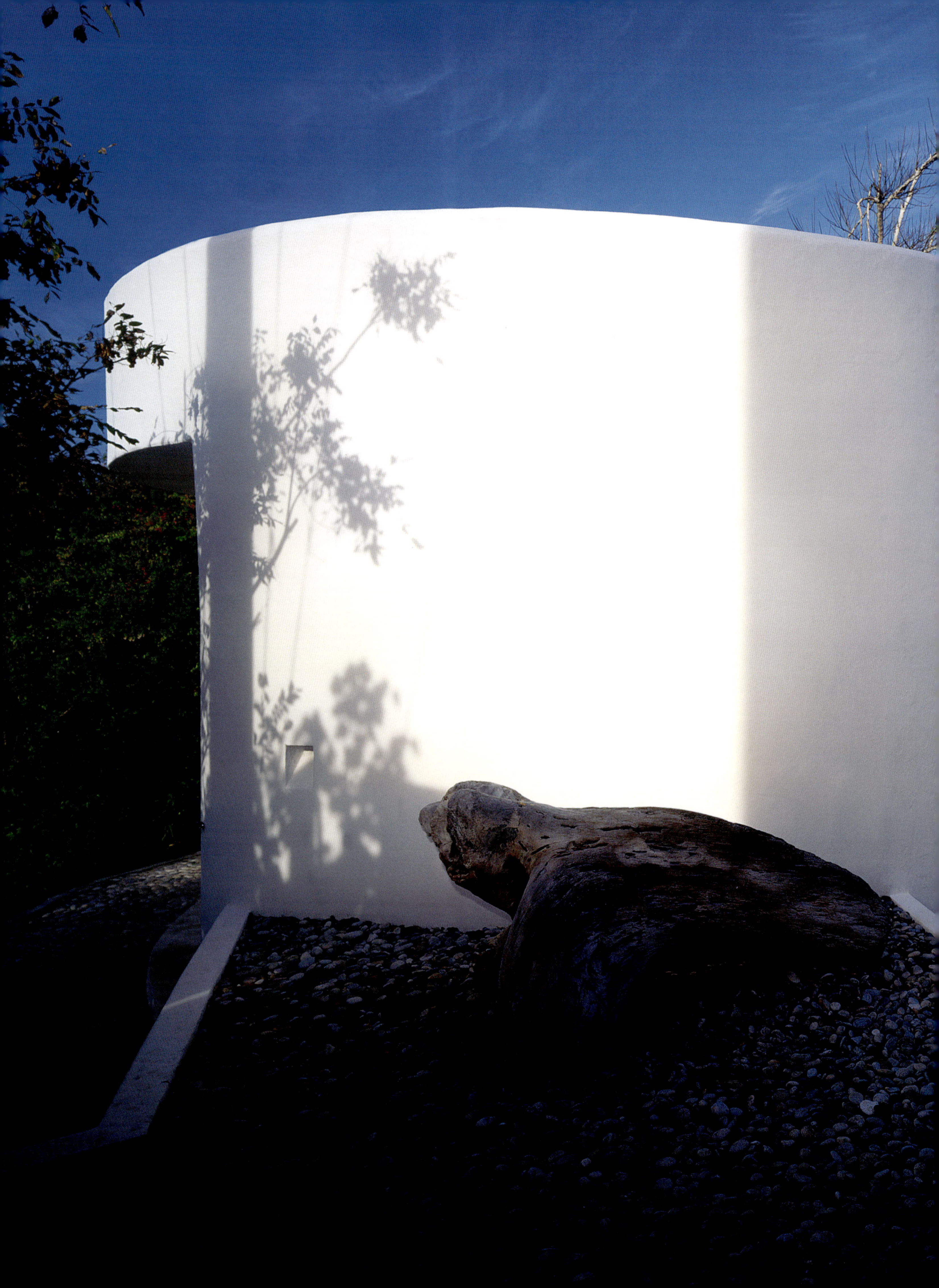

Otra vez, el agua. Porque de eso estamos hechos los humanos, los animales y las plantas, siempre irá junto a nosotros: suelta, libre, desplomada, erguida o lenta, apresurada o dormida. Finalmente, el agua atesorada y expuesta amorosamente en un relicario. Estas casas no podrían imaginarse sin la presencia del agua brillando e iluminando la tarde, y dando vida a las piedras rodadas, esculpidas pacientemente en el río.

Water, once more. This is what humans, animals and plants are made of, so it will always be with us: unharnessed, free, falling, standing, slow, fast or dormant. Finally, we see water treasured and lovingly displayed in a shrine. It would be impossible to imagine these houses without the presence of water shimmering, illuminating the evening and bringing the rounded stones, patiently sculpted by the river, to life.

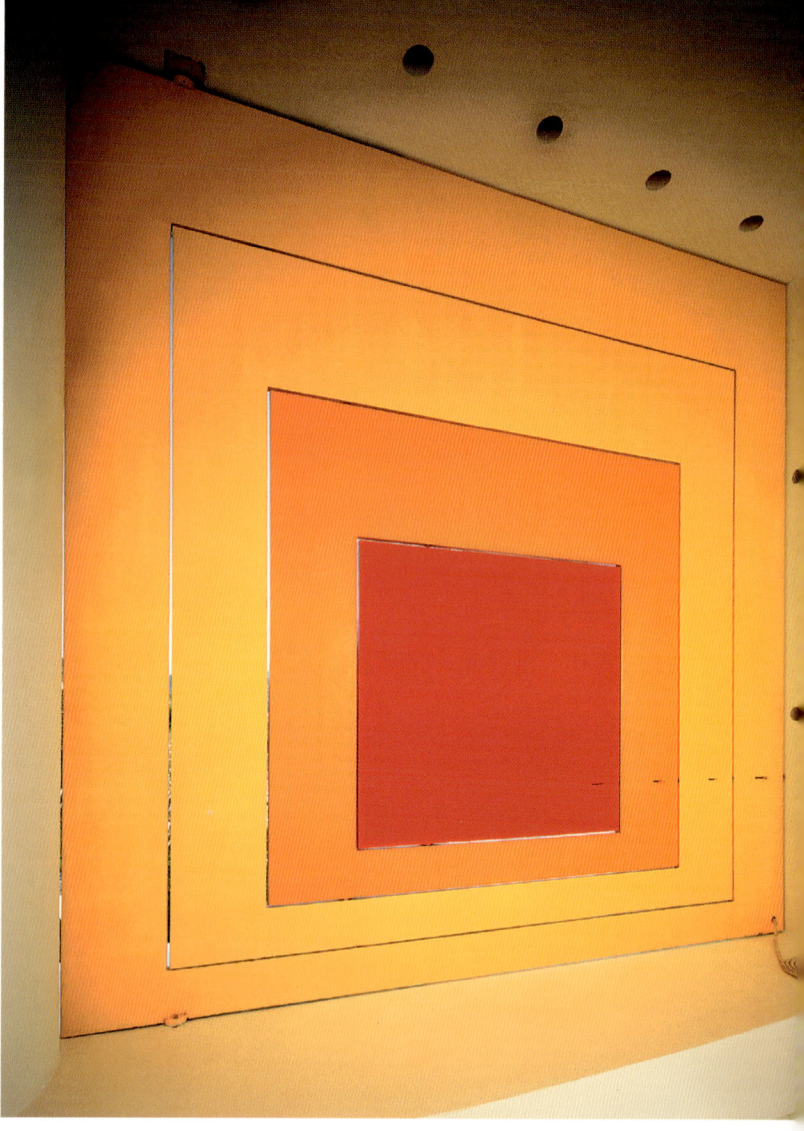

Enmarcar algo significa precisar su ubicación, darle un sitio y un significado propio. Enmarcamos para reconocernos como seres capaces de mirar y no solo capaces de ver. Cada vez que ejercemos la mirada, le damos al paisaje y a todas las cosas una cualidad nueva. Hacemos nuestro lo que miramos, aún sin tocarlo, porque desde nuestro centro miramos. Para eso encuadramos y enmarcamos. Para eso hacemos ventanas mágicas.

Framing something means specifying its location, and granting it its own place and meaning. We frame things in recognition of our ability to observe and not just see. Each time we observe something, we give the scenery and everything a new quality. What we observe we make ours, without so much as touching it, because it is from our very essence that we observe. This is why we frame things. This is why we make magical windows.

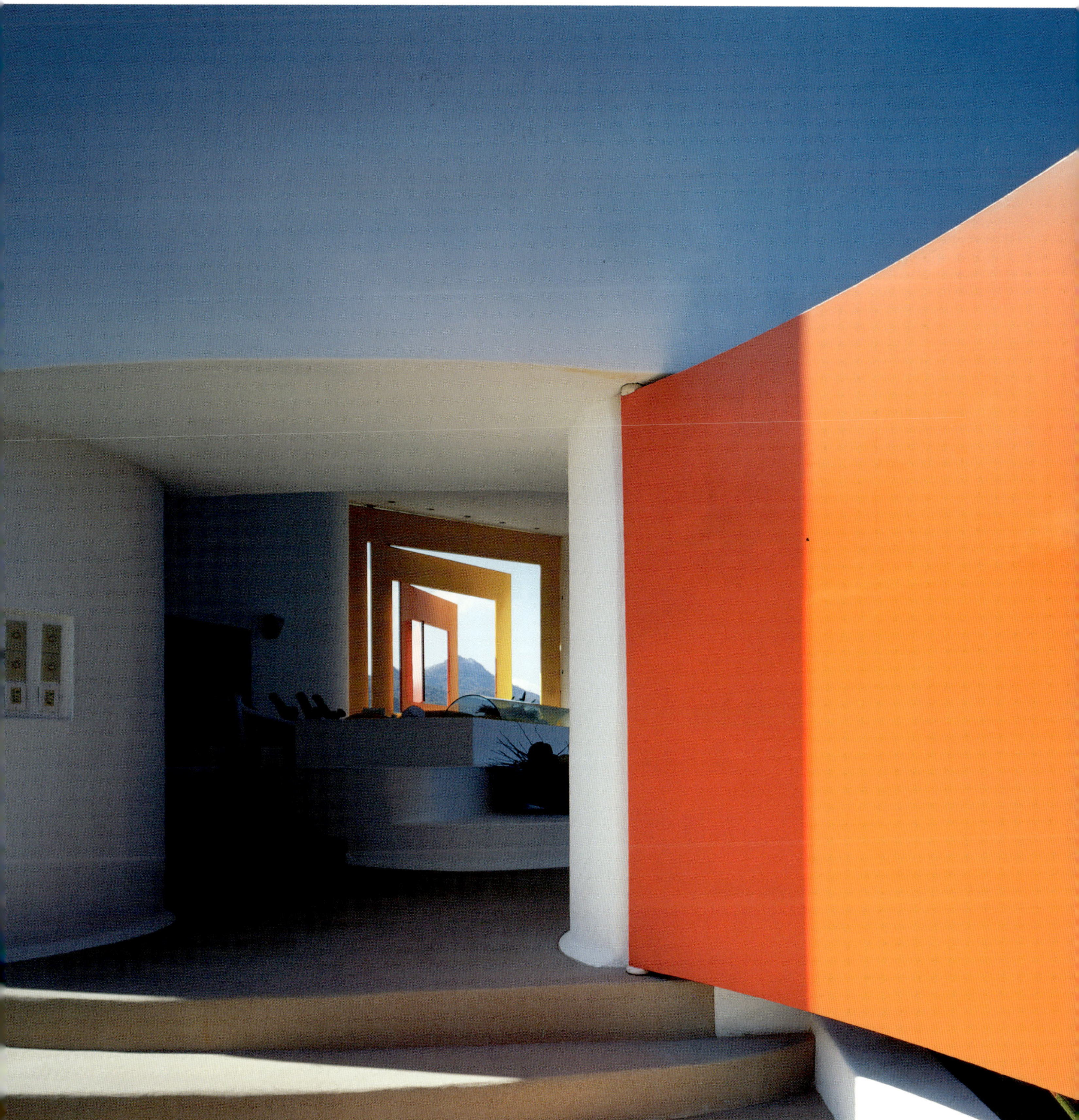

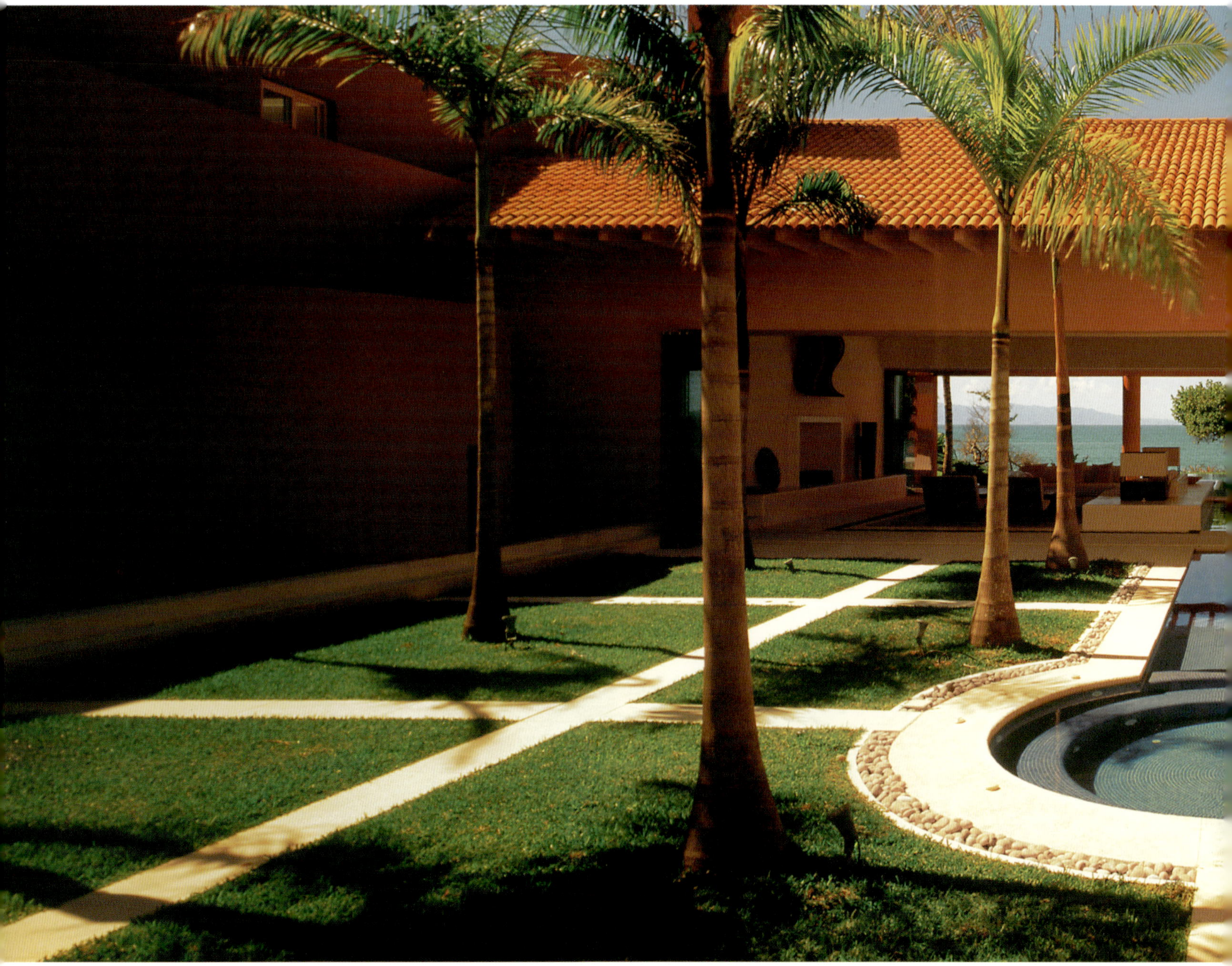

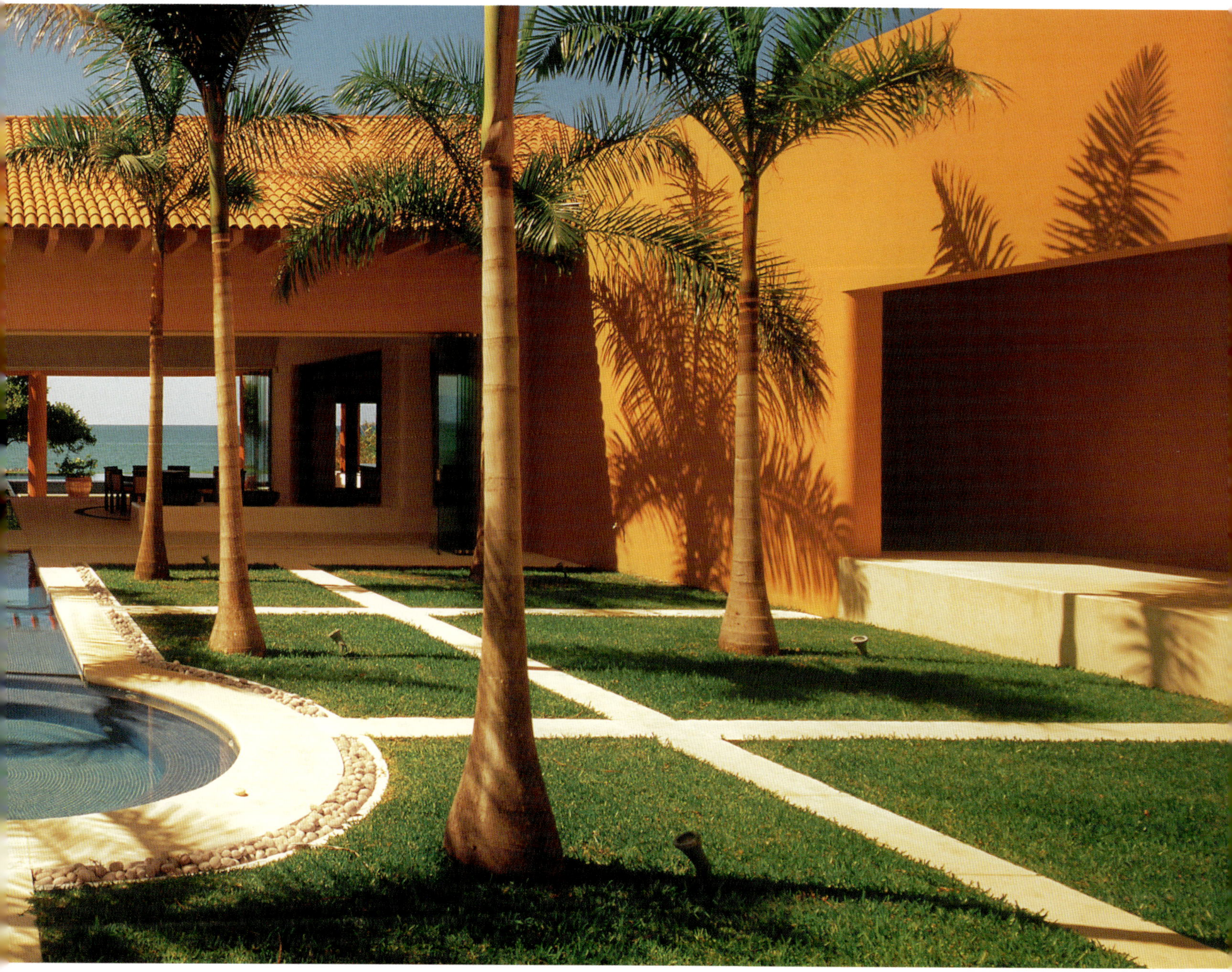

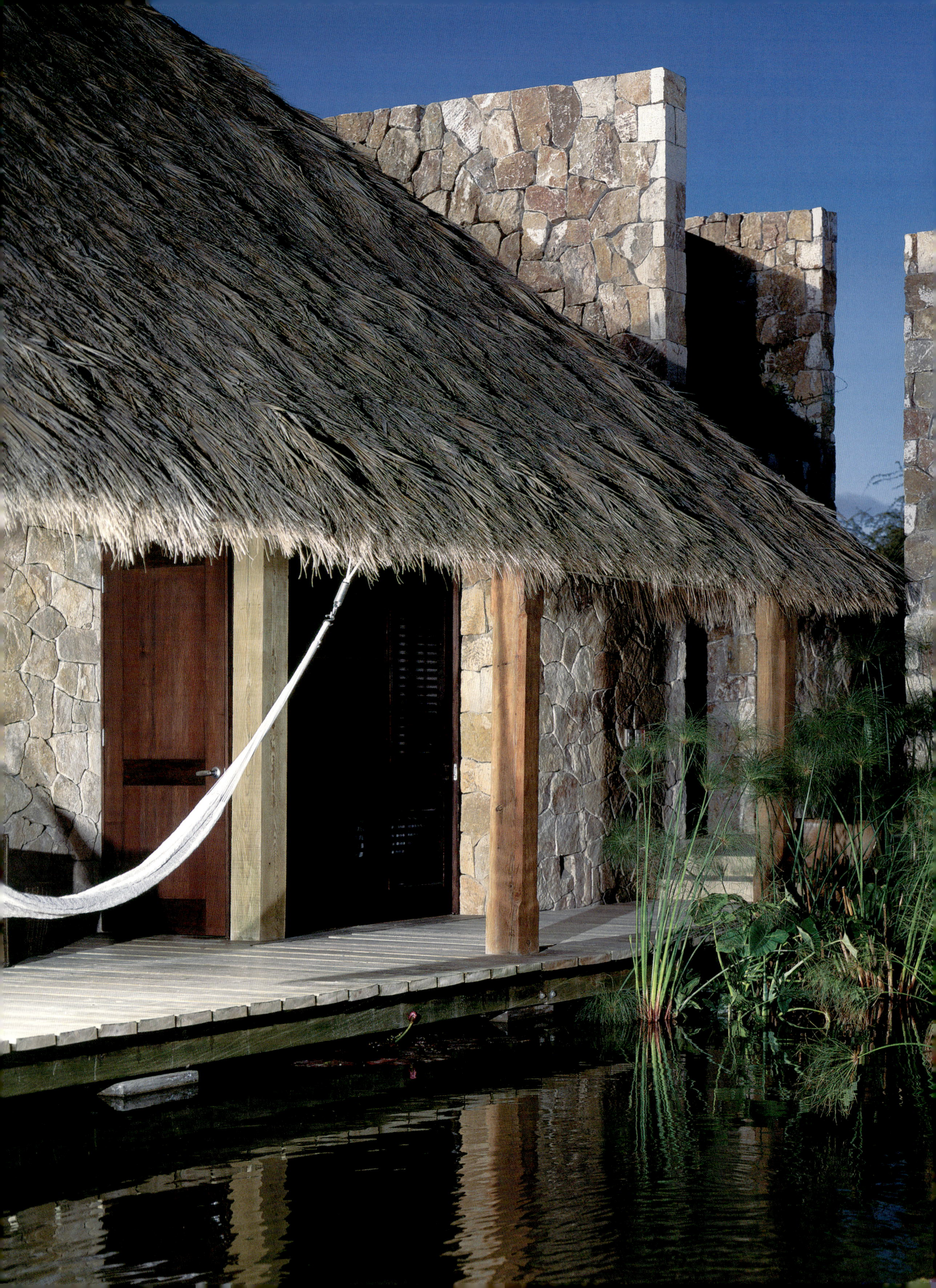

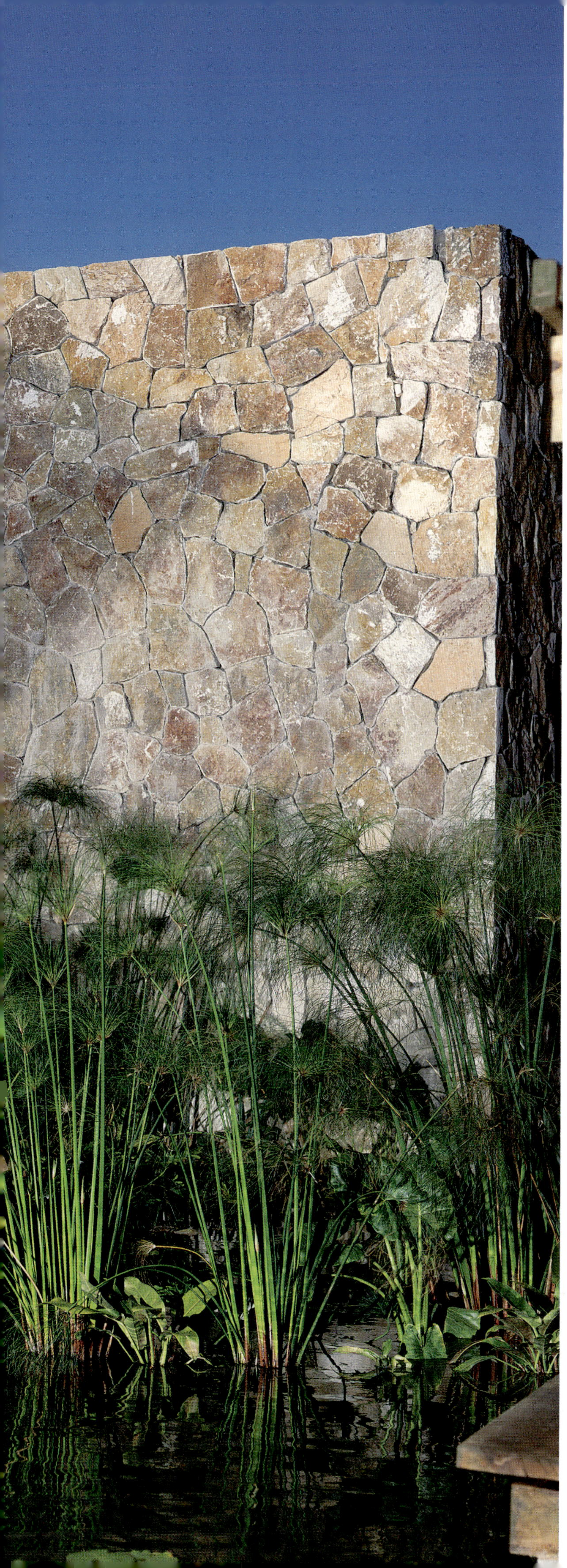

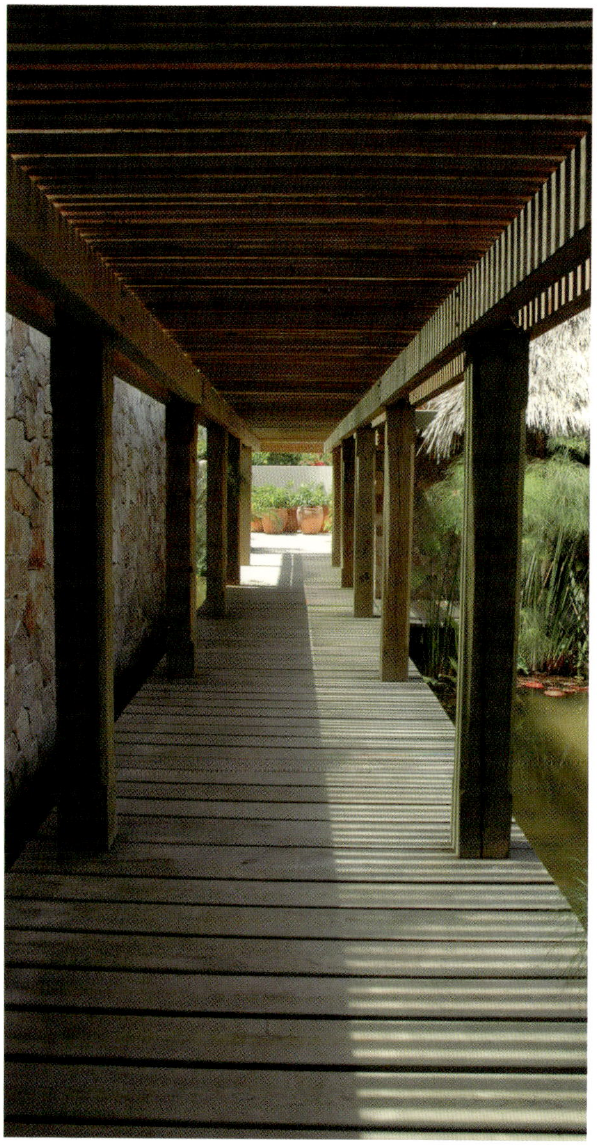

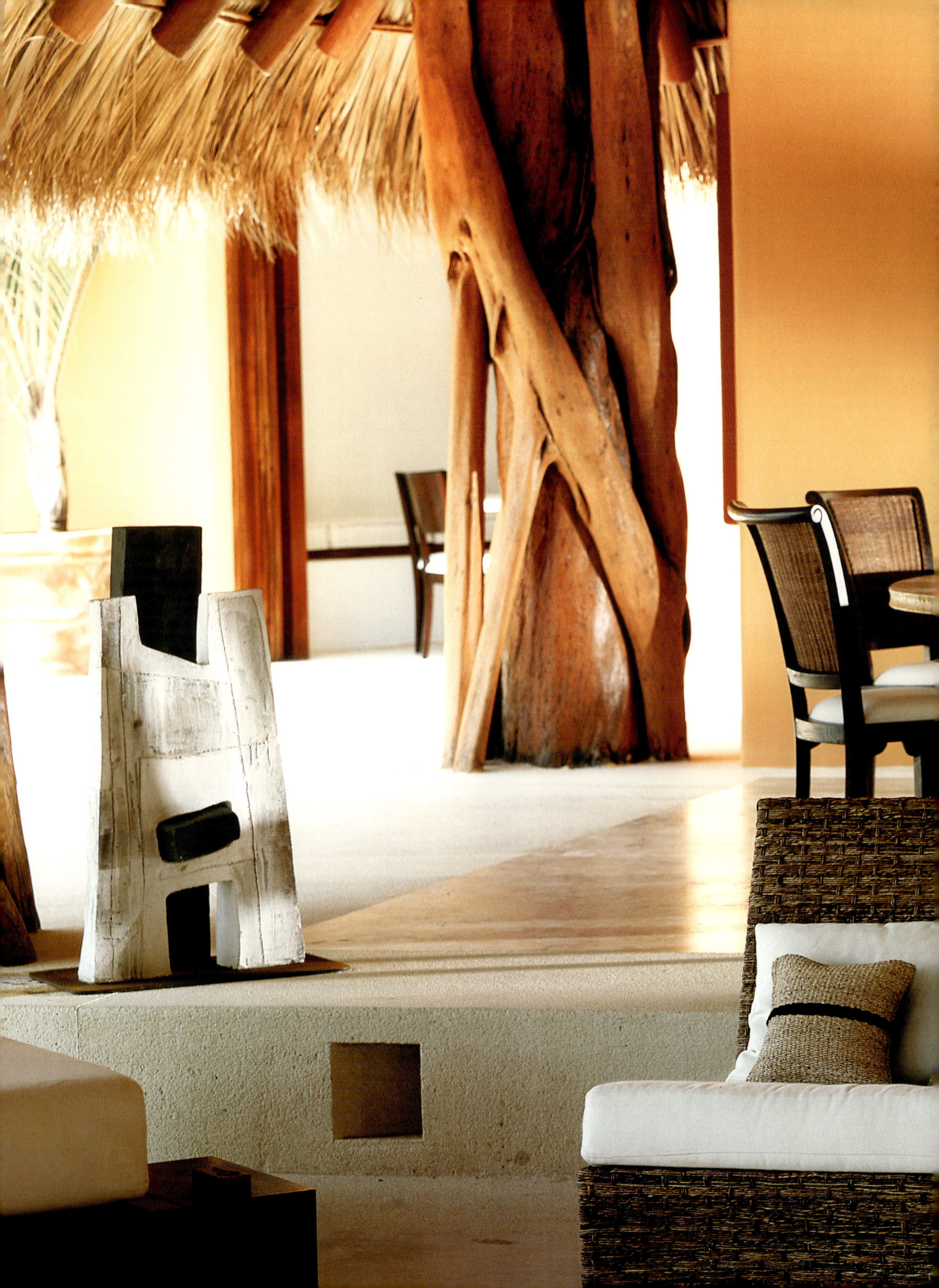

# INTERIOR STYLE
## estancias y comedores
living rooms & dining rooms

Las estancias, en estas casas, han sido hechas para desplegar pasividades más que actividades. El ocio es la condición fundamental de estas fértiles pasividades humanas, entre las que destacan el juego como expresión de libertad y la conversación, que implica sobre todo el arte de escuchar. Estos son los espacios para estar, siendo uno mismo. Para escuchar y para escucharse. Para compartir pensamientos y emociones. Son los espacios para el encuentro que nos enriquece y nos hace mejores personas. Los comedores, por su parte, agregan a ese encuentro el ritual de la buena cocina, envuelven el tiempo del placer de la comida y la bebida, abriendo al huésped las puertas de la generosidad. En estas casas, sin embargo, no siempre se separan estas pasividades. Con frecuencia se trata de un espacio único, matizado, que permite estar de una manera suelta, informal, más atenta a los afectos que al protocolo. Eso les da un carácter único, más cerca de la fiesta que del deber. Más cerca del templo que del trabajo.

The living rooms of these houses have been made to highlight passiveness more than activeness. Leisure is the vital condition of this fertile human passiveness, which includes games as an expression of freedom and conversation, based, above all else, on the art of listening. These are places for being oneself, for listening and being listened to, for sharing thoughts and feelings. These are the meeting points that enrich us and improve us as people. Dining rooms, for their part, add fine food to this meeting ritual, seasoning time with the flavor of food and drink and opening the doors of generosity for guests. However, there is not always a clear division between these two forms of passiveness in these houses. There is usually a single harmonized space, that entices one to be relaxed, informal and more focused on affection than on protocol. This is what makes these rooms unique, siding more with parties than chores and closer to the temple than to work.

70

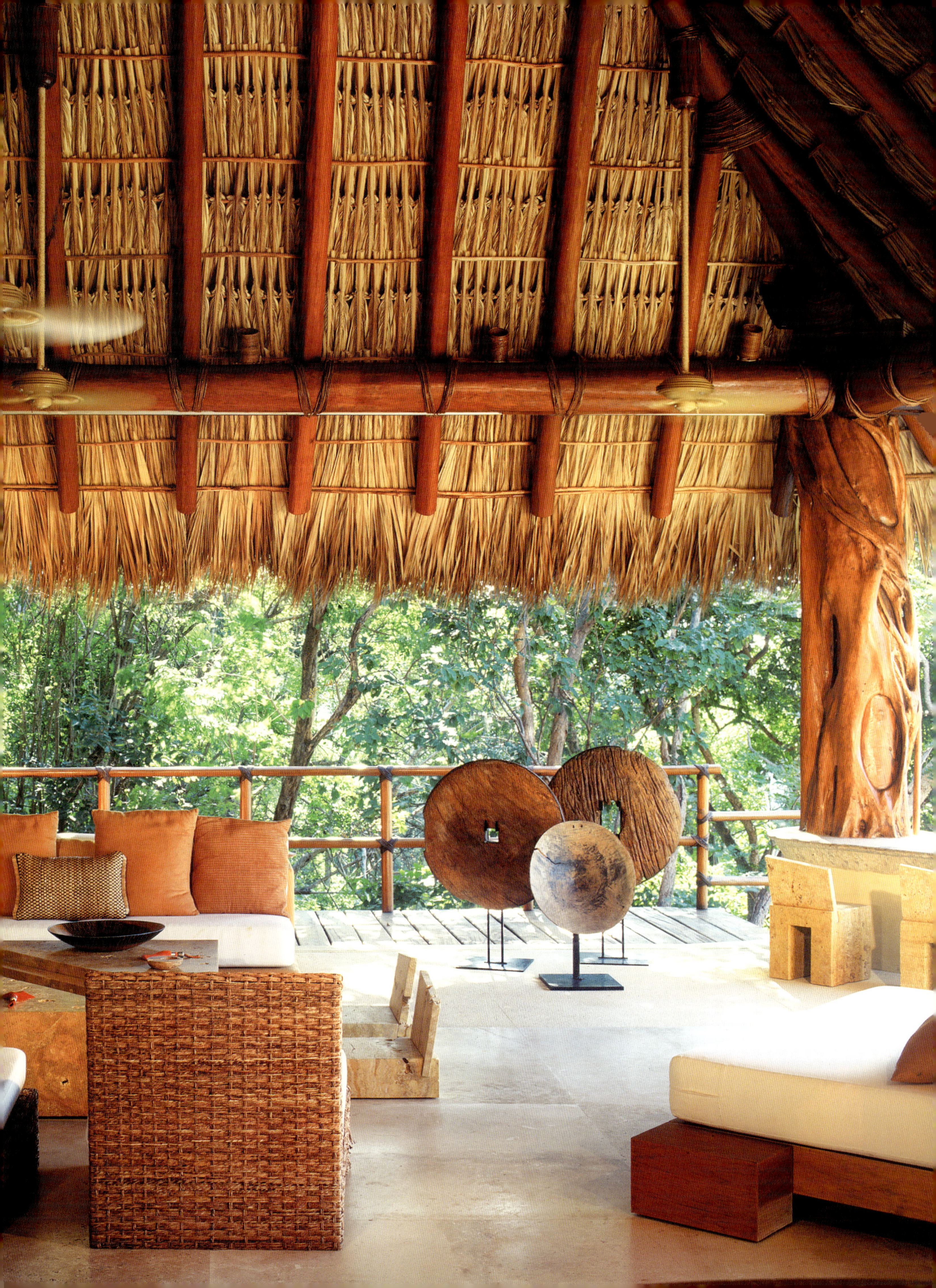

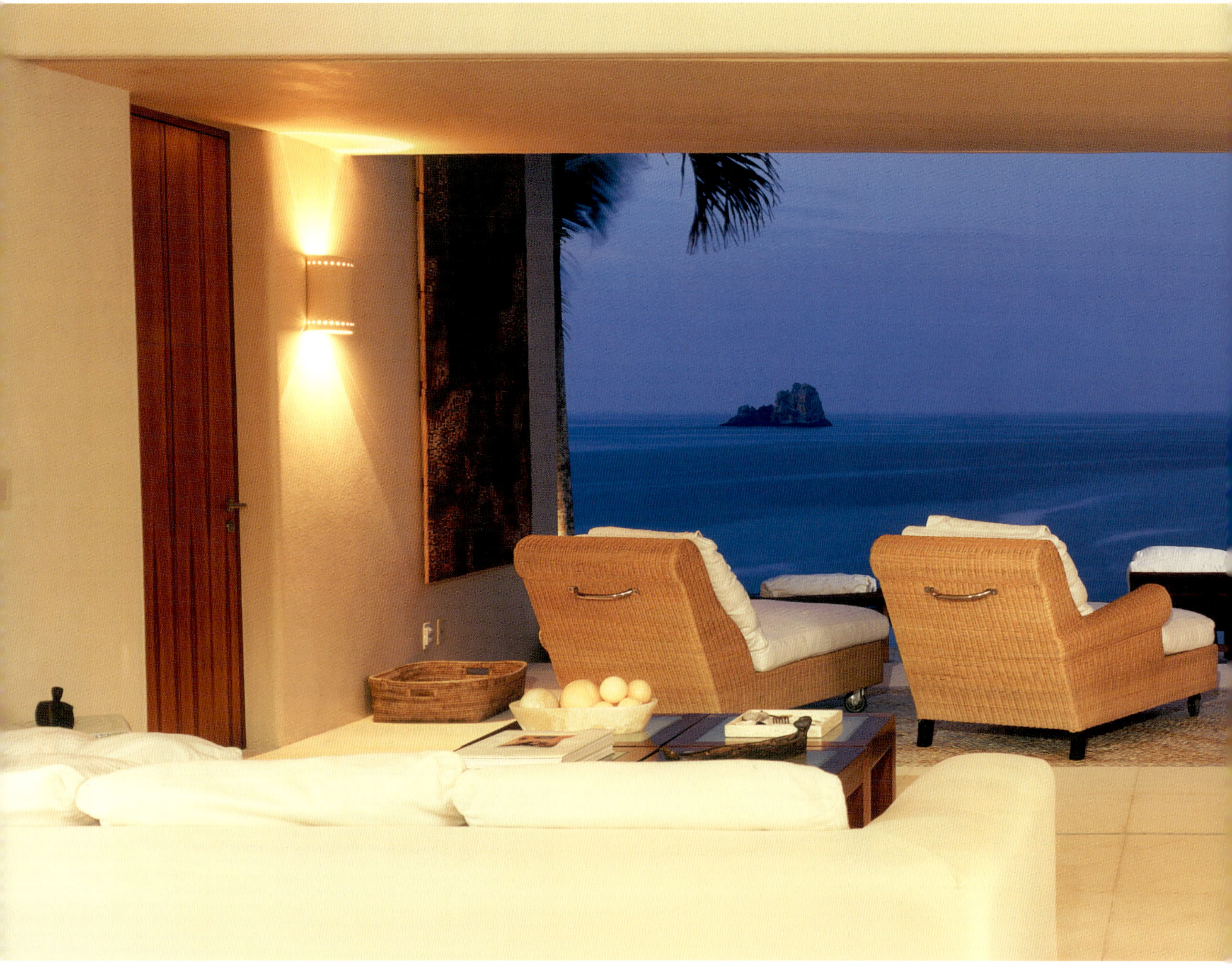

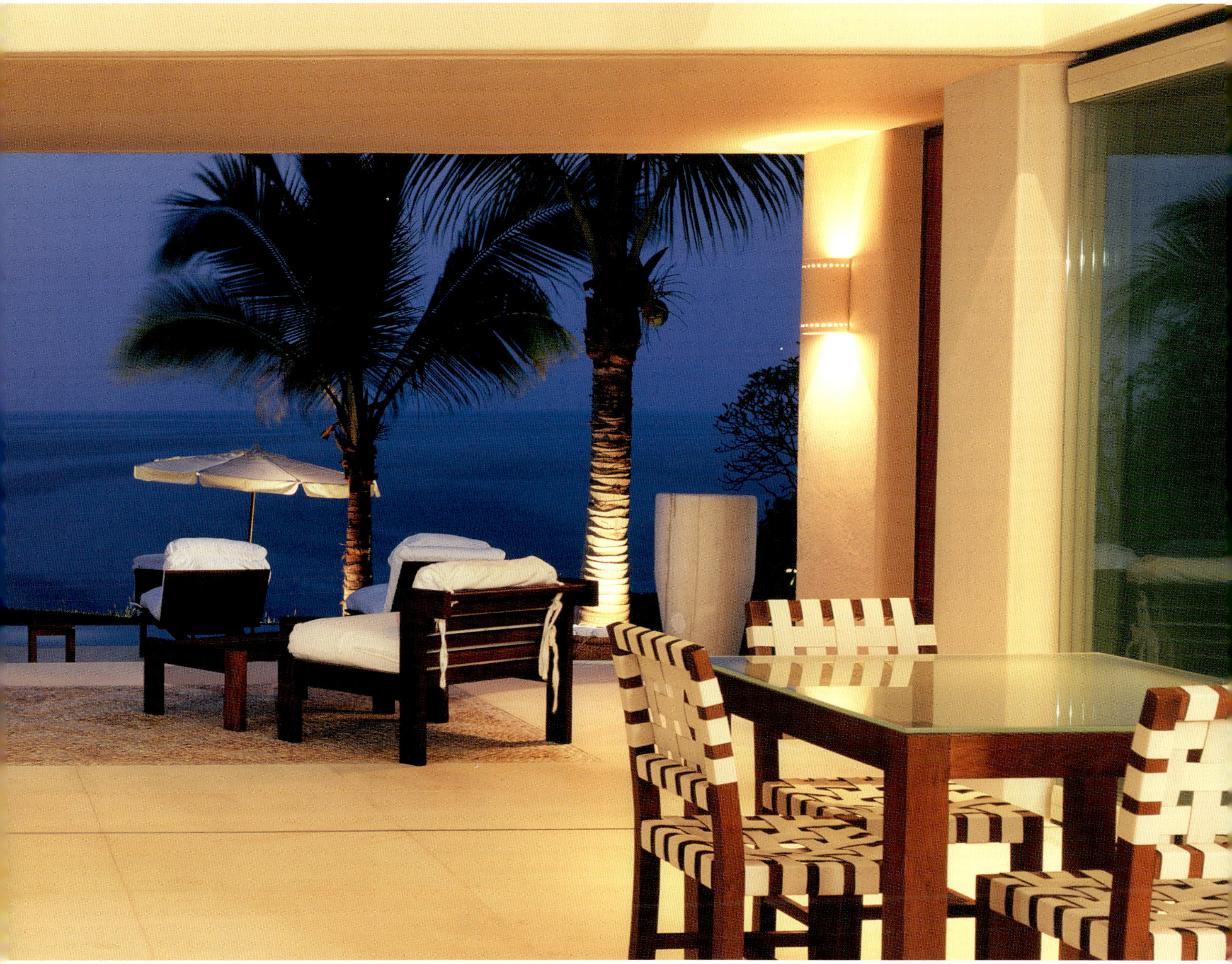

El contraste entre lo natural y lo sofisticado por la mano humana es uno de los atractivos más fuertes de la arquitectura de estas casas. Se trata de una sabia actitud que define respetuosamente los límites: hasta aquí la mano de la técnica y de la industria. Hasta aquí la naturaleza. Al asumirnos como la parte inteligente del mundo, obtenemos como resultado un gran equilibrio, en el que ambas partes ganan.

The contrast between the natural and the manmade world is one of the most attractive architectural features of these houses. It is an act of wisdom that respectfully defines the boundary between industry and method, on one hand, and nature, on the other. When we act with intelligence we can achieve a perfect balance in which both sides can triumph.

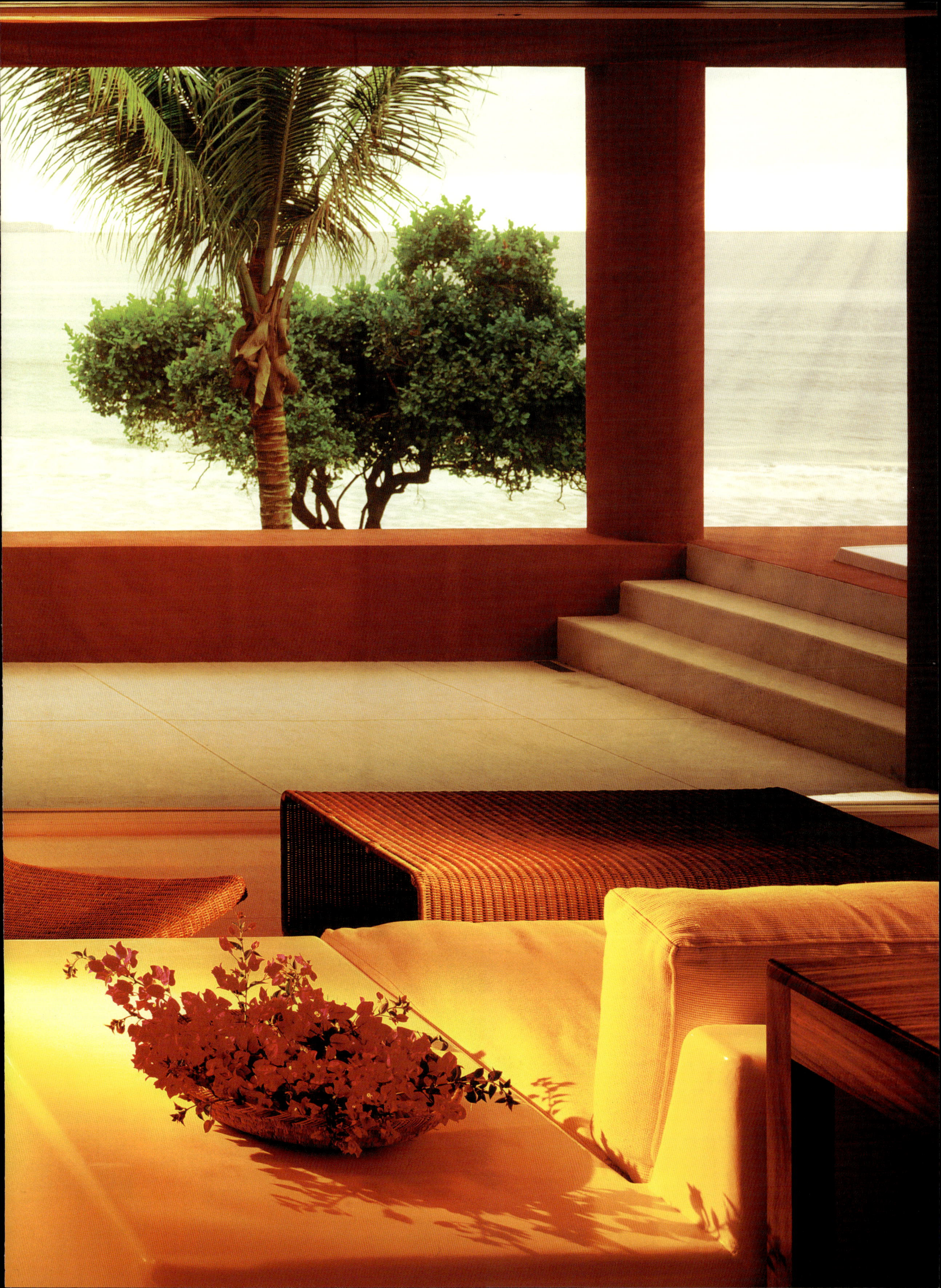

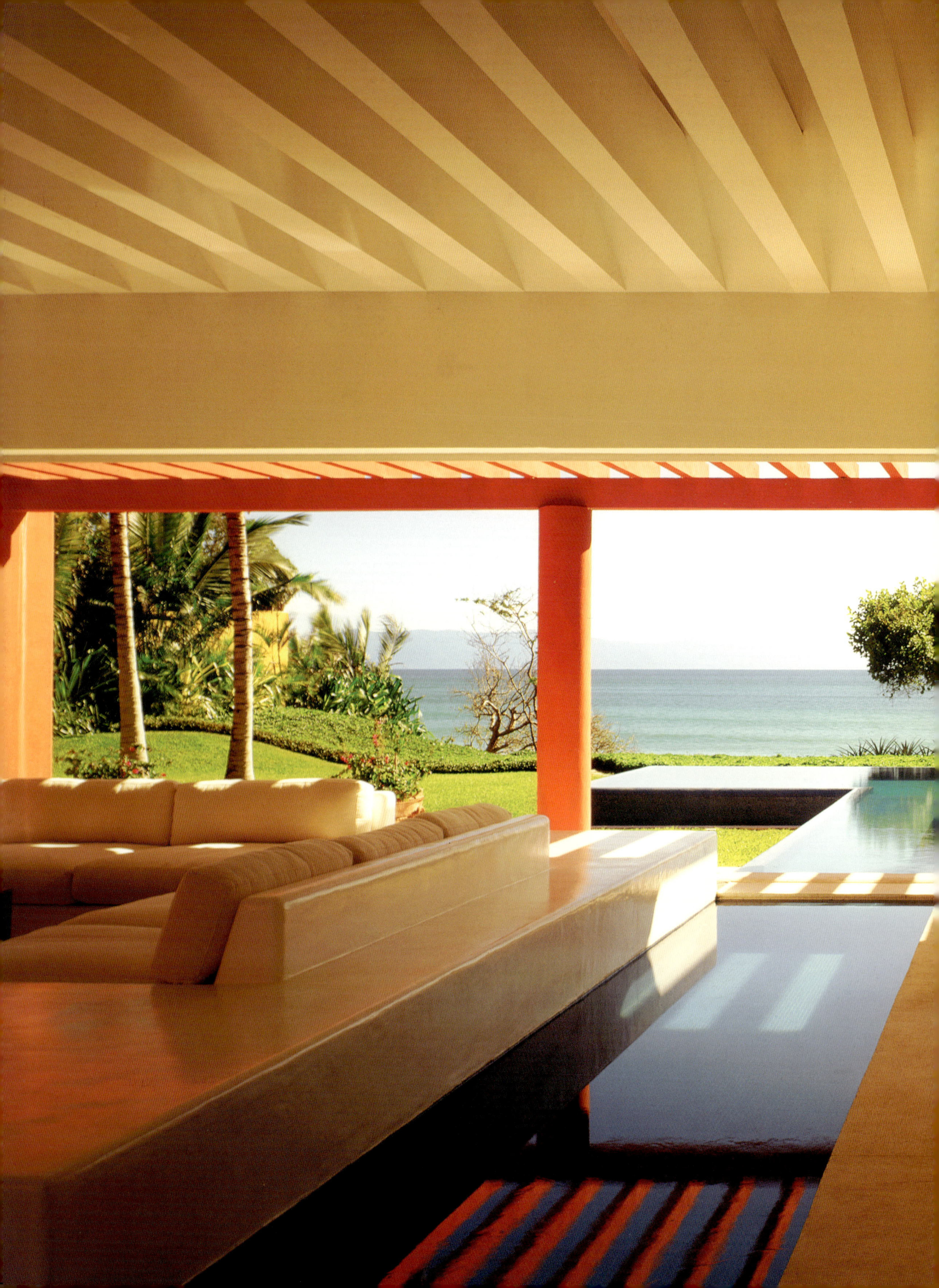

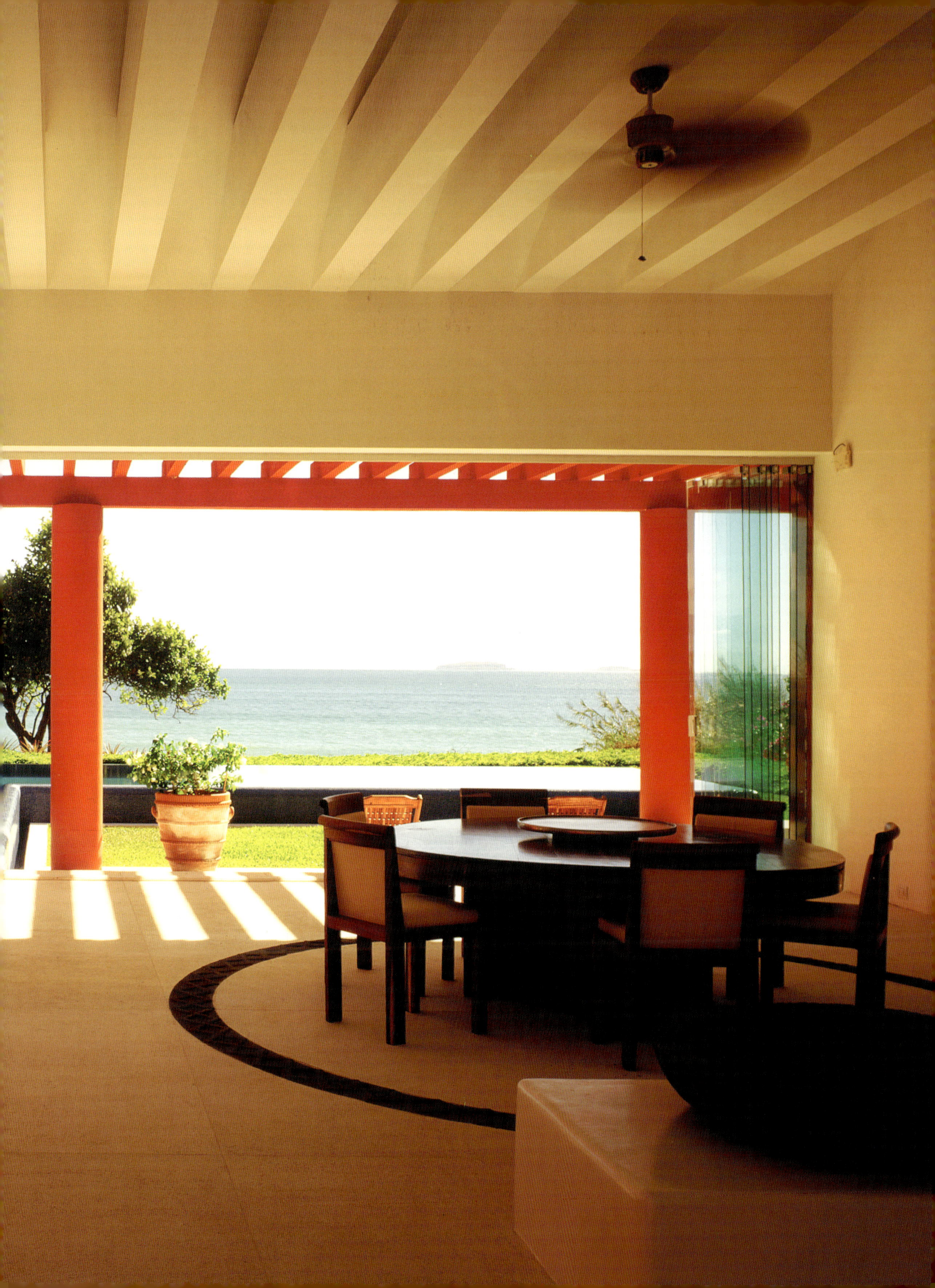

Por las tardes, aquí el sol nunca entra solo. Trae con él a las plantas y las desliza en silencio sobre el piso, sobre los muebles, sobre las telas. Y las plantas, cuando desaparece el sol, se quedan en una pintura contentas y quietas.

The sun never sets alone in the evening here. It is accompanied by the plants, and slides quietly over the floor, over the furniture and over cloth. And once the sun sets, the plants are transformed into a picture of joy and tranquility.

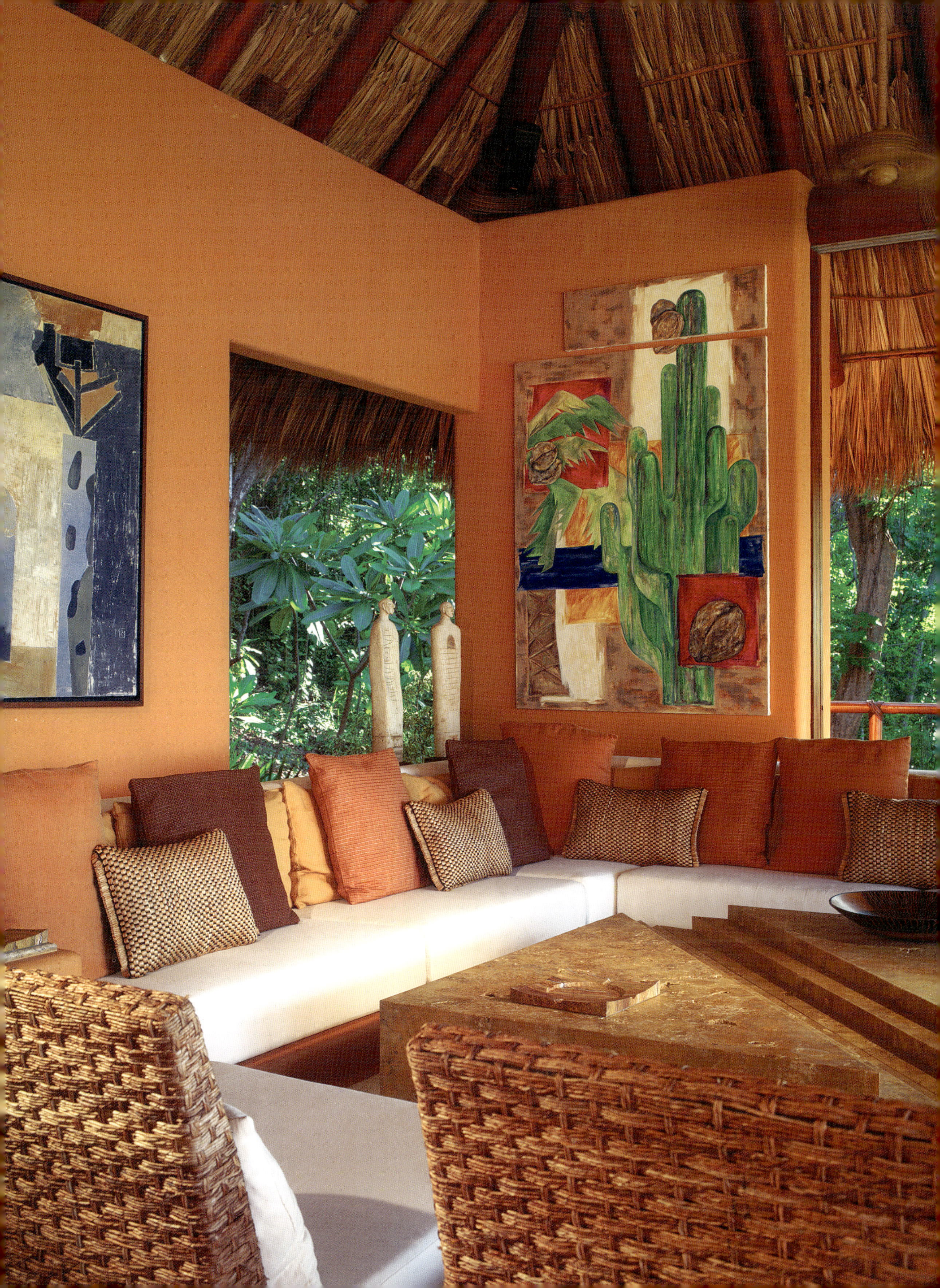

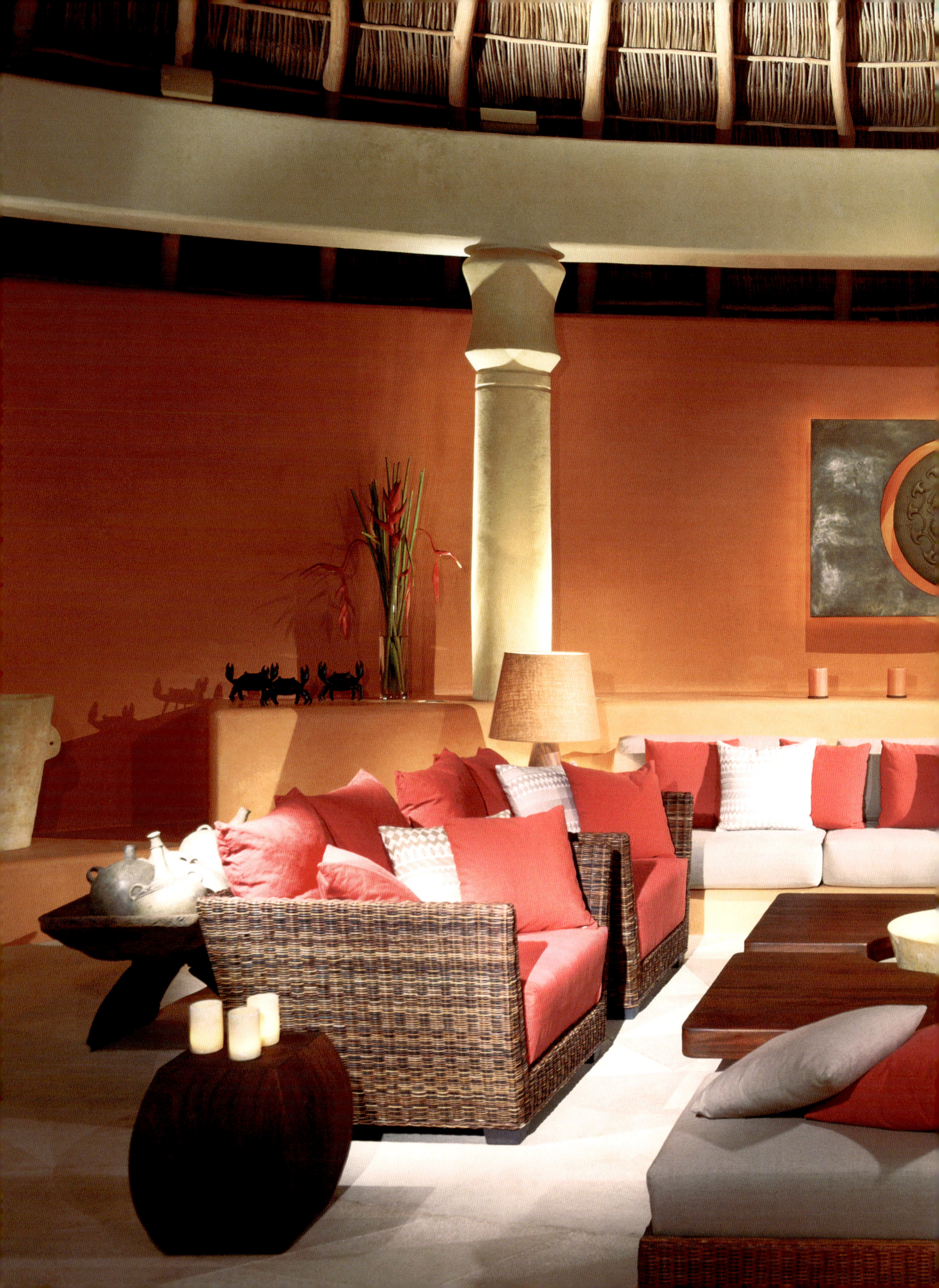

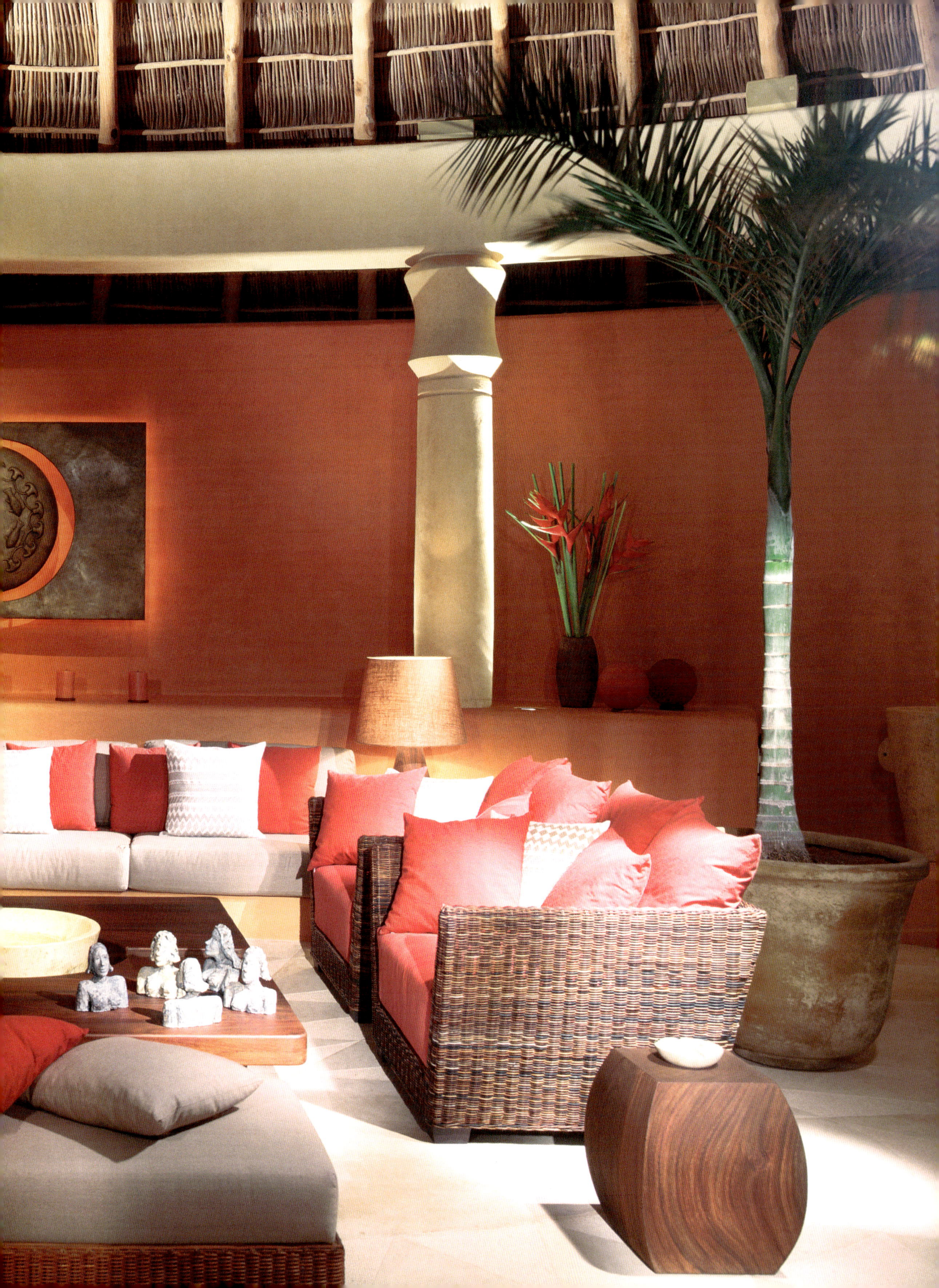

El escenario ha sido preparado y está listo para la cena. Es un espacio entintado en colores hermanos. Las telas y los cojines siguen a los muros y el tejido del techo responde al de los sillones. Líneas blancas y un primer plano de la columna enmarcan al resto de la casa que, en la atmósfera azul de la noche, se asoma aportando la serenidad de los reflejos tenues.

The stage is set for dinner. Brotherly tones color the setting. Cushions and textiles follow the walls, and the thatched ceiling reflects the seats. White lines and the pillar frame the rest of the house which reclines in the blue hues of night offering us the serenity of subtle reflections.

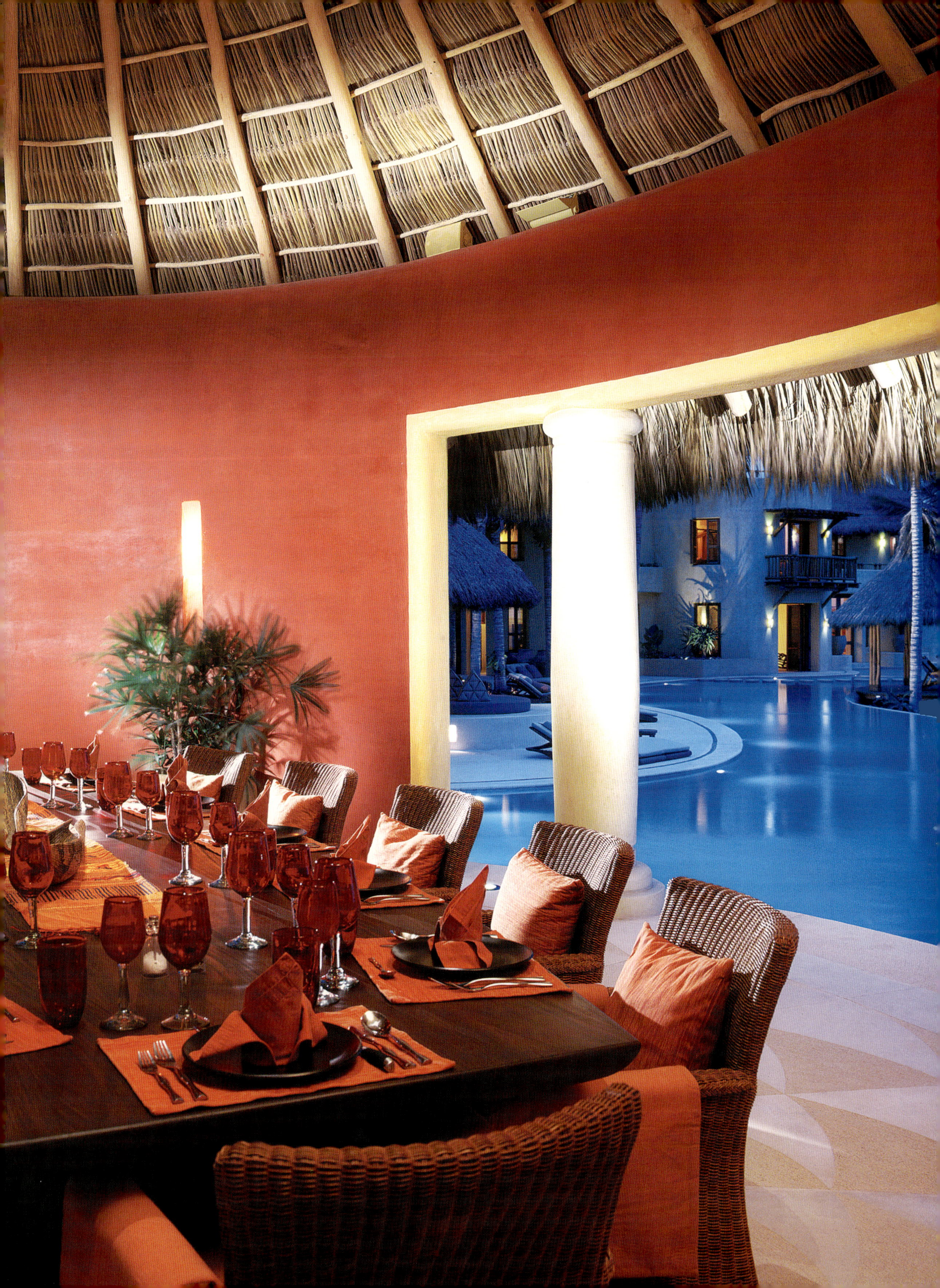

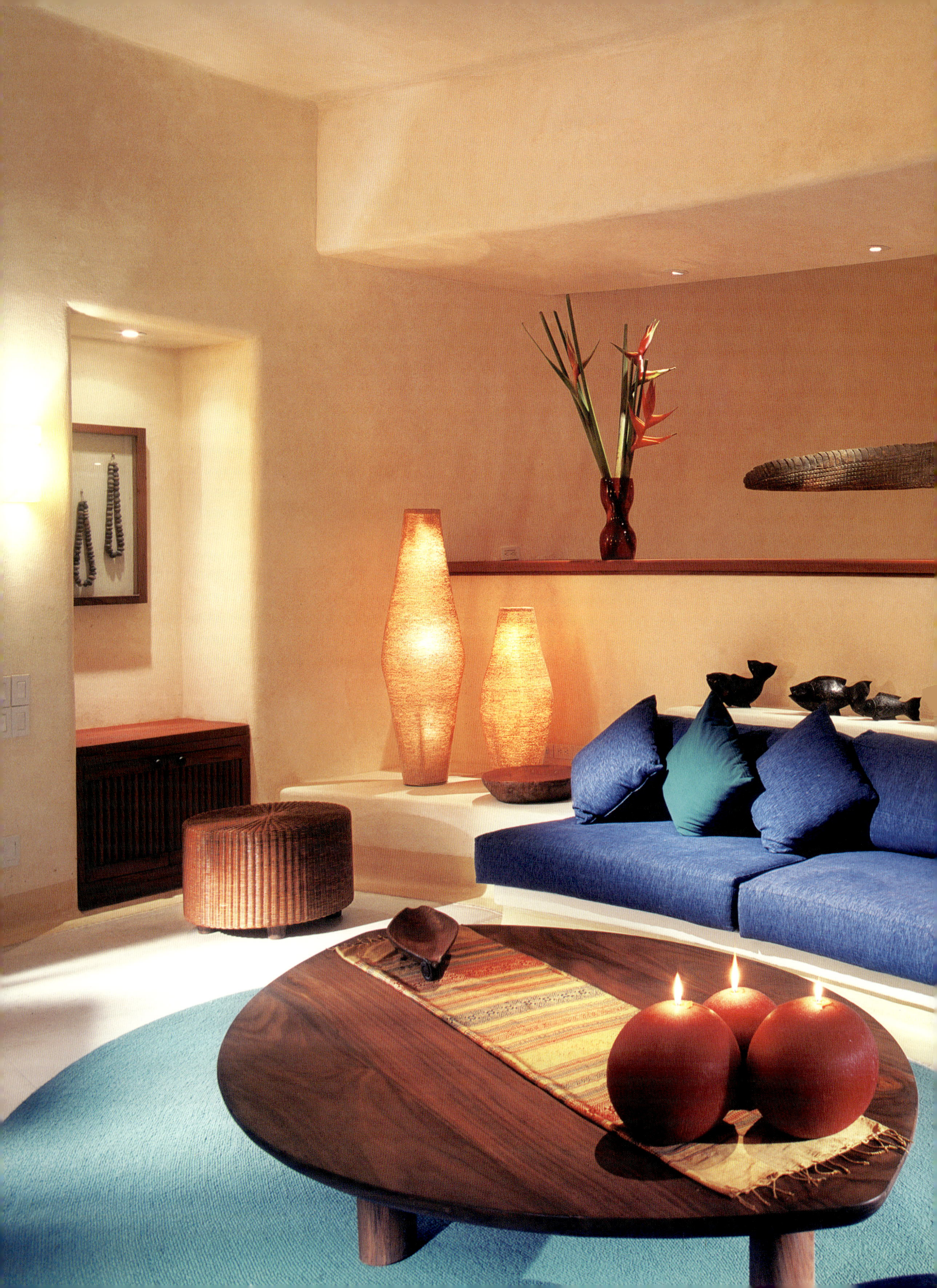

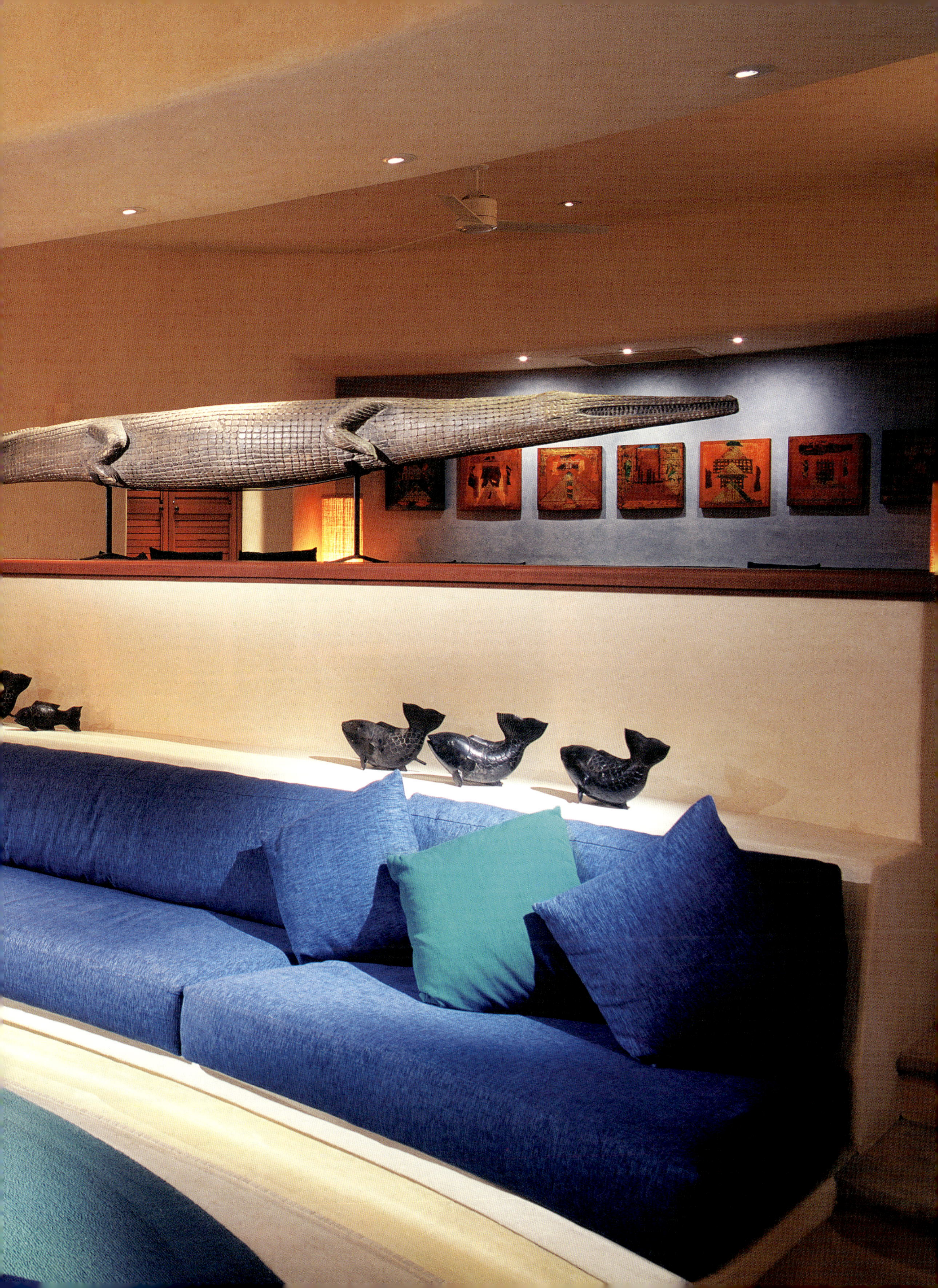

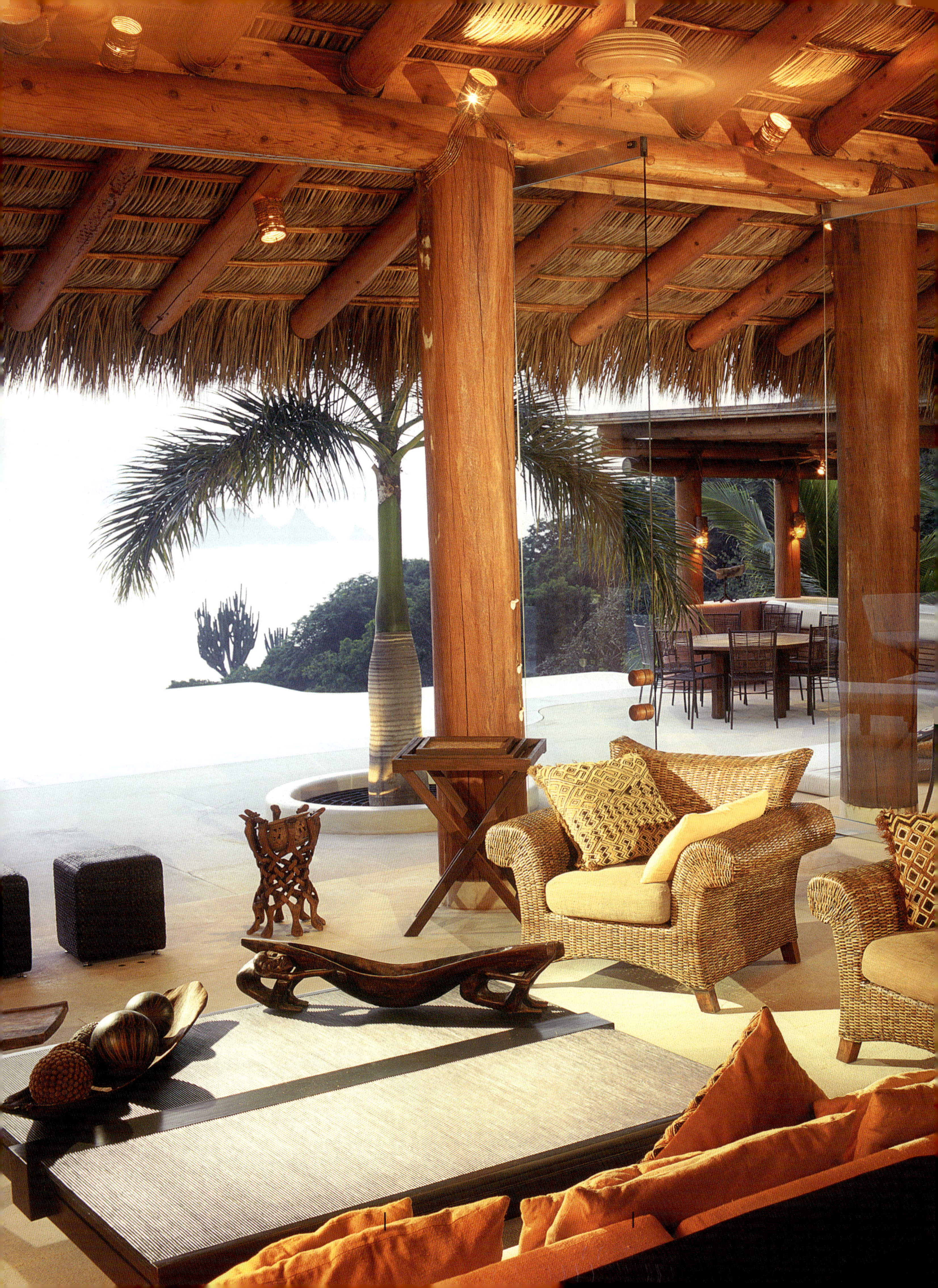

En un efecto propio de la arquitectura, cuando convoca a las demás artes, la reciedumbre de las columnas hace más dramática la fragilidad lineal de la escultura. Los sillones se disponen al diálogo frente al mar, privilegio de quienes buscan en el ocio una oportunidad para conocerse mejor, para descubrirse a sí mismos, para confirmarse vivos. El cristal de la puerta resalta el lenguaje artesanal de los muebles y los objetos.

Illustrating a classic effect of architecture when combined with other art forms, the strength of the pillars highlights the linear fragility of the sculpture. The armchairs invite conversation against the backdrop of the sea, a blessing for those who see leisure as a means of knowing oneself better, self-discovery and confirmation that one is very much alive. The glass in the door highlights the craftsmanship of furniture and objects alike.

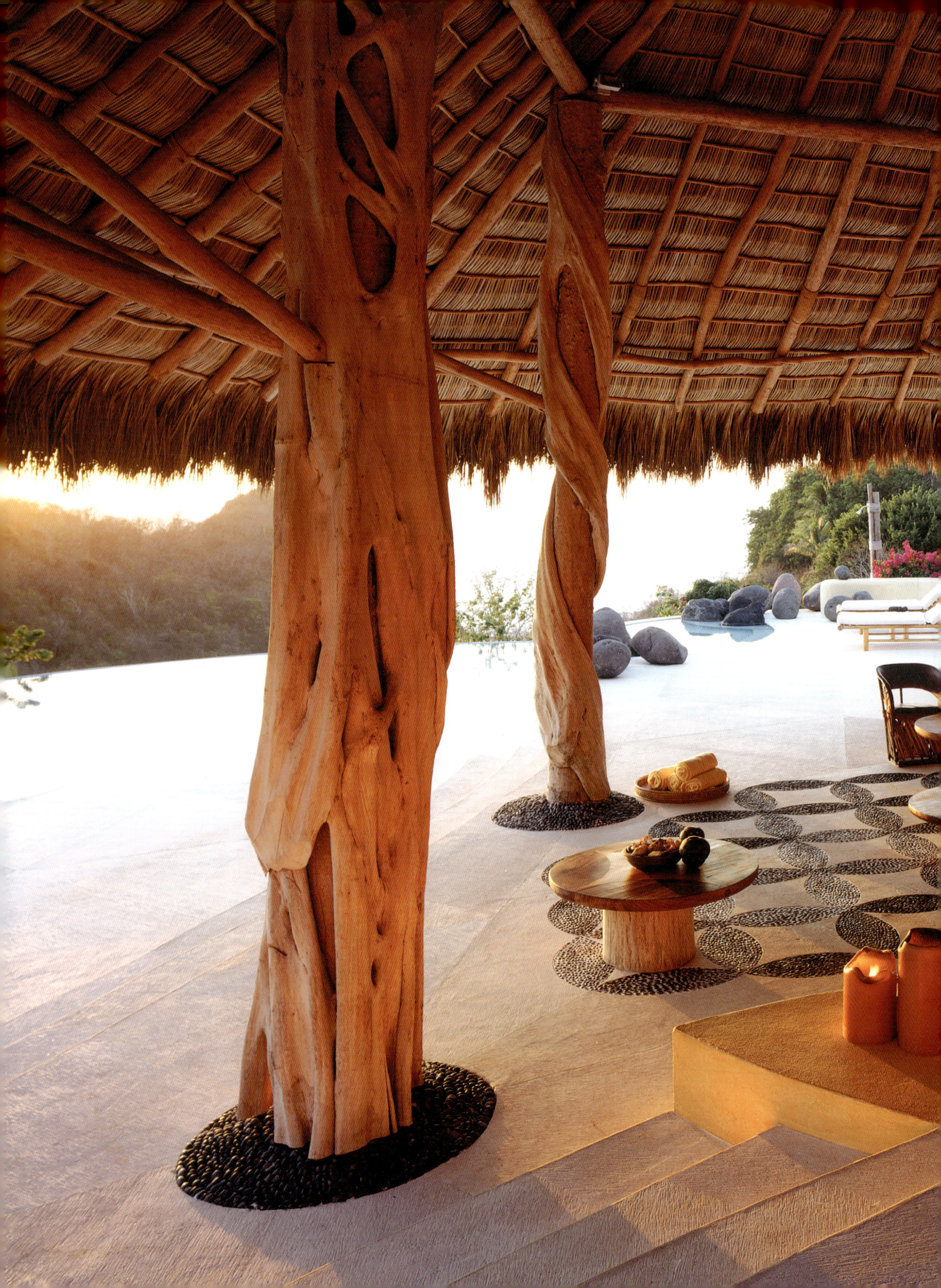

Entre las columnas, todavía trenzadas de vida vegetal, el pavimento va deslizándose sin darse cuenta hasta confundirse con el agua dulce, con el mar salado, con el luminoso destello de la tarde. Los materiales son sólo matices de color en una acuarela de tres dimensiones. Las pequeñas piedras ordenadas en dibujos y las rocas desordenadas, nos atan a la realidad terrestre. Lo demás es fantasía y sol poniente.

The path weaves its way unaware among the pillars, still breathing with the life of the forest, until it merges with freshwater, the saltwater of the sea and the sparkling light of the evening. The materials are mere hues in a three dimensional water painting. Small stones are arranged into pictures while the boulders remain unordered, reminding us of the reality of our planet. All else is fantasy and a setting sun.

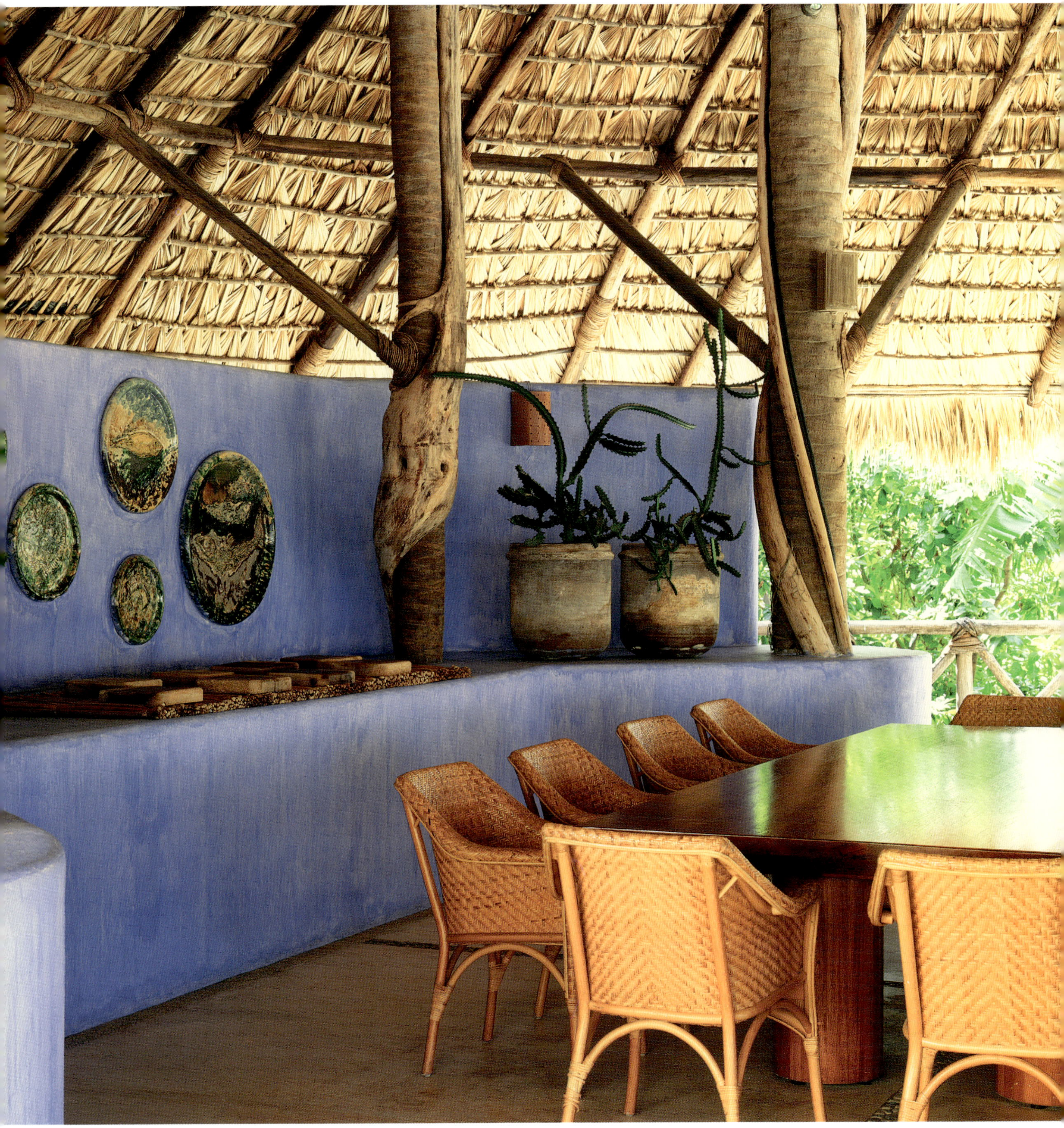

Son amigas del viento y también de la gardenia y su aroma sin nombre. Se hablan de tú con la luz y con la penumbra. Estas casas saben concertar la solidez de sus pisos y sus muros con la ligereza de los techos, que parecen haber descendido desde el cielo para ofrecer su sombra. Estas casas saben lo que dicen. Saben bien cómo hacer lo que hacen.

Their friends include the wind and gardenia and its nameless fragrance. They are on familiar terms with light and shade alike. These houses blend the solidness of their floors and walls with the weightlessness of their ceilings, that seem to have descended from the heavens to offer shade. These houses know what they are talking about. They know how to do what they do.

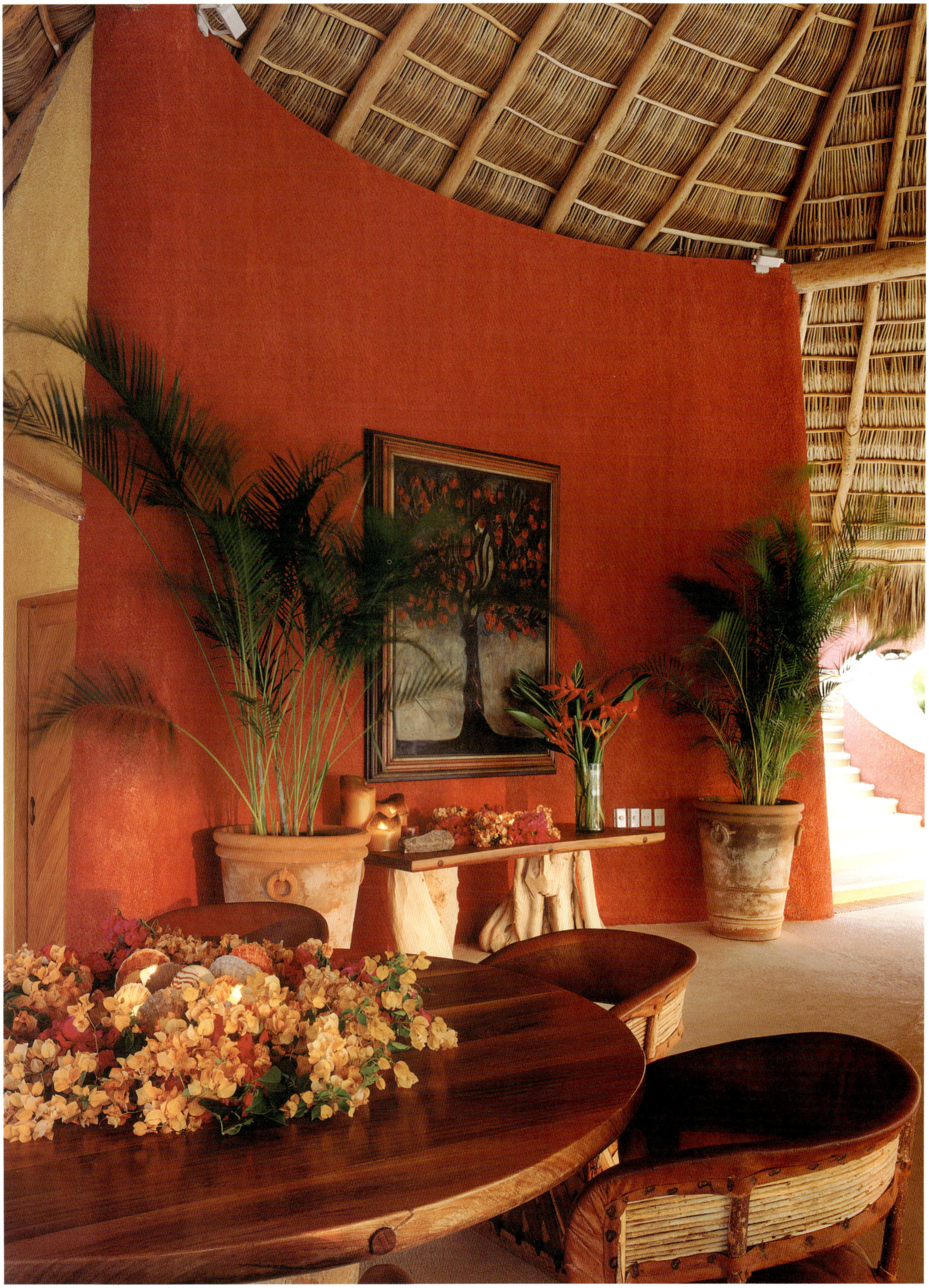

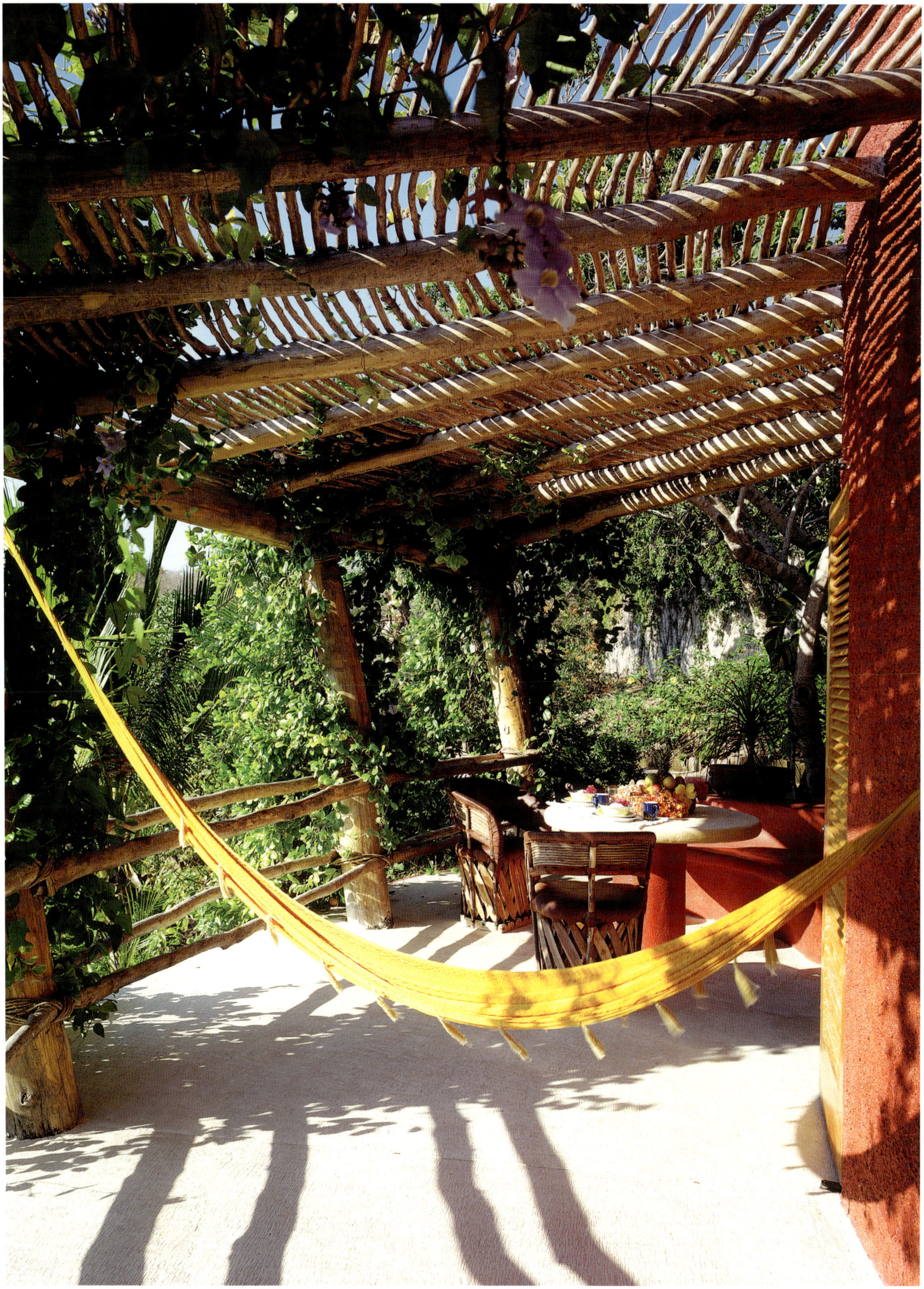

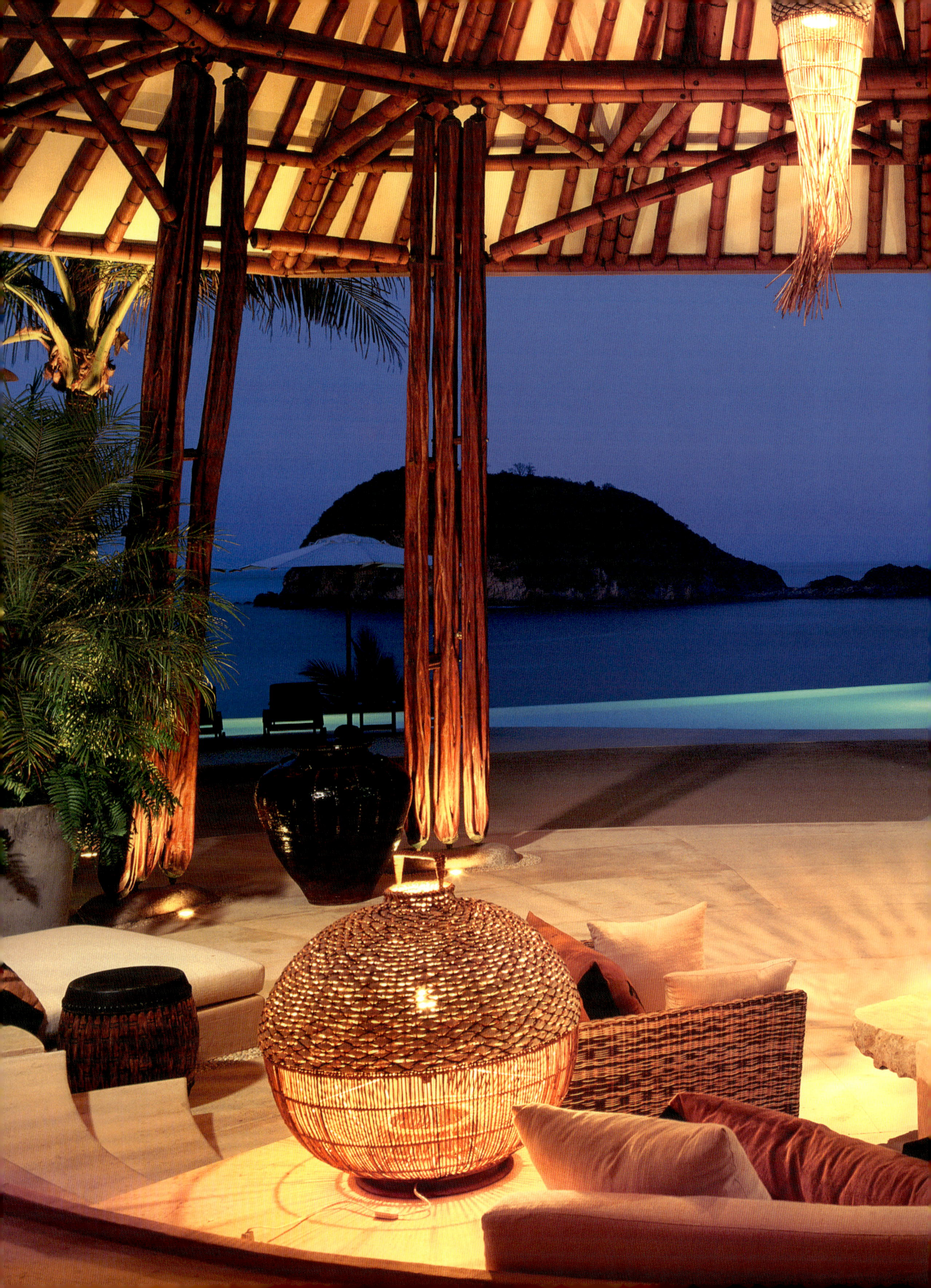

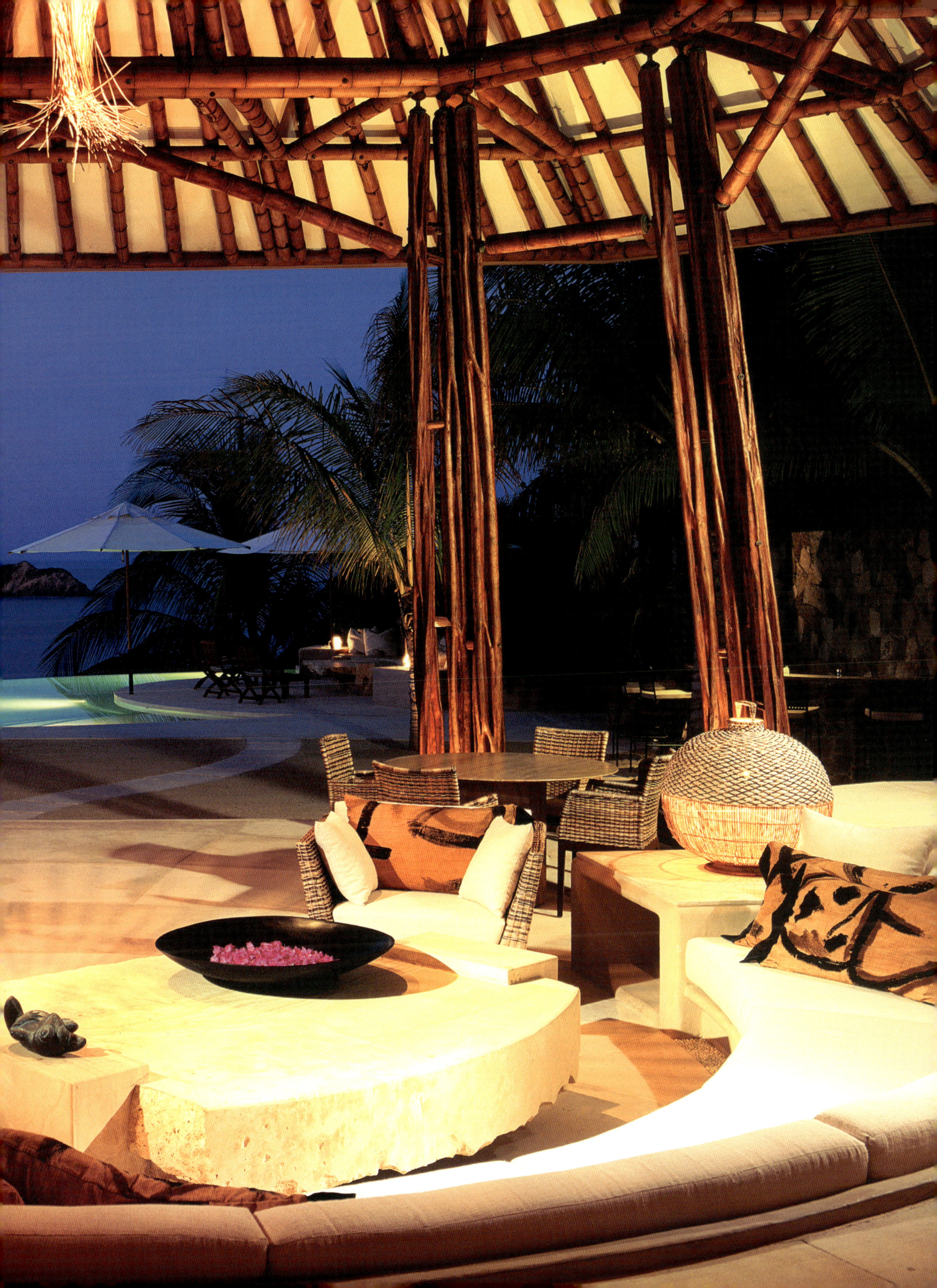

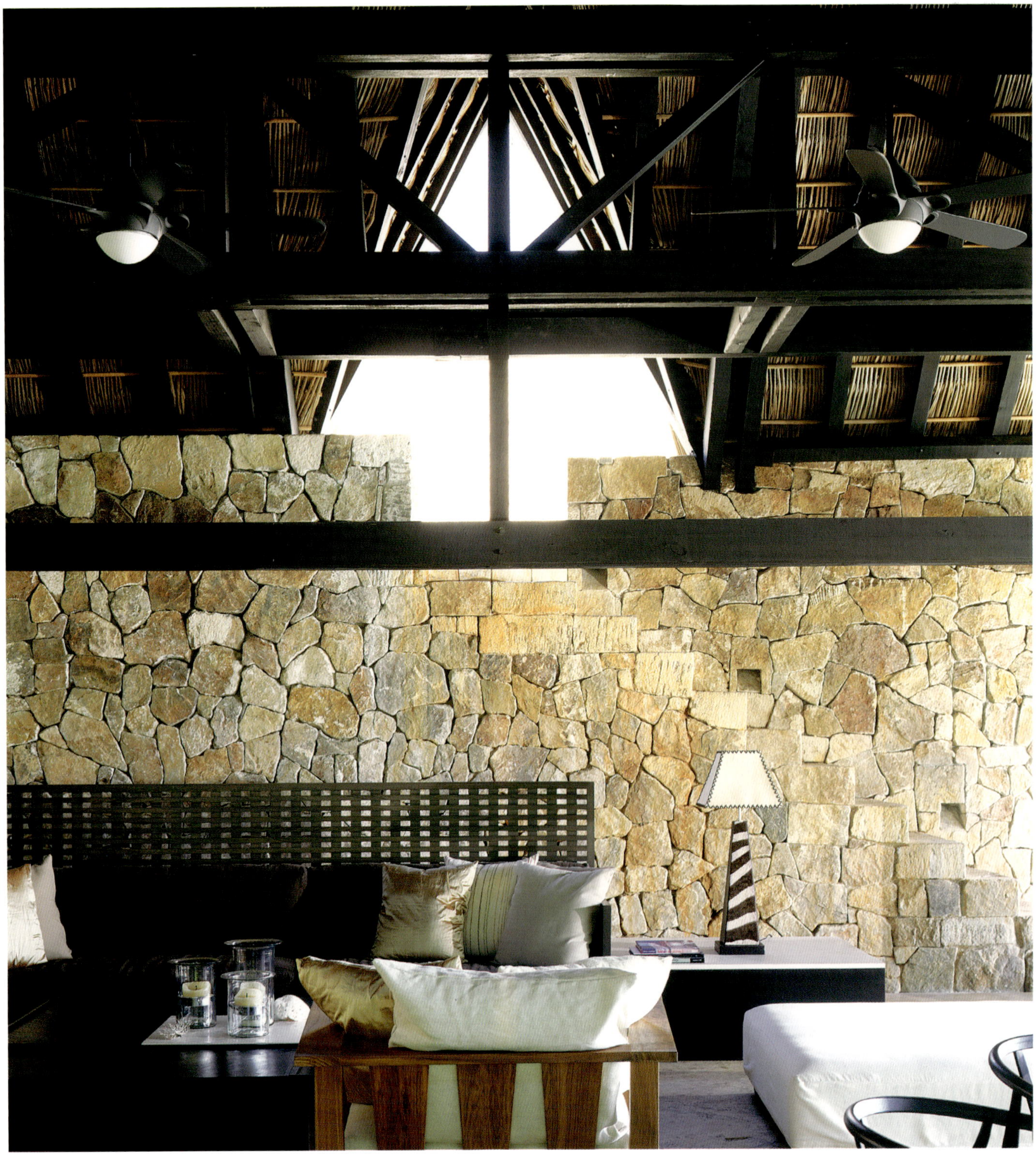

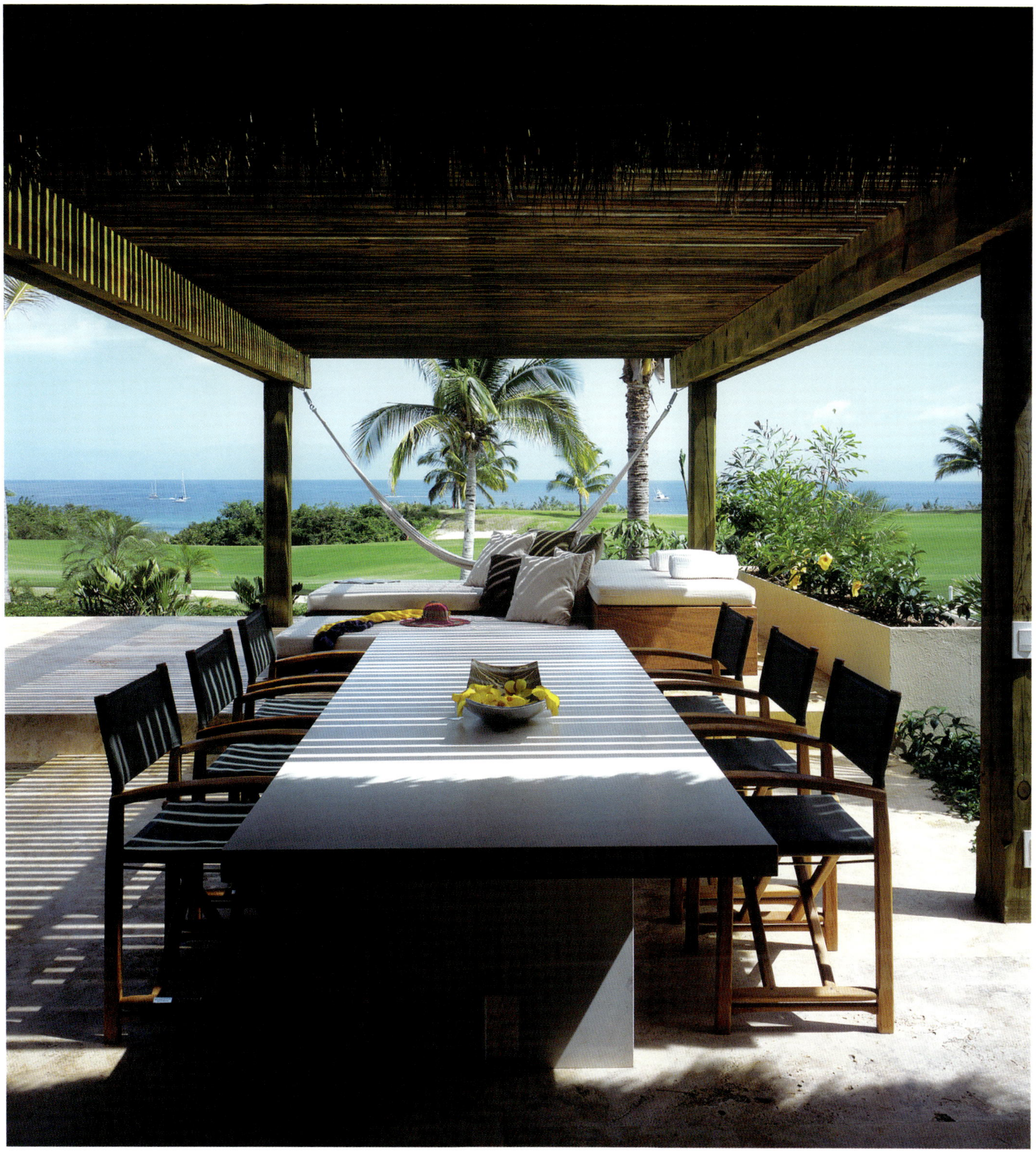

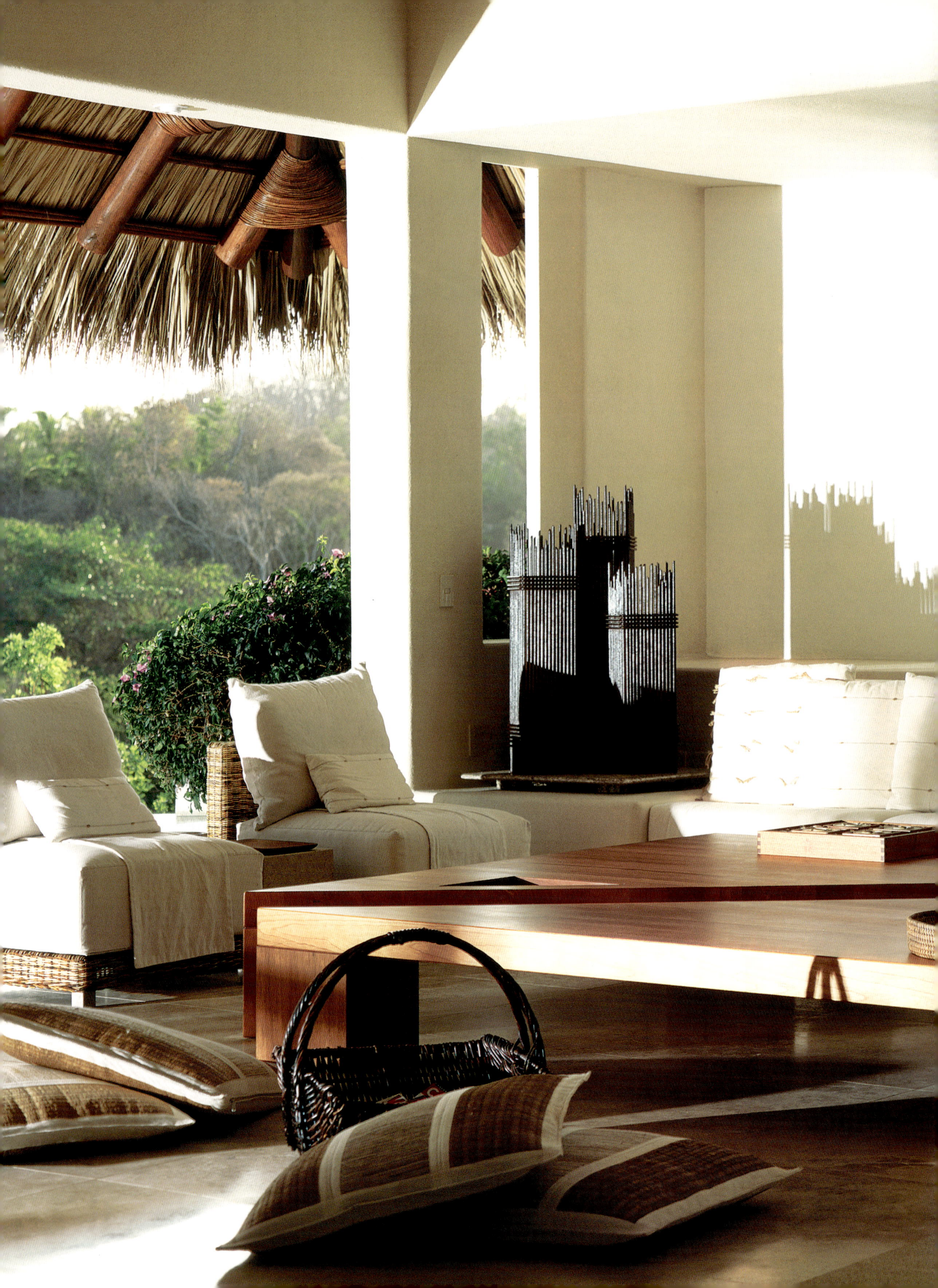

La pureza del espacio y la difícil sencillez de sus líneas, los muros desnudos y blancos, la horizontalidad de los muebles. Todo conspira en silencio para generar un ambiente aparentemente invasor, ajeno al paisaje natural. Pero solo aparentemente. La palapa asoma su reino vegetal. Más atrás la naturaleza feraz, insobornable, vibra en el incesante zumbido de las chicharras, que resuena en la sombra de la triple escultura.

The purity of space and the complex simplicity of its lines, the bare, white walls, the horizontality of its furniture. They all conspire silently to create an apparent ambience of intrusion, alien to the natural setting. But only apparent. The thatched roof proudly proclaims its wild origins with its fierce and incorruptible vitality accompanied by the relentless humming of cicadas, which resonates in the shadow of the triple sculpture.

La perfecta horizontal del mar establece su sereno dominio y la casa, obediente, funda su armonía a partir de ese mandato. Los seres humanos caminamos erguidos y eso nos distingue de los animales. Pero el reposo pleno es siempre así, tan horizontal como el mar.

With the sea's perfectly flat horizon dominating the background, the house obediently defines its own harmony accordingly. Human beings walk upright and this makes us stand out from the animals. But rest is always like this, as horizontal as the sea.

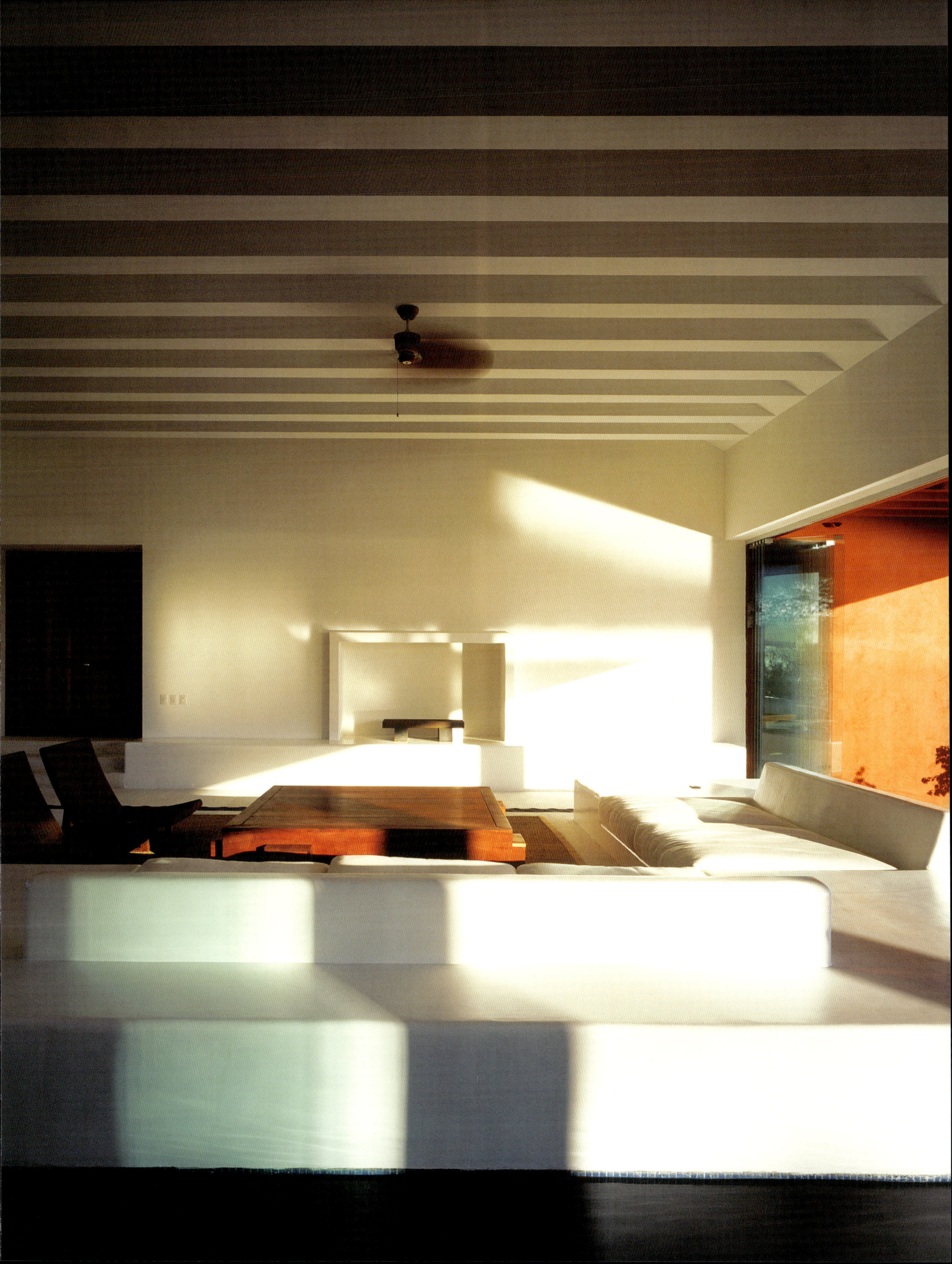

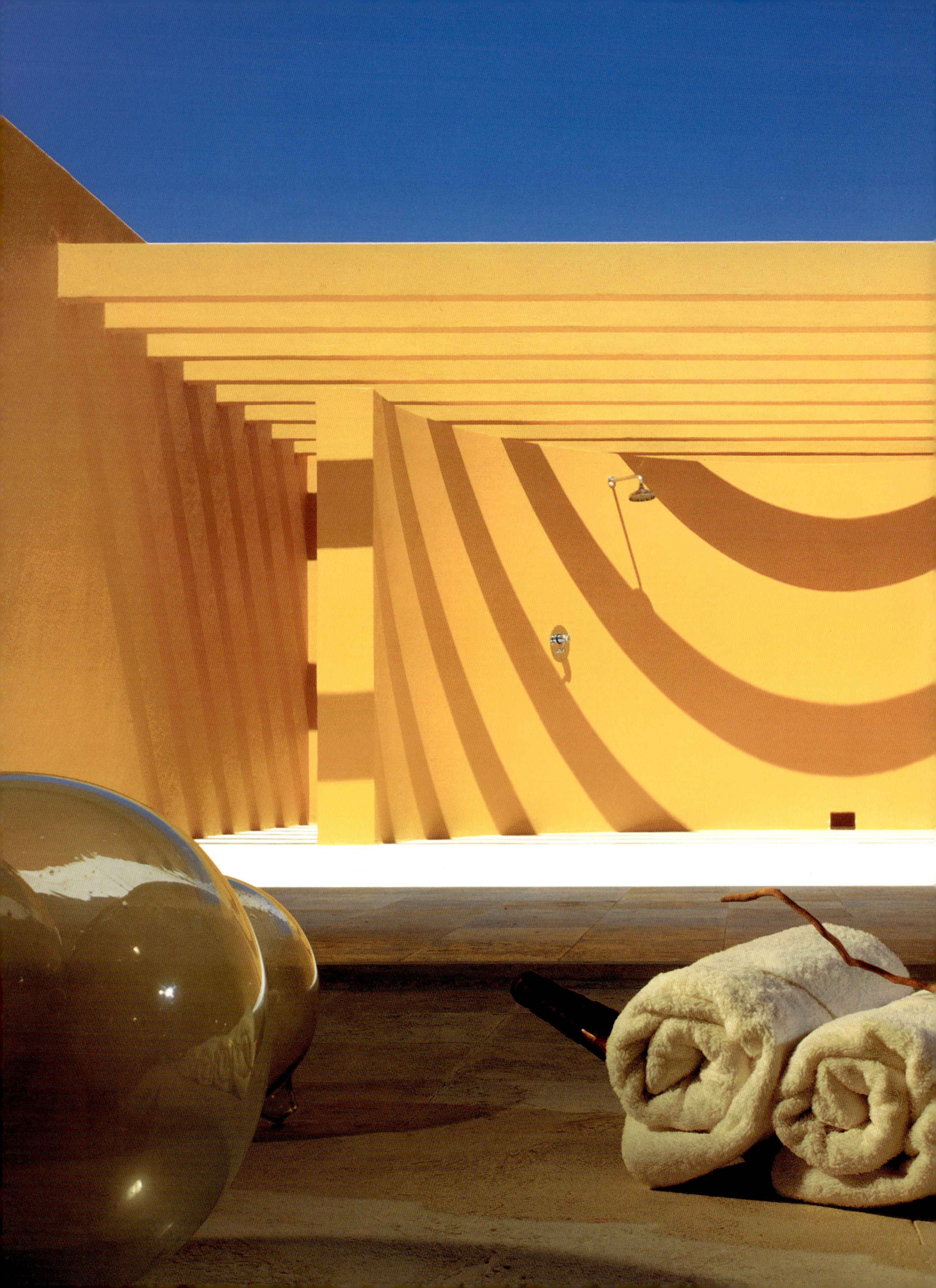

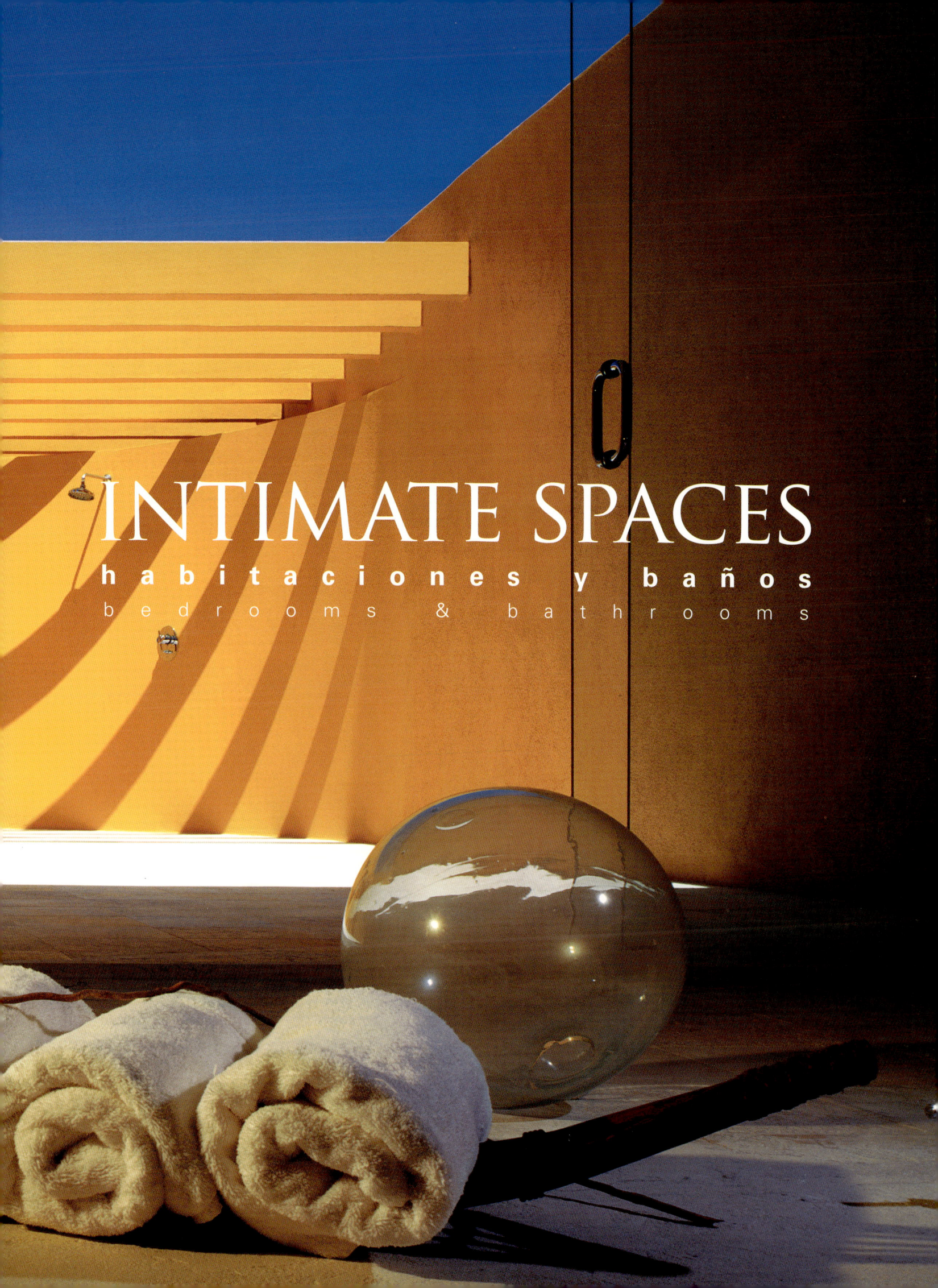

# INTIMATE SPACES
## habitaciones y baños
bedrooms & bathrooms

Los mejores sueños florecen únicamente en el sueño profundo. Se nutren del sonoro silencio del mar, del murmullo de la selva tropical y de las estrellas que se desploman vagando en forma de luciérnagas. Es en esa serenidad donde podemos convocar naturalmente a la intimidad y al amor. Los cuerpos desnudos, al fin despojados de la segunda piel que los cubre durante el día, encuentran el reposo del dormir envueltos en el fresco algodón de las sábanas y en la honda suavidad de las almohadas. Algo heredado del mundo árabe y de las culturas prehispánicas tienen estos placeres: la caricia de las telas, la lentitud de los bálsamos y aceites para el masaje, los mil y un aromas de sorprendentes perfumes. El placer directo del agua clara y fresca; los ungüentos y los jabones; el incienso flotando como espíritu leve. Estos son los lugares para el sueño y para soñar. Este es el universo cercano de los baños y las habitaciones: el más interior de los corazones de la casa.

The greatest dreams reveal themselves only in deep sleep. They are nourished by the vibrant silence of the sea, the murmur of the tropical jungle and shooting stars that swoop like fireflies. It is in this serene setting where we can invoke intimacy and love. Rest arrives for naked bodies, freed of that second skin that enshrouds them during the day, asleep in the fresh linen of their sheets and the profound softness of their pillows. These pleasures owe much to Arab culture and pre-Hispanic civilization: the caress of soft fabrics, the slowness of massage oils and balm, the thousand and one fragrances of unexpected perfumes. The pleasure of cool, clear water; soaps and ointments; incense floating like a weightless spirit. This is the setting for sleeping and dreaming. This is the nearby realm of bathrooms and bedrooms: the innermost heart of the house.

La limpieza y la pulcritud son condiciones principales de los espacios íntimos. Cada cosa, puesta en su lugar, participa en la claridad de un lenguaje que comunica bienestar y salud. Esta segunda naturaleza, creada por los hombres para su provecho, se aligera por la desnudez de los muros y la sencillez de los textiles de las colchas, las almohadas y la estera en el piso, cada uno expresando su origen.

Cleanliness and tidiness are the sine qua non of these intimate places. Each item has its own place in voicing the language of health and wellbeing. This second nature, created by mankind for his own benefit, is lightened by the nudity of the walls and the simplicity of the textiles of the bedcovers, the pillows and the rug on the floor, each revealing its own origin.

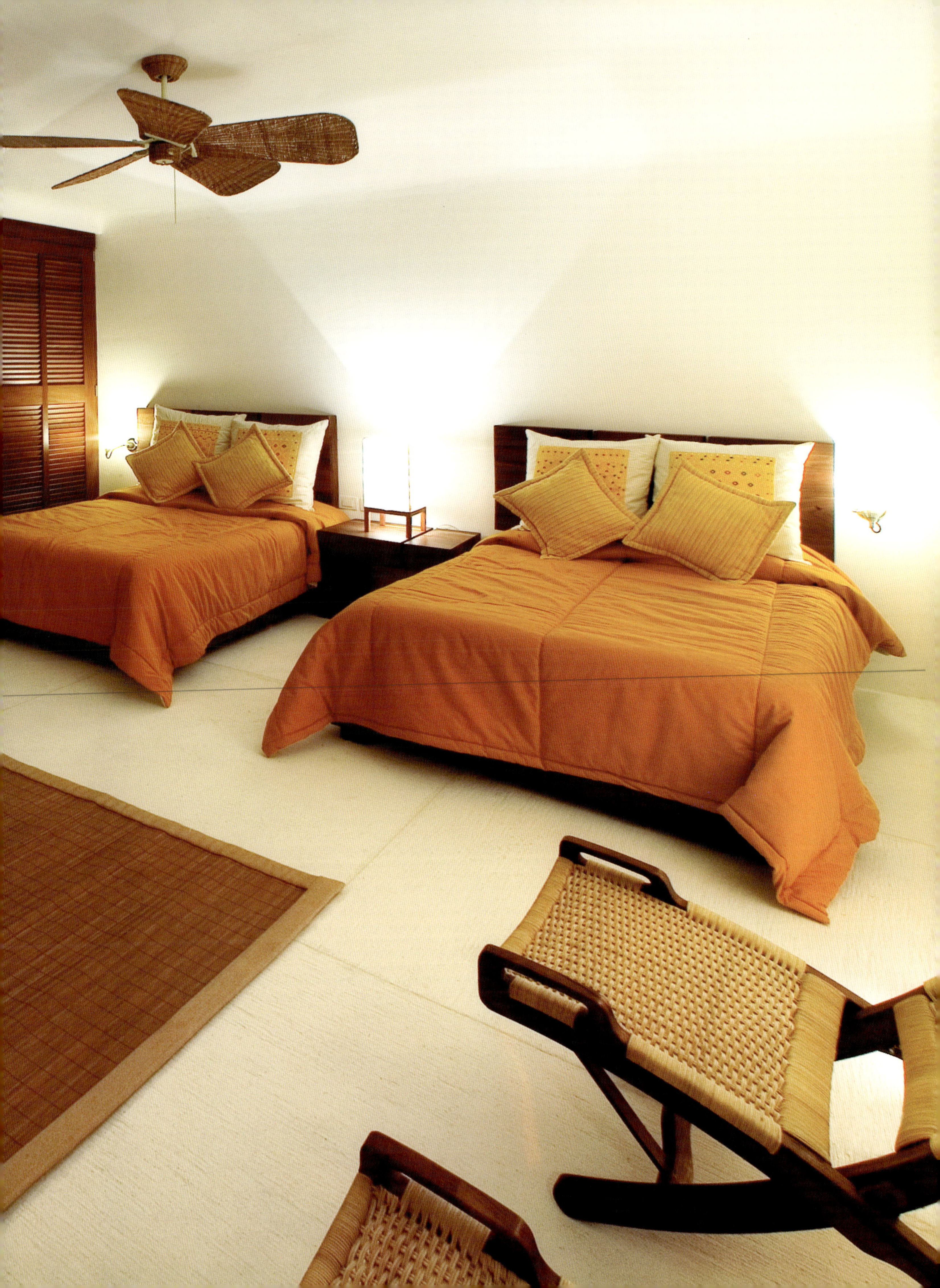

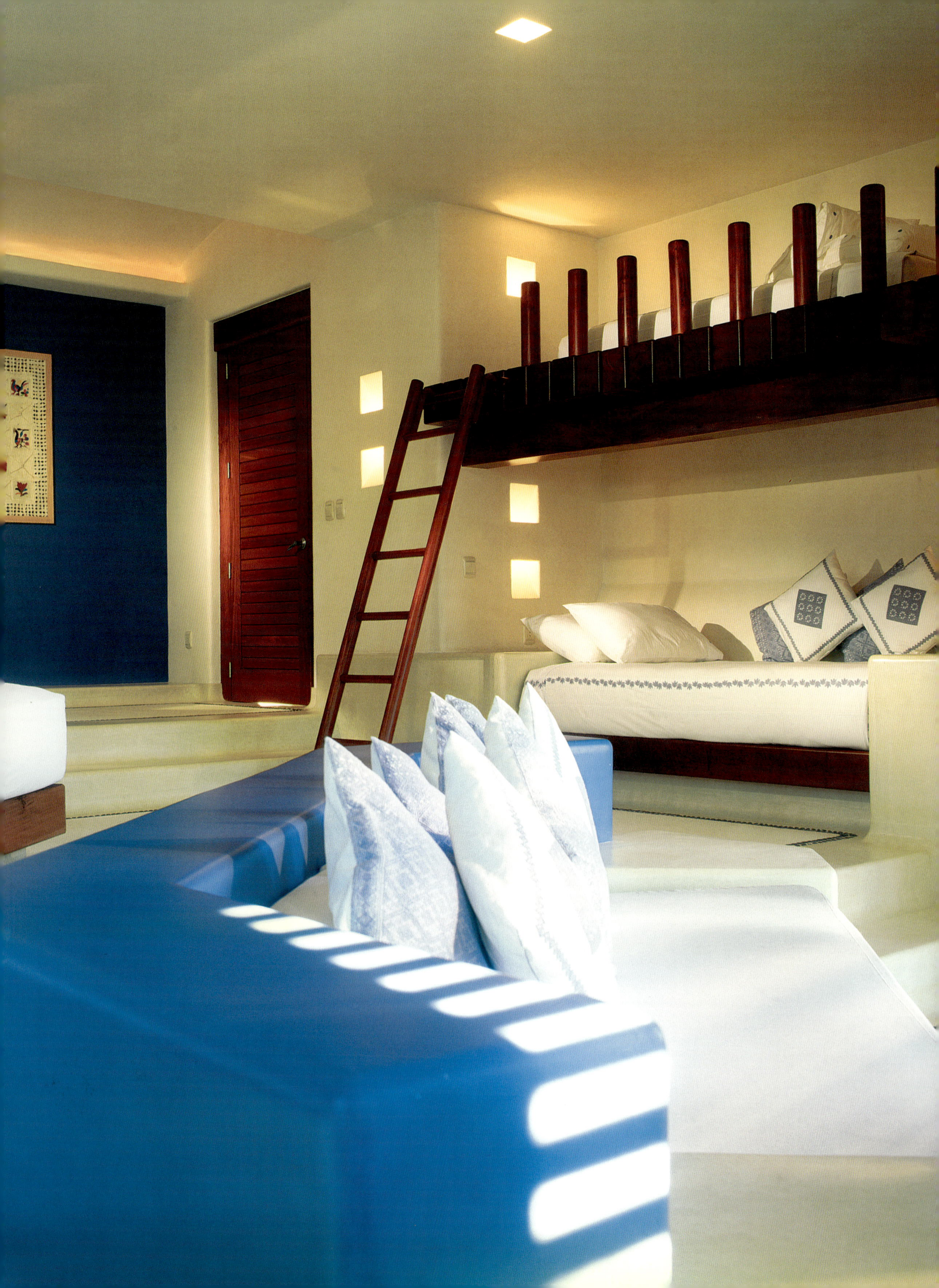

Según se quiera, una cama puede ser también sofá o diván. El piso se transforma en respaldo, el muro en fuente de luces y las conchas marinas son, aquí, amorosos bordados. En las casas costeras, la flexibilidad es base del bien vivir y bien disfrutar cada día y cada noche.

A bed can also be a sofa or a divan. The floor can be transformed into a support, the wall into a source of light and seashells into loving embroidery. The key to good living and enjoying every day and night in coastal homes is flexibility.

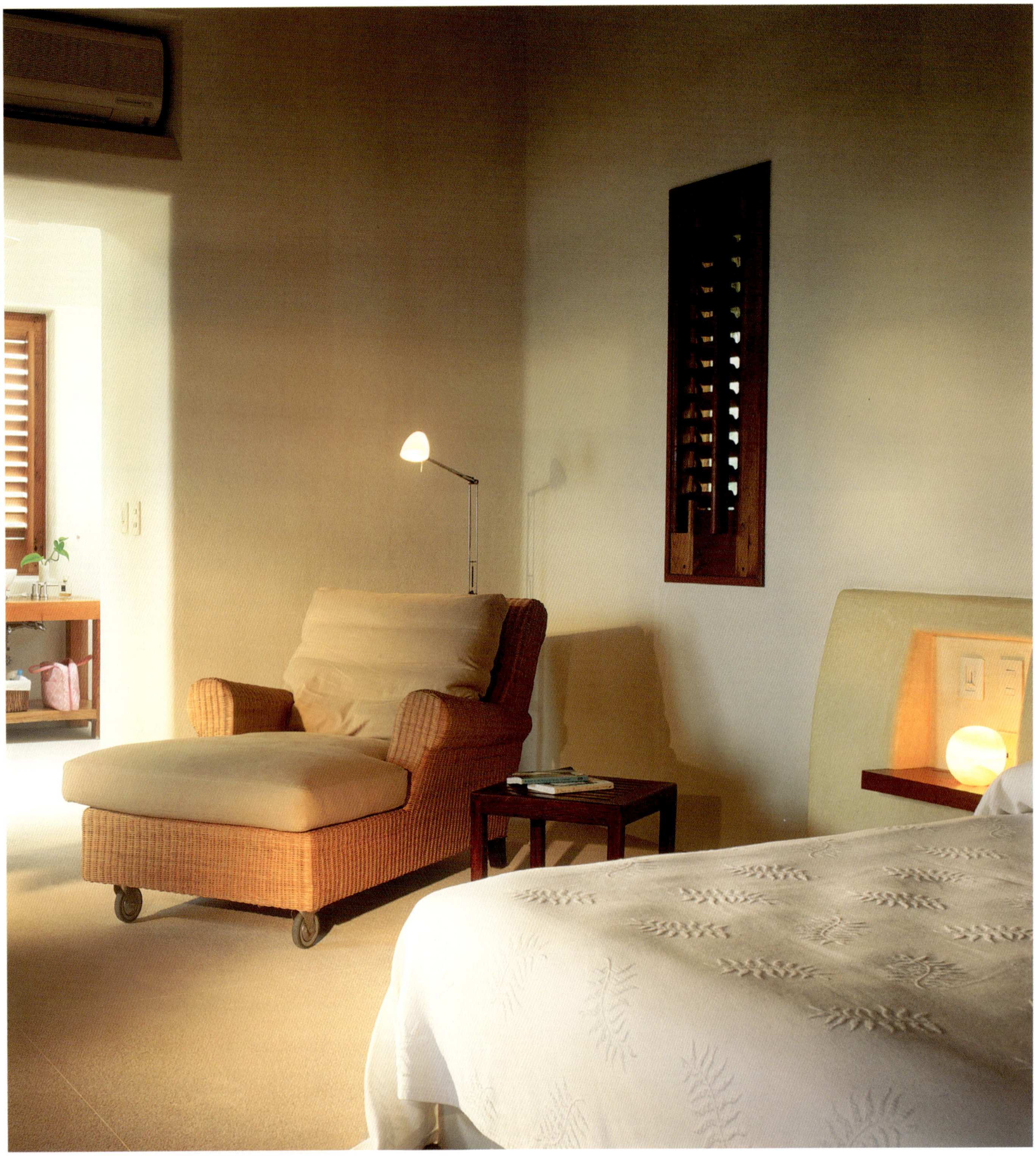

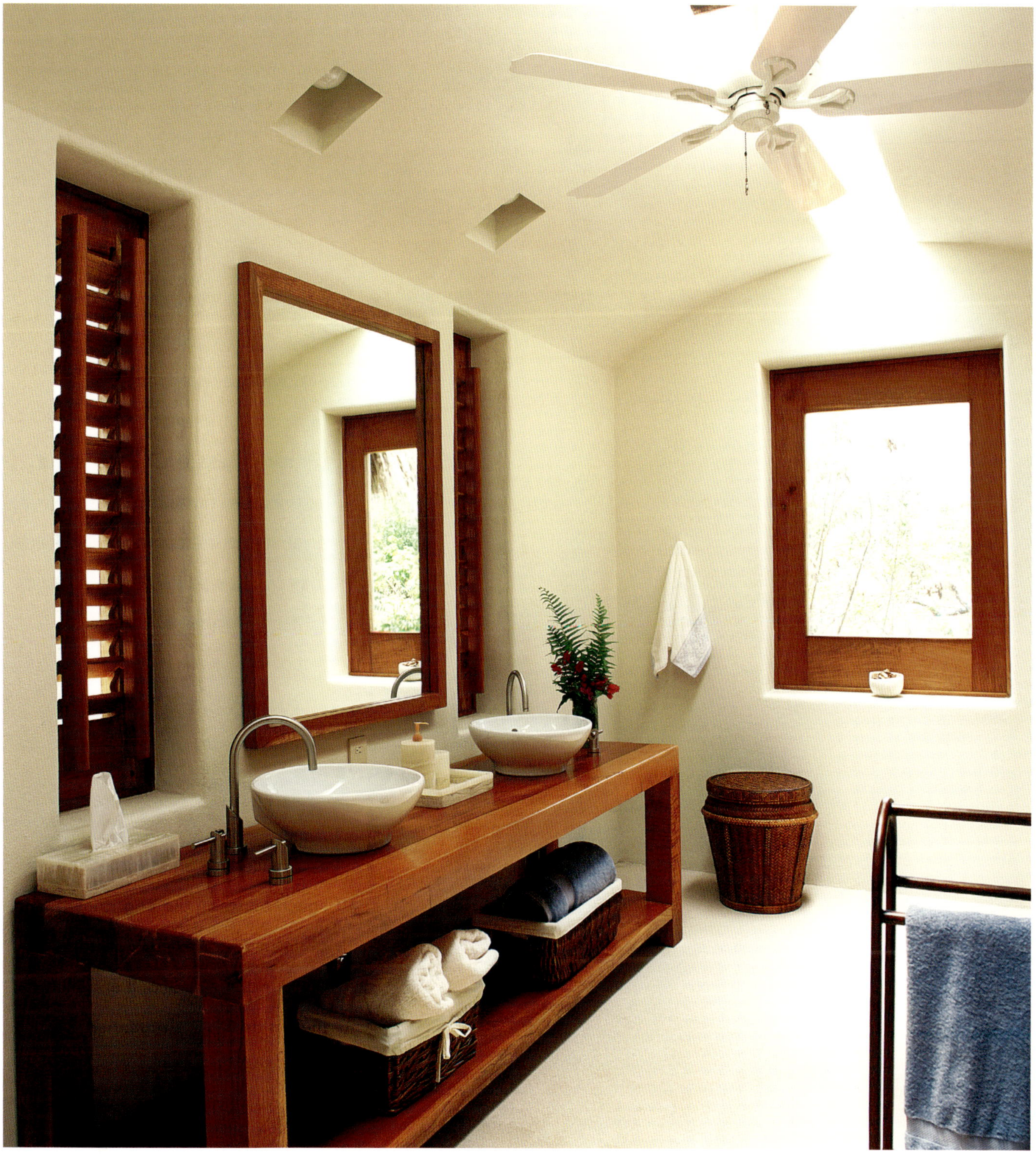

El balcón es el espacio intermedio entre la luminosa naturaleza y la penumbra alrededor de la cama. Enriquece al interior y al mismo tiempo reconoce a la inmensidad exterior. Las puertas matizan el brillo solar, lo modelan como otro material más con que se hace la arquitectura. En tan reducidos espacios, diseñados para la comodidad en su uso y la facilidad en su mantenimiento caben, sin embargo, efectos sorprendentes.

The balcony is an intermediate space between the brightness of nature and the penumbra surrounding the bed. It enriches the inside while simultaneously acknowledging the immensity that lies outside. The doors tinge the sunlight, turning it into another tool of architecture. There is room for some surprising effects even in such small spaces designed for comfort and easy maintenance.

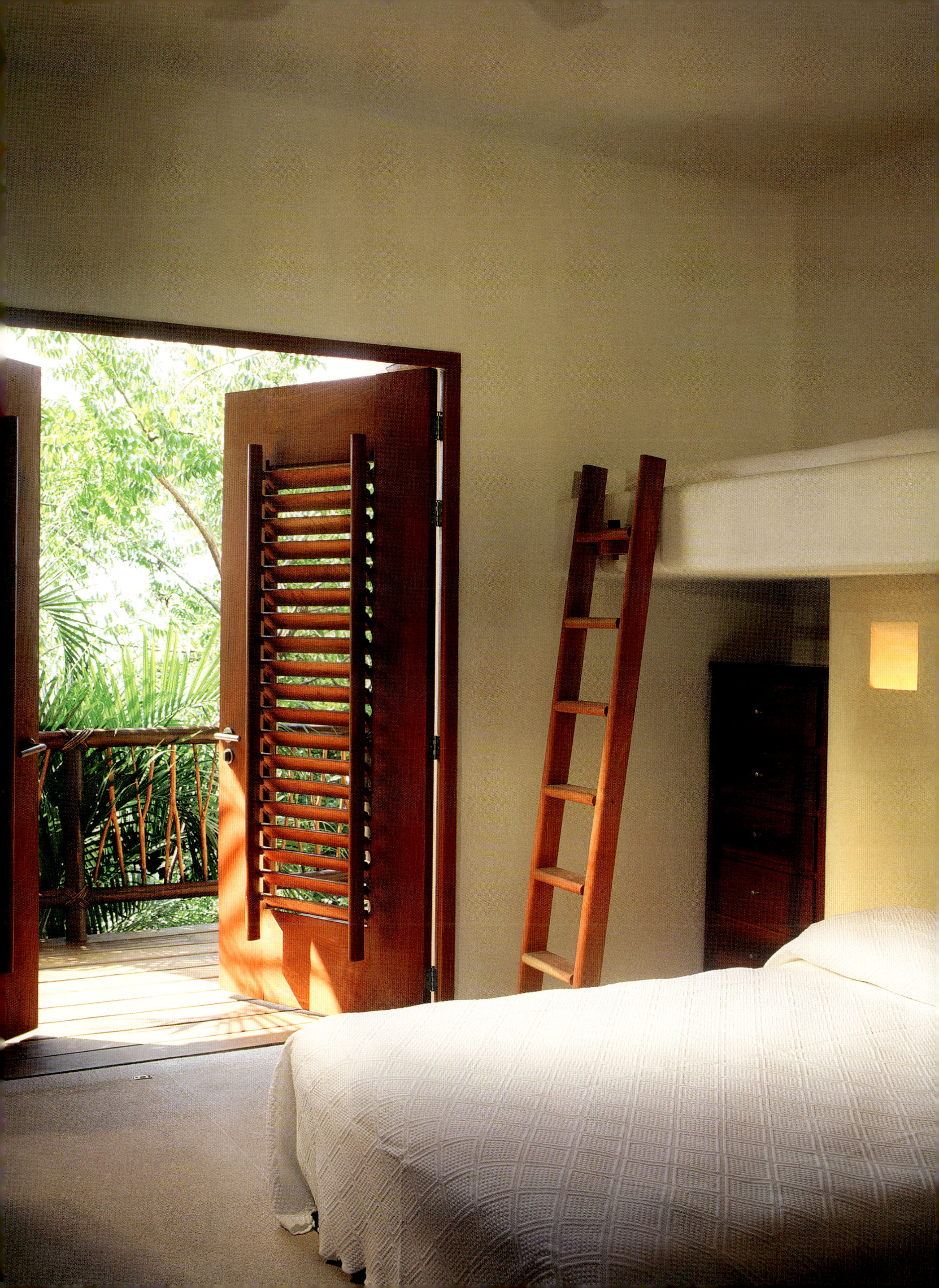

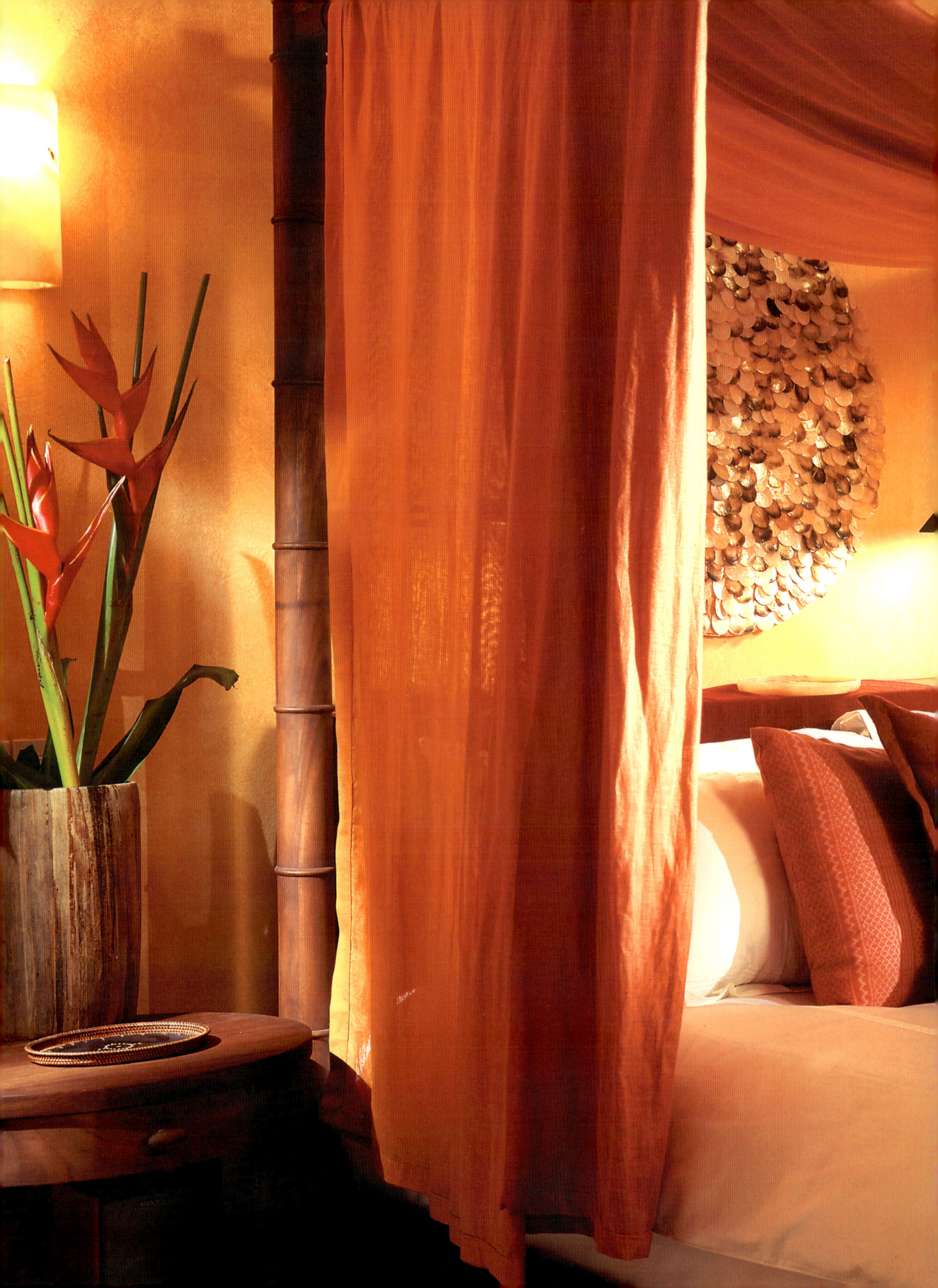

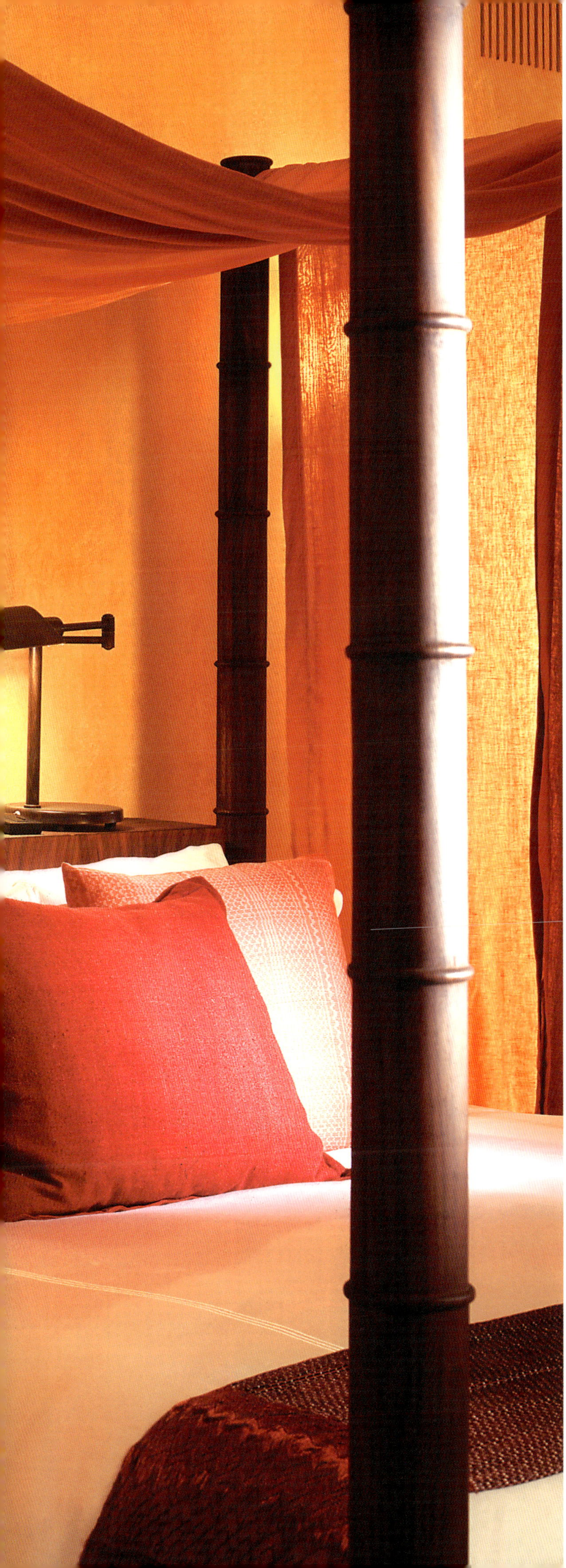

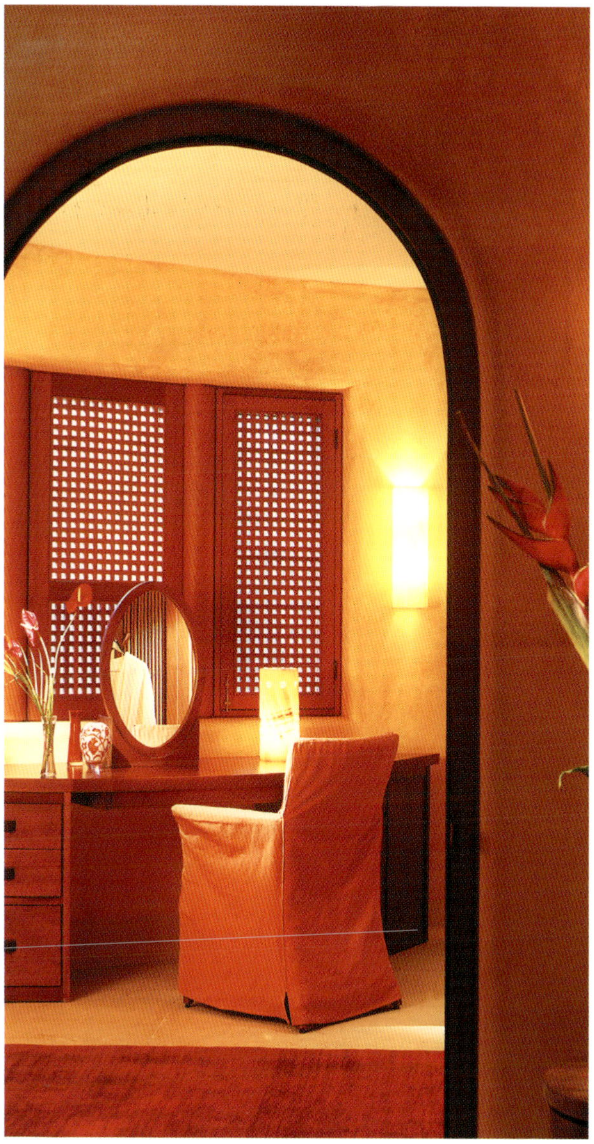

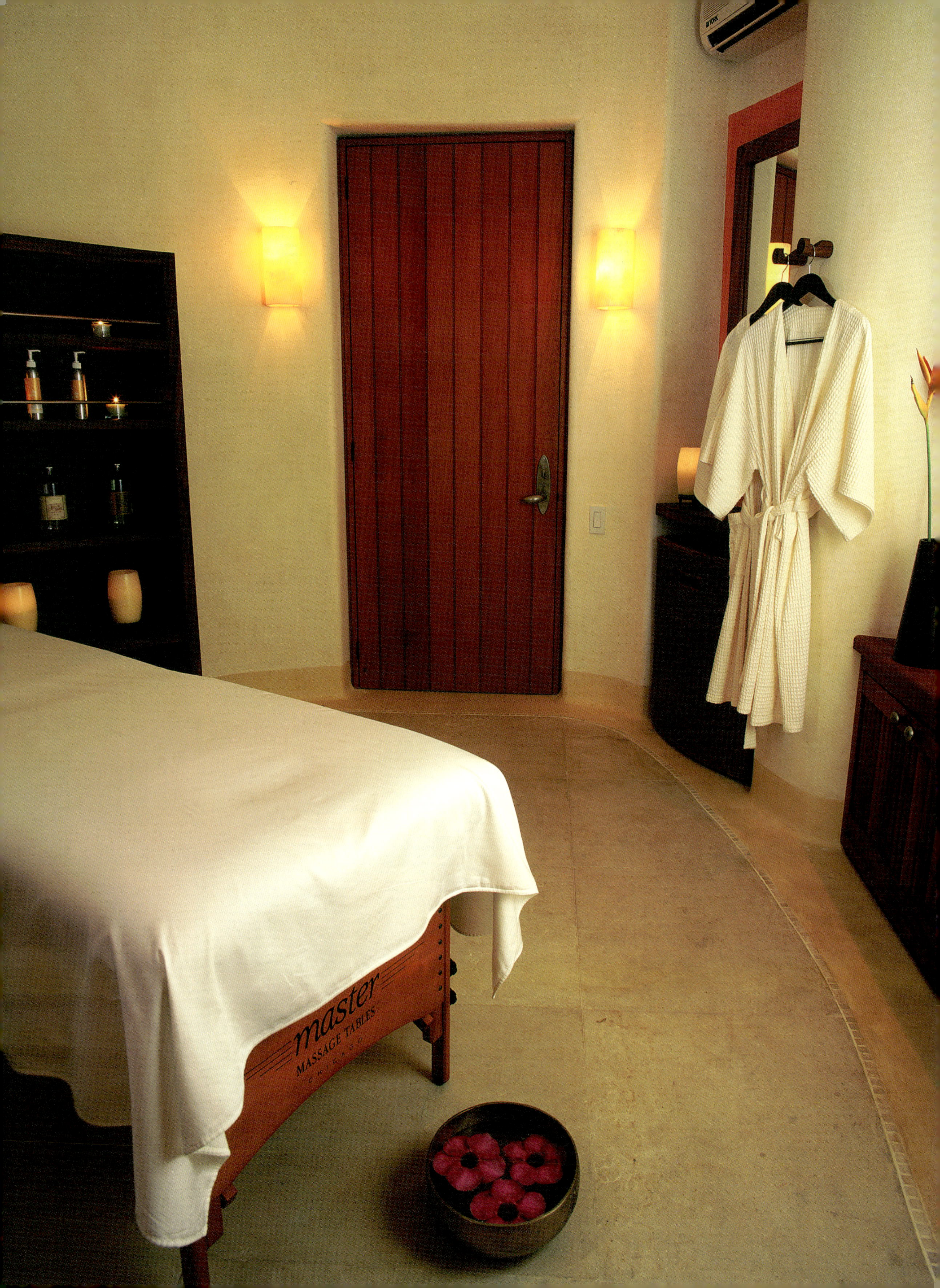
master
MASSAGE TABLES
CHICAGO

Así como el alma, el cuerpo necesita cultivarse, pues es nuestra primera casa y la última. Su cuidado es un arte que tiene una de sus manifestaciones más placenteras en el masaje. Estos espacios cumplen con tal propósito. Al hacerlo bellamente, también masajean al alma.

The body, like the soul, needs to be cultivated, as it is our first and last dwelling place. Looking after it is an art form, one of the most pleasant expressions of this being the massage. These are ideal places for such purposes. The benefits of a good massage will reach the soul.

Porque somos parte de la naturaleza
pero también necesitamos protección,
inventamos refugios íntimos
desde donde miramos hacia fuera.
Inventamos lugares para sentirnos
cómodos y seguros: ventanas como
alas de libélula, asientos y espacios
entre espacios a los que hay que
ponerles nombre. Una terraza privada
que encierra brevemente colores
y luces. En el interior, un alebrije
domesticado a punto de volar para
salir a encontrarnos bajo el sol.

We form part of nature but also need
protection, so we devised intimate
refuges to observe the outside world.
We devised places where we would
feel comfortable and safe: windows like
dragonflies' wings, seats and spaces
between spaces that demand a name.
From a private terrace that momentarily
encloses color and light, we look in
to see a decoration in the form of a
bird about to take off and meet us
somewhere under the sun.

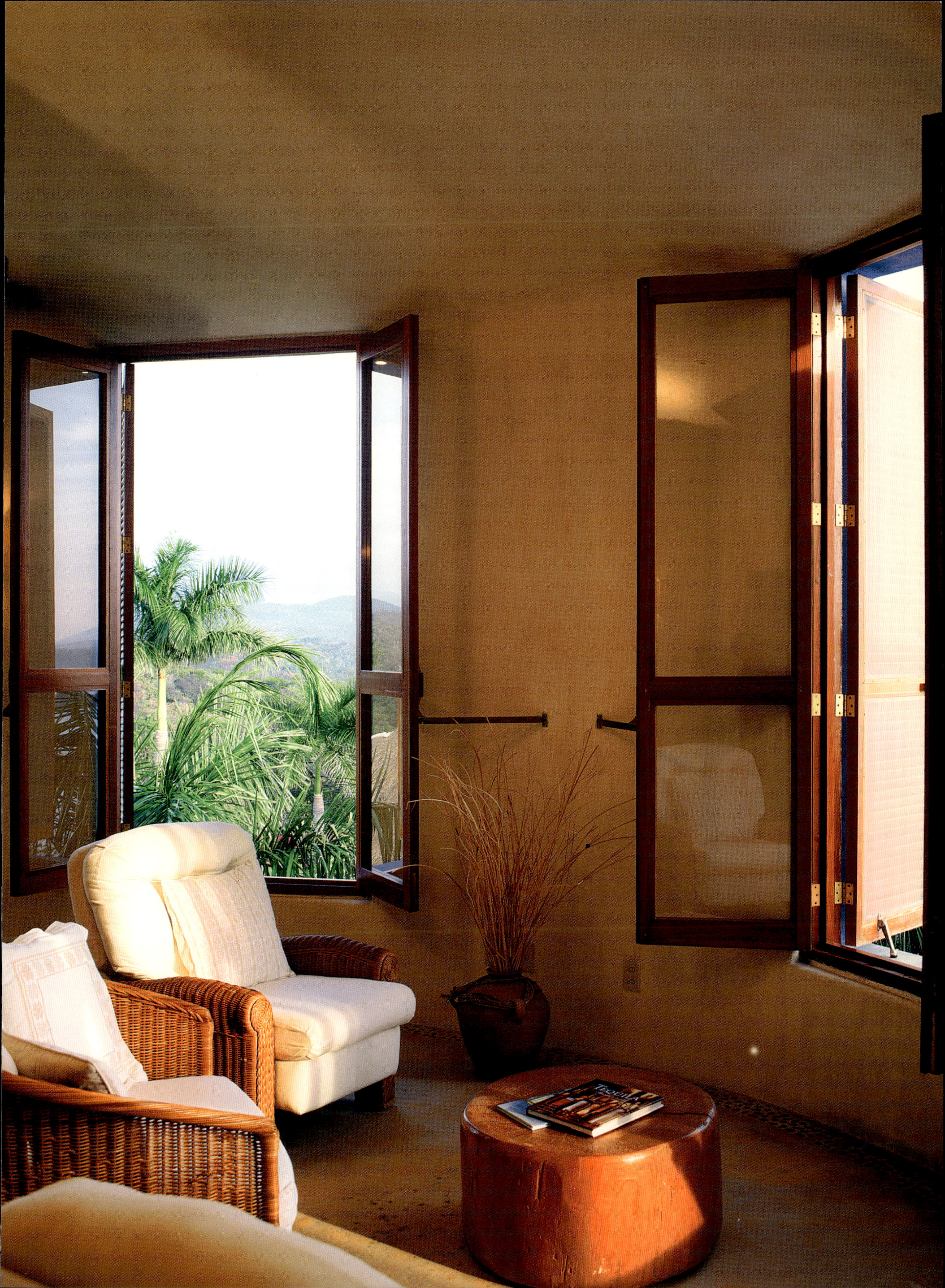

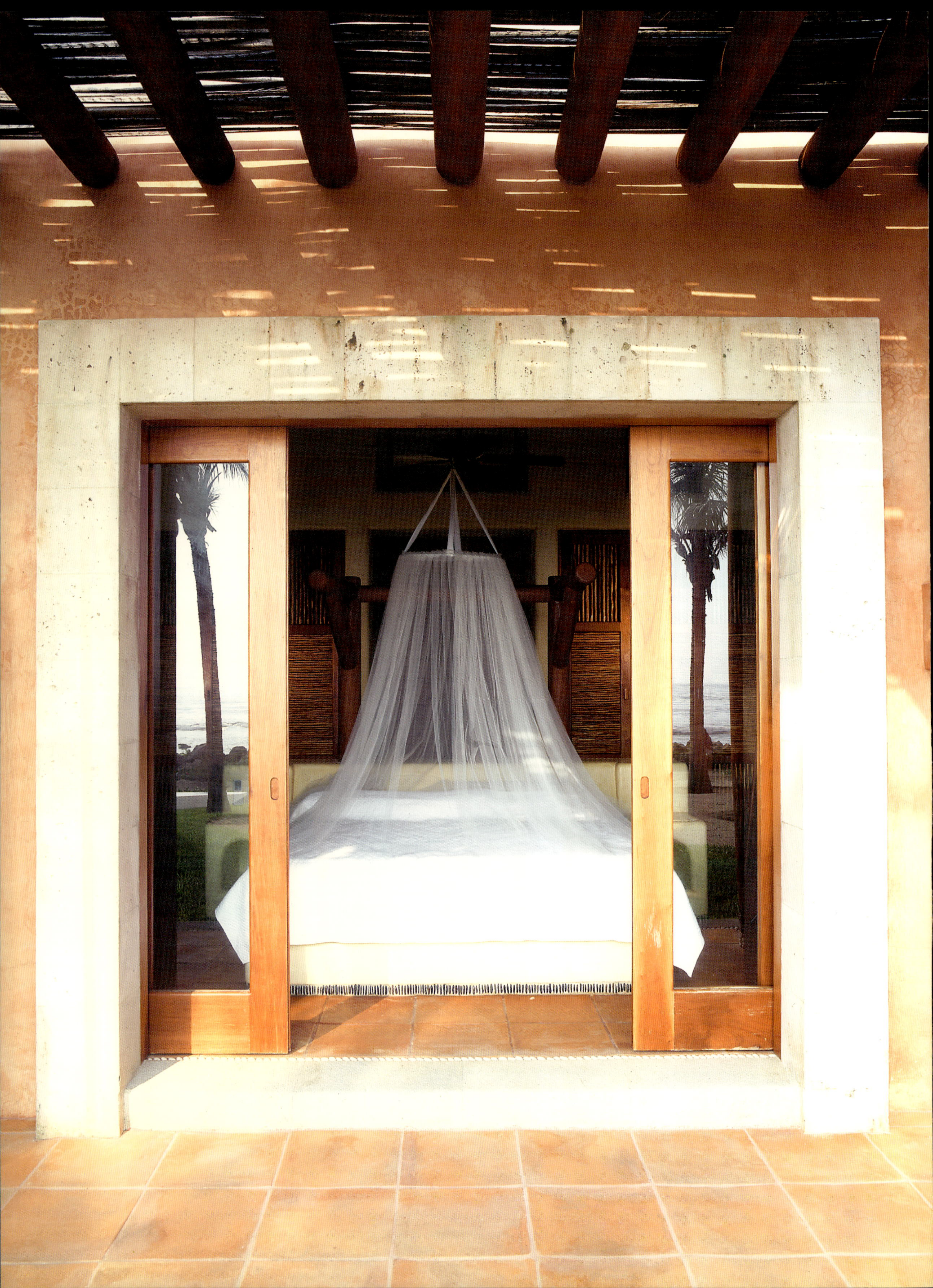

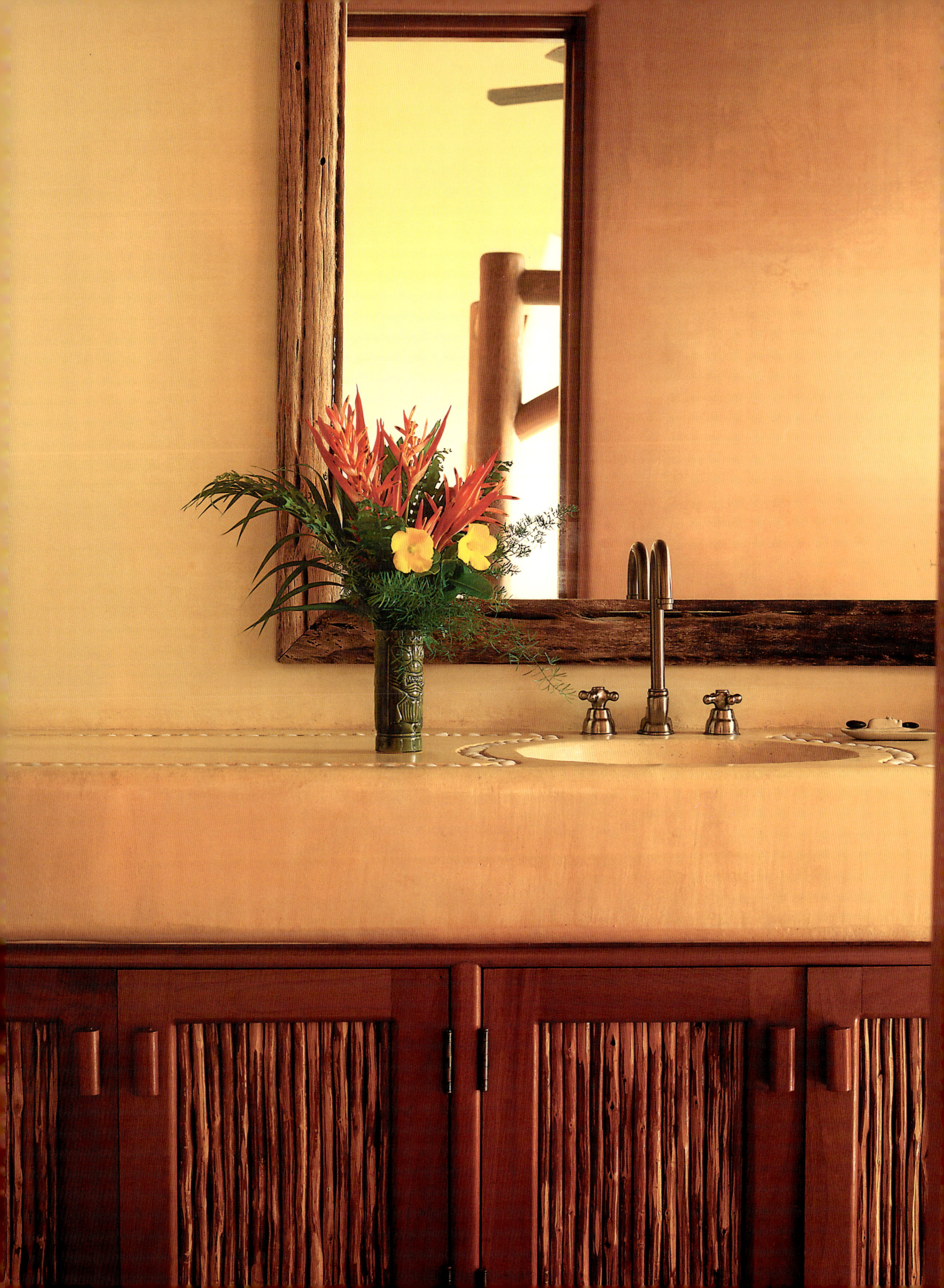

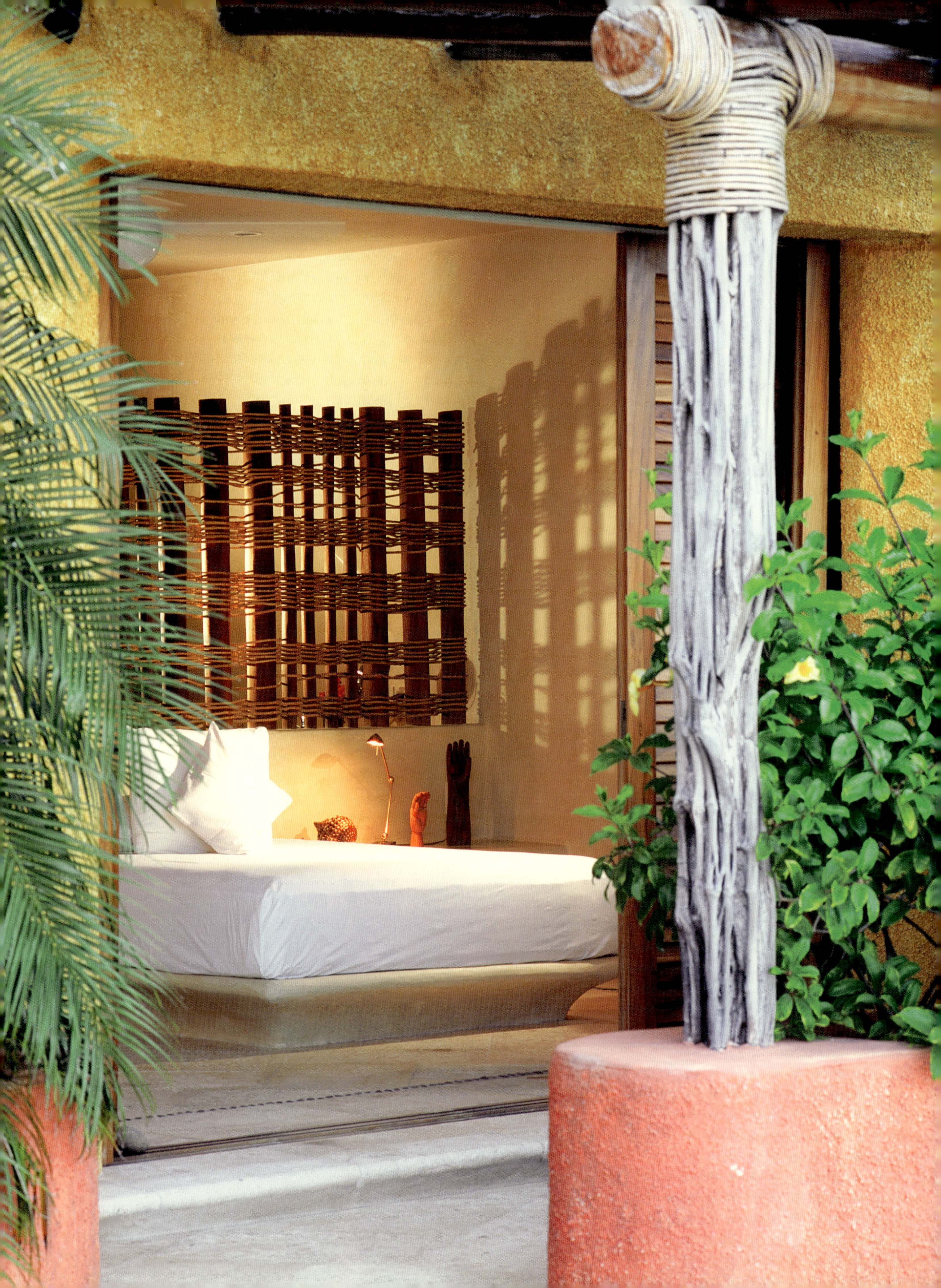

También pueden crearse los espacios tejiendo columnas y vigas, biombos, persianas y celosías. La ancestral habilidad de los artesanos está a la altura de la imaginación de los arquitectos y los diseñadores. Las cuerdas y las raíces, los troncos, los morillos y las vigas son un pretexto inmejorable para jugar con la sombra y con la luz. Arquitectos y artesanos, de la mano, son tejedores de sueños.

Spaces can also be created by weaving pillars and beams, folding screens, Persian blinds and lattice windows. The age-old skills of craftsmen stand on a par with the imagination of architects and designers. Cords, roots, trunks, headstones and rafters provide ideal tools for playing with light and shade. Architects and craftsmen join forces as weavers of dreams.

Ablandados mediante varias capas de color aplicado mano sobre mano, se van suavizando los muros para hacerlos hermanos de los lienzos, las telas y los paños. Del común algodón y el aristócrata lino. Del trasluz de la manta y del espeso confort de las toallas. Lo cotidiano, que solemos dar por hecho, adquiere aquí el significado de una verdadera experiencia doméstica: la casa es sinónimo de vida.

Walls are softened by layer after layer of paint to become one with materials, fabrics and cloths, ranging from common cotton to aristocratic linen, enhanced by the diffused light from the bed curtains and the comforting fullness of the towels. Daily items that we tend to take for granted are transformed to provide a whole new household experience: the home becomes synonymous with life.

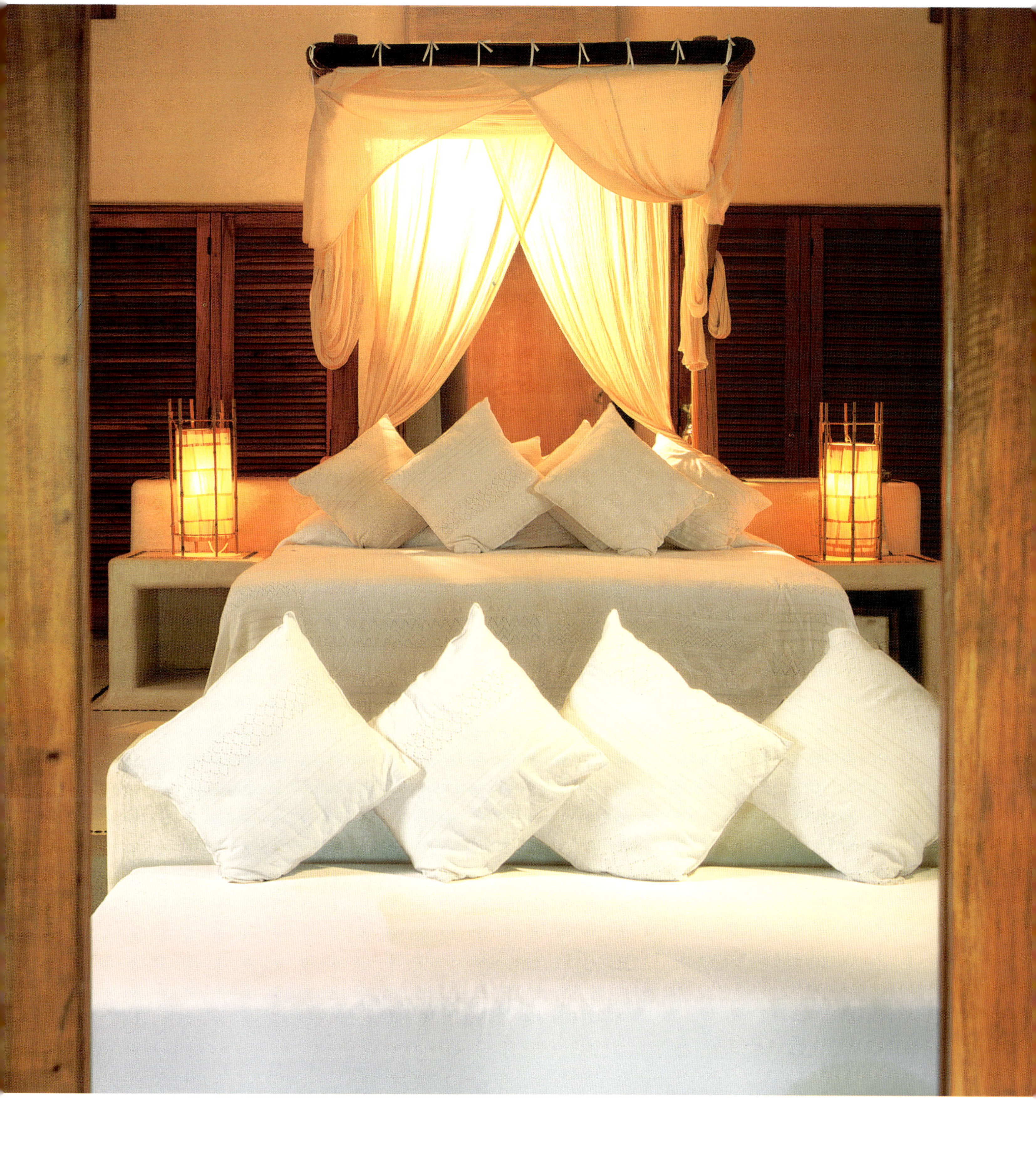

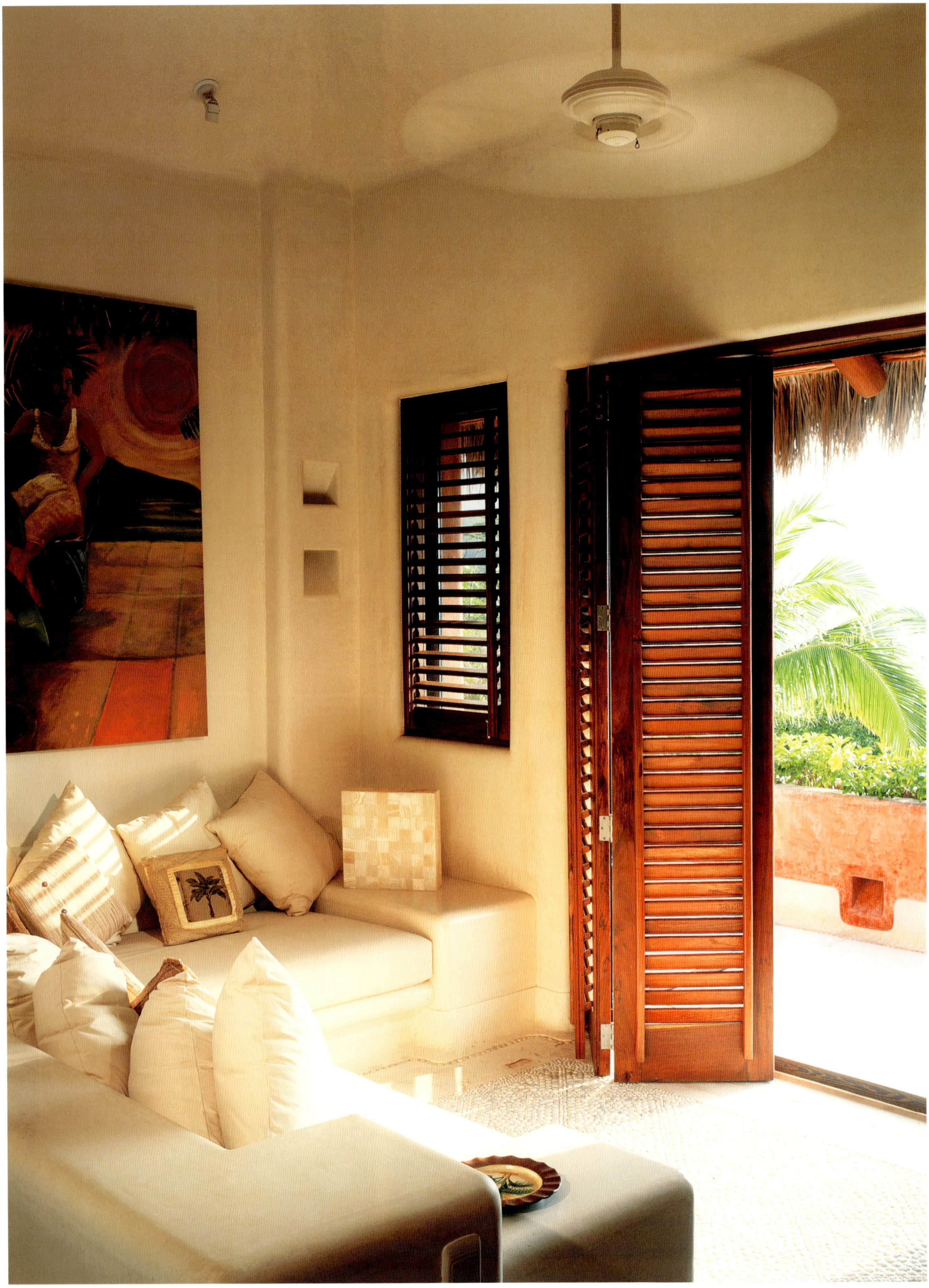

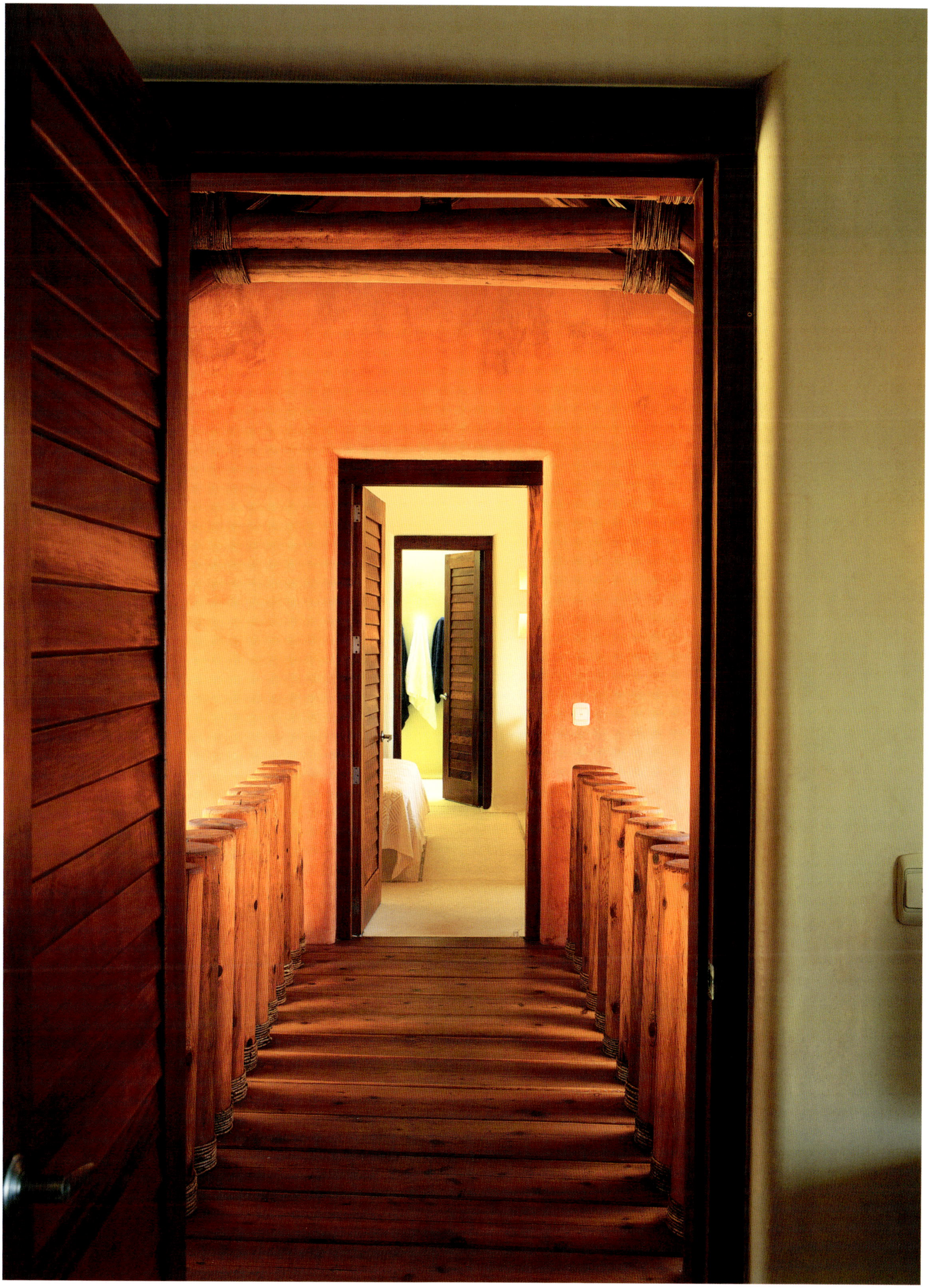

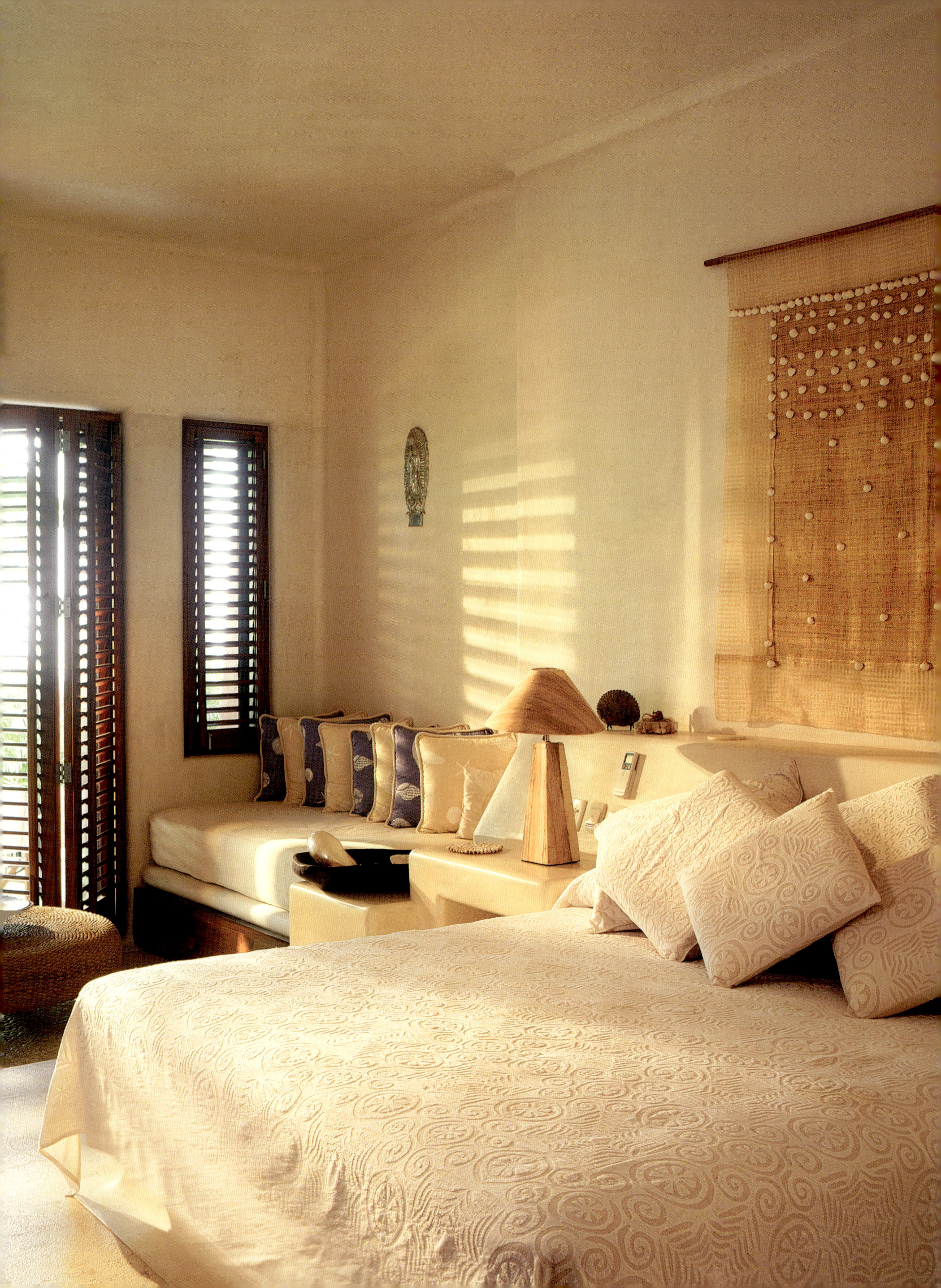

La quietud del cuadrado convoca a la estabilidad. Multiplicado en cojines el ritmo se acentúa por la variación de los colores y el dibujo en la tela. Los incontables tonos de la tierra se apoderan de la habitación. El textil de la cabecera, señalado por el sol a través de la ventana, huele a mar y la pintura también cuadrada nos asoma a un mundo donde adivinamos rituales prohibidos.

The stillness of rectangular forms invokes stability. The vibrancy of the cushions is accentuated by the range of colors and the design on cloth. The room becomes possessed by the countless earthen tones. The fabric of the headboard is highlighted by the sun pouring in through the window to remind us the sea, and the painting -also rectangular- guides us towards a realm of forbidden rituals.

Al recibir el chorro de agua en su centro, el cuenco de mármol canta un himno a dos voces, dedicado a las profundas entrañas de la tierra. El espejo completa la esfera y la magia: la más sofisticada tecnología rinde homenaje al mundo natural.

The marble basin receives a jet of water at its very heart and breaks into a duet in the form of a hymn in honor of the depths of the earth. The mirror completes the sphere and adds to the magical sight of modern technology paying tribute to the natural world.

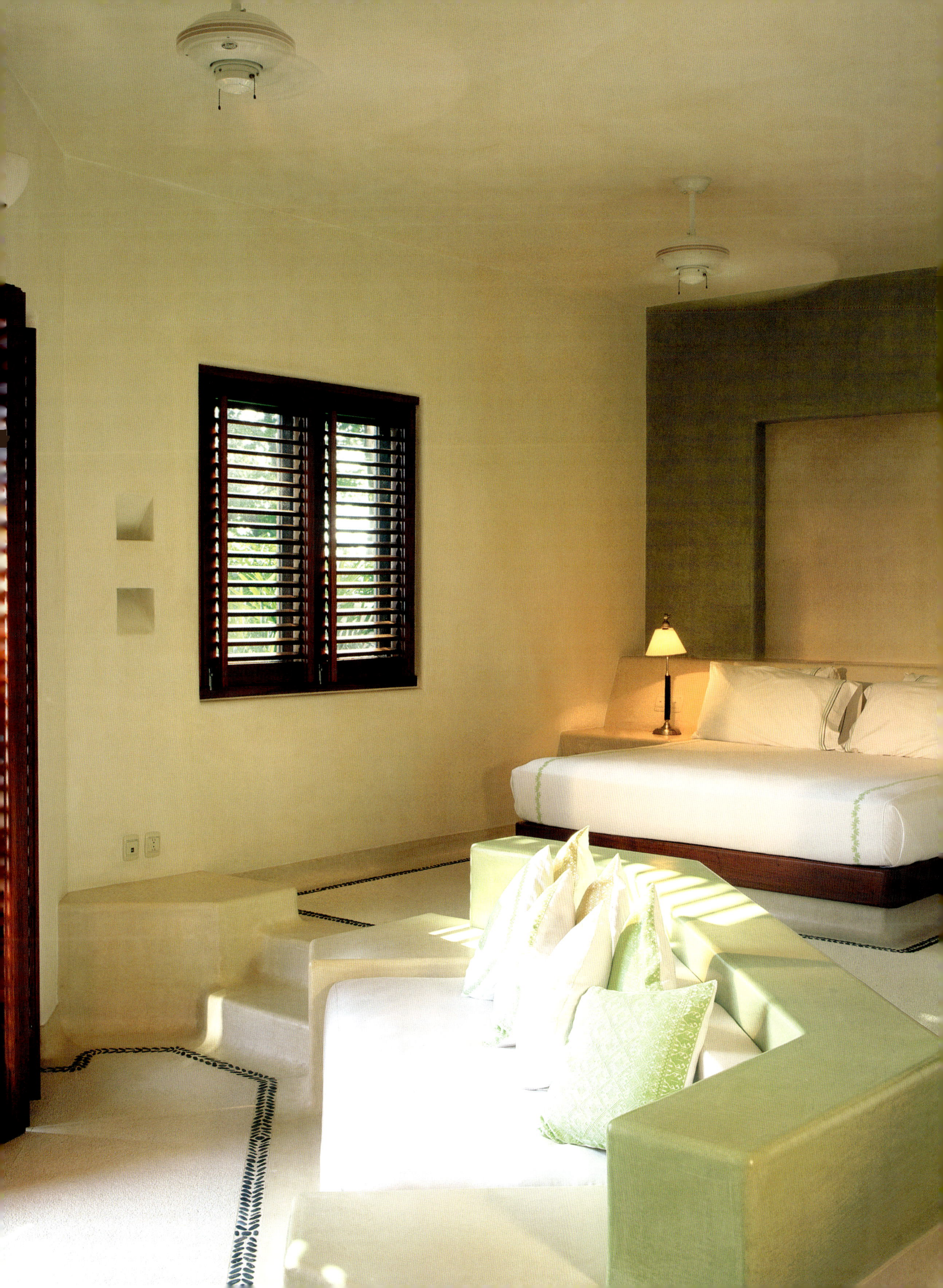

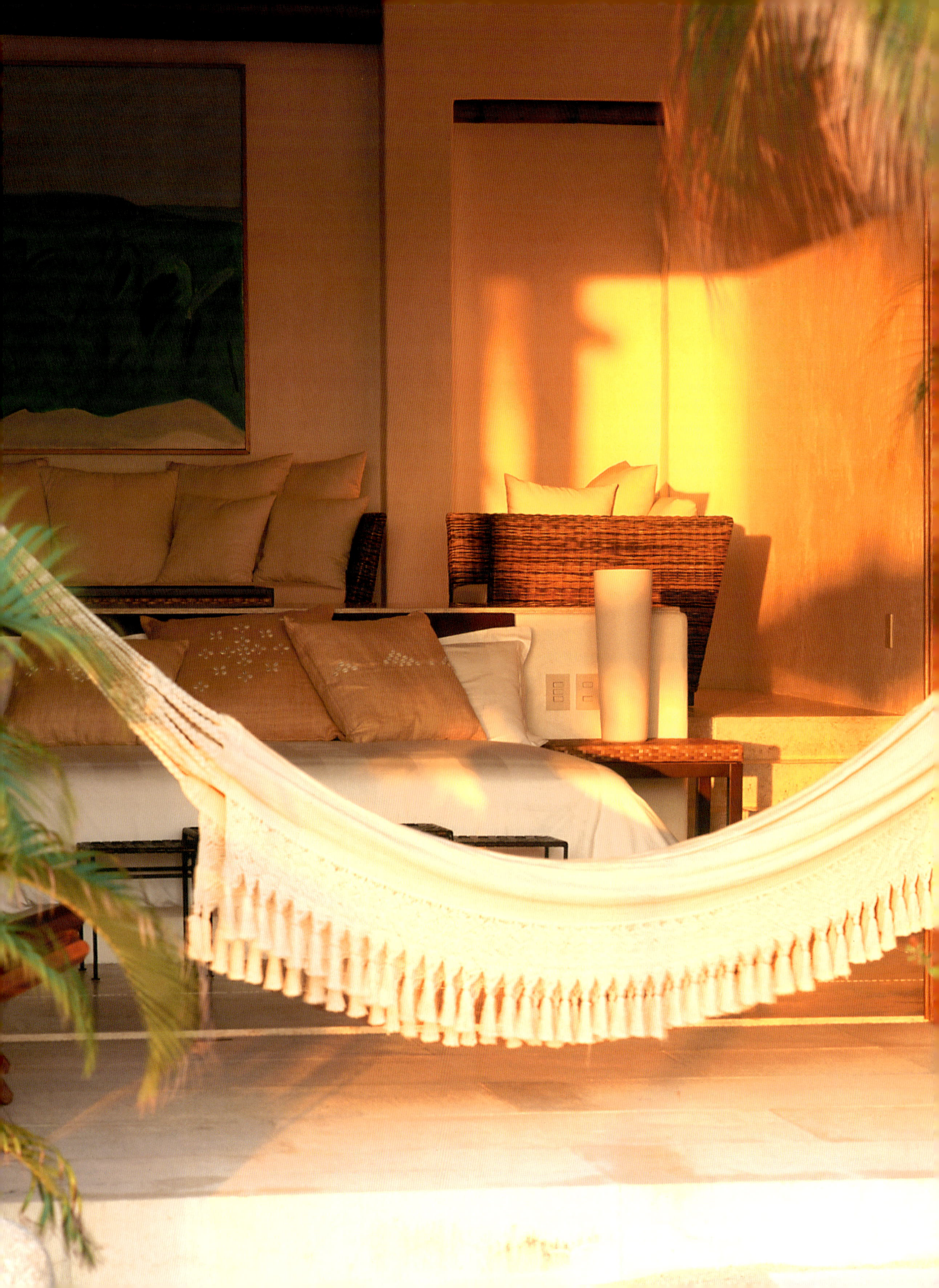

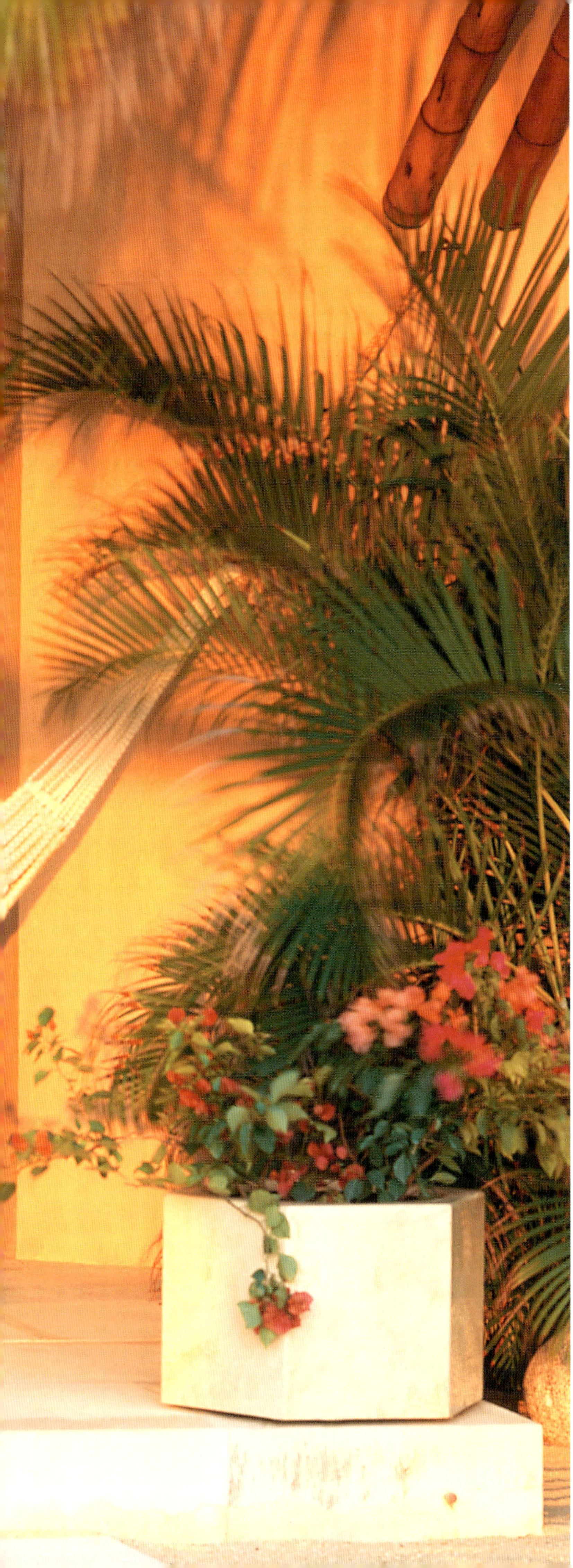

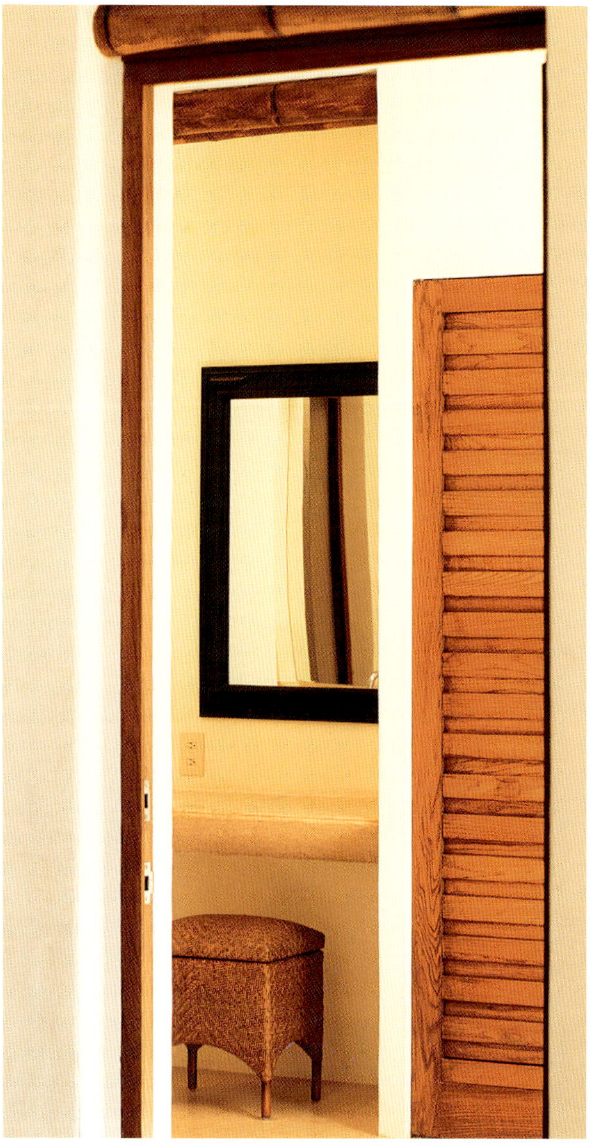

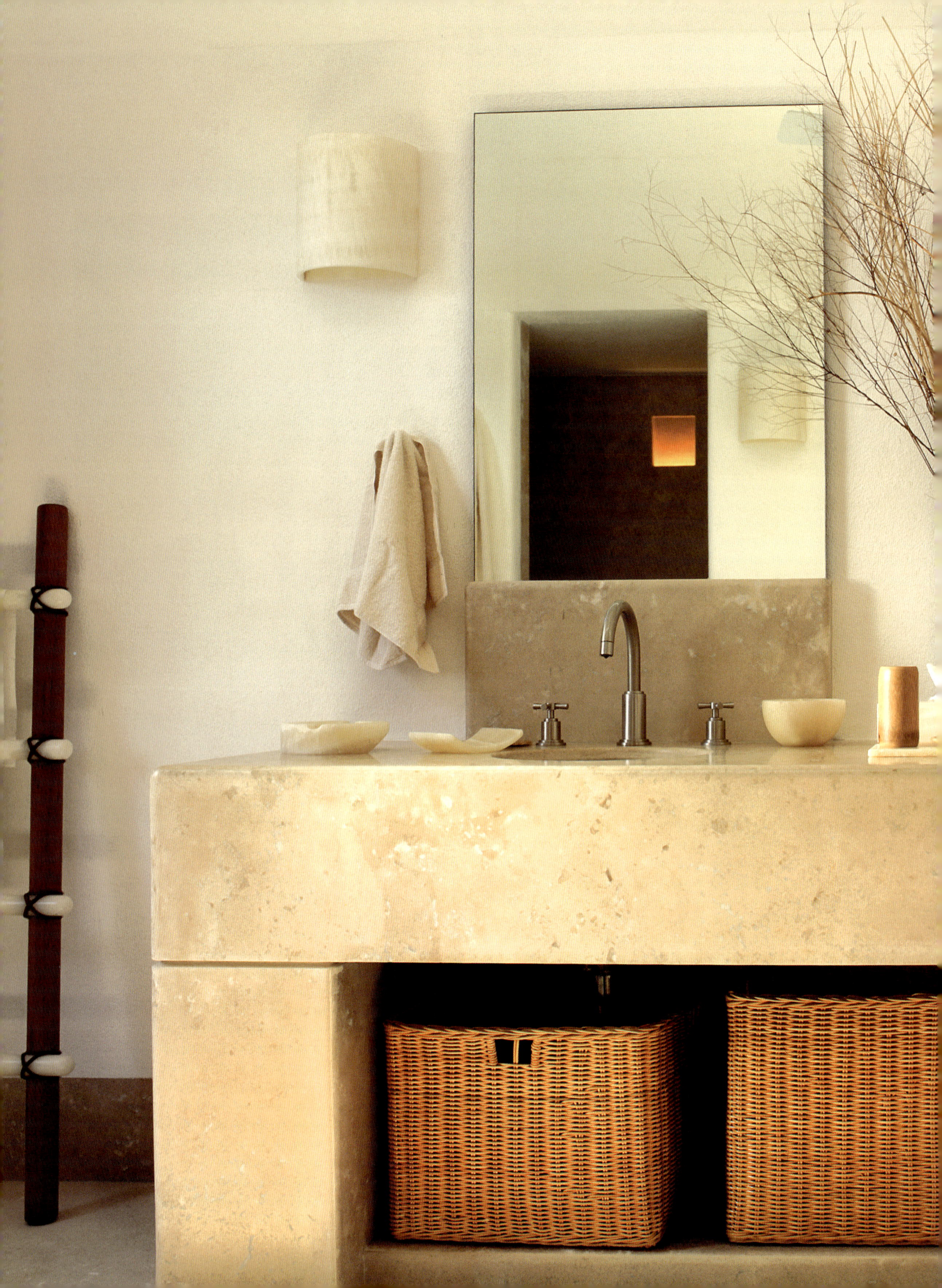

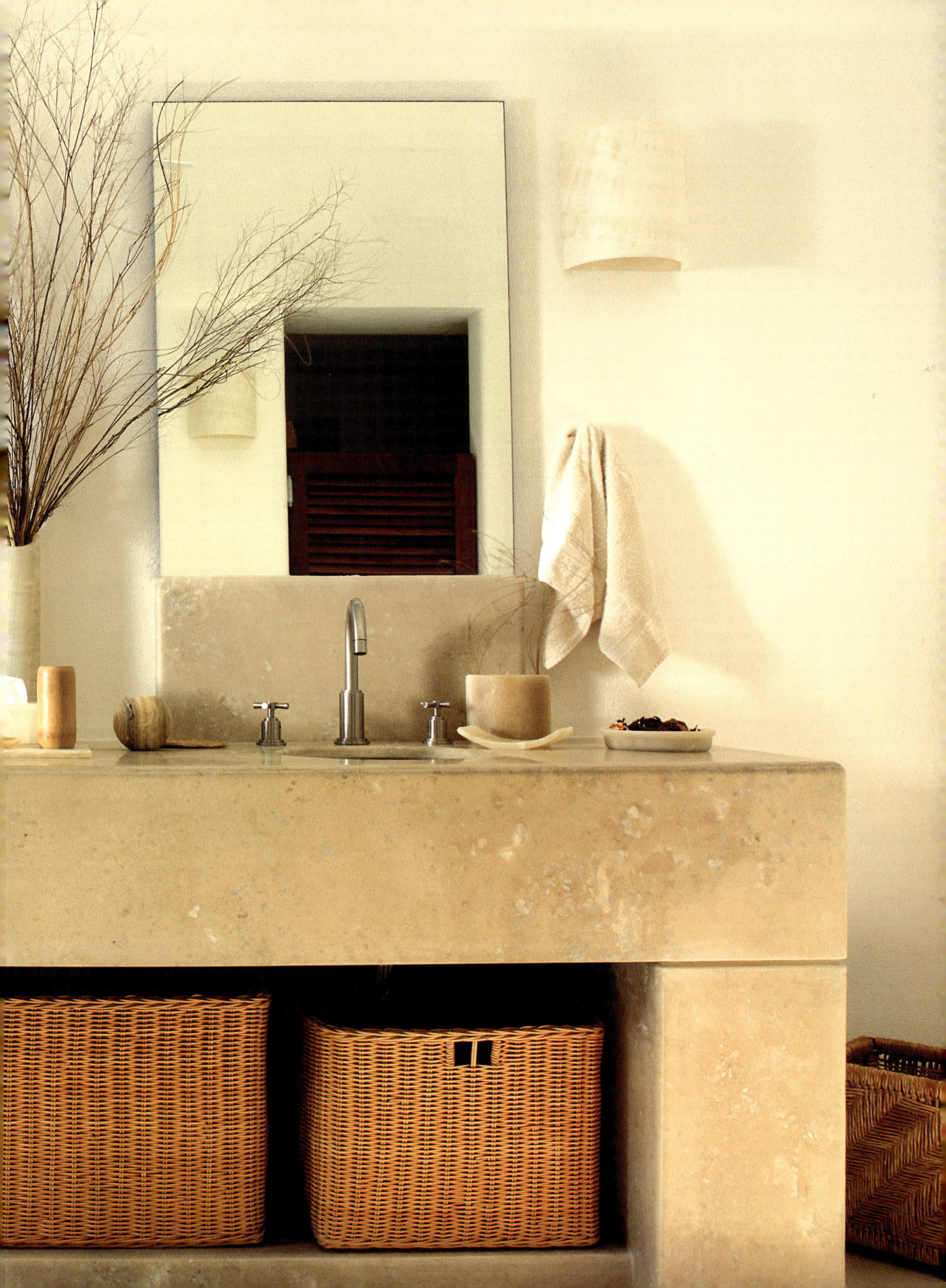

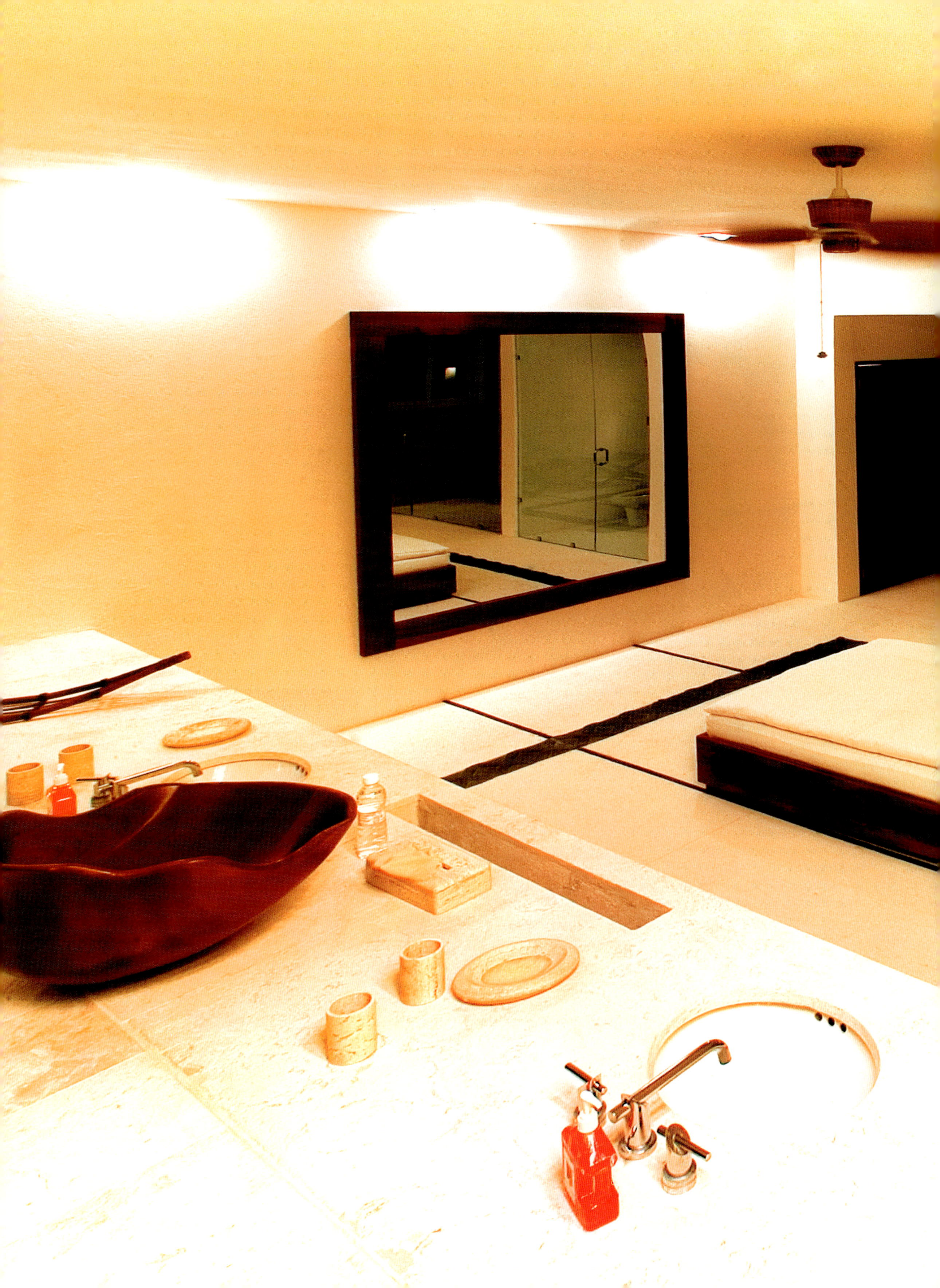

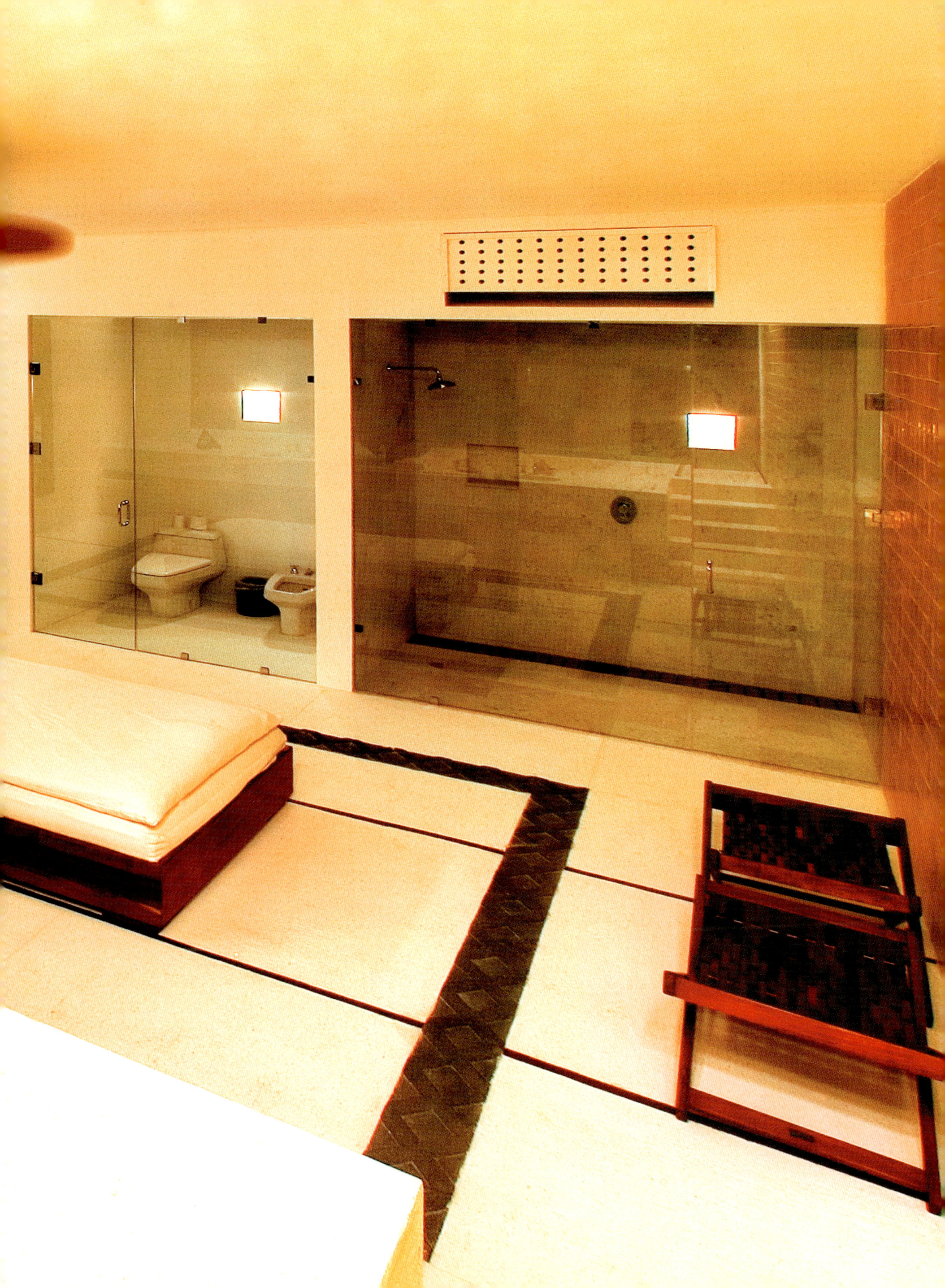

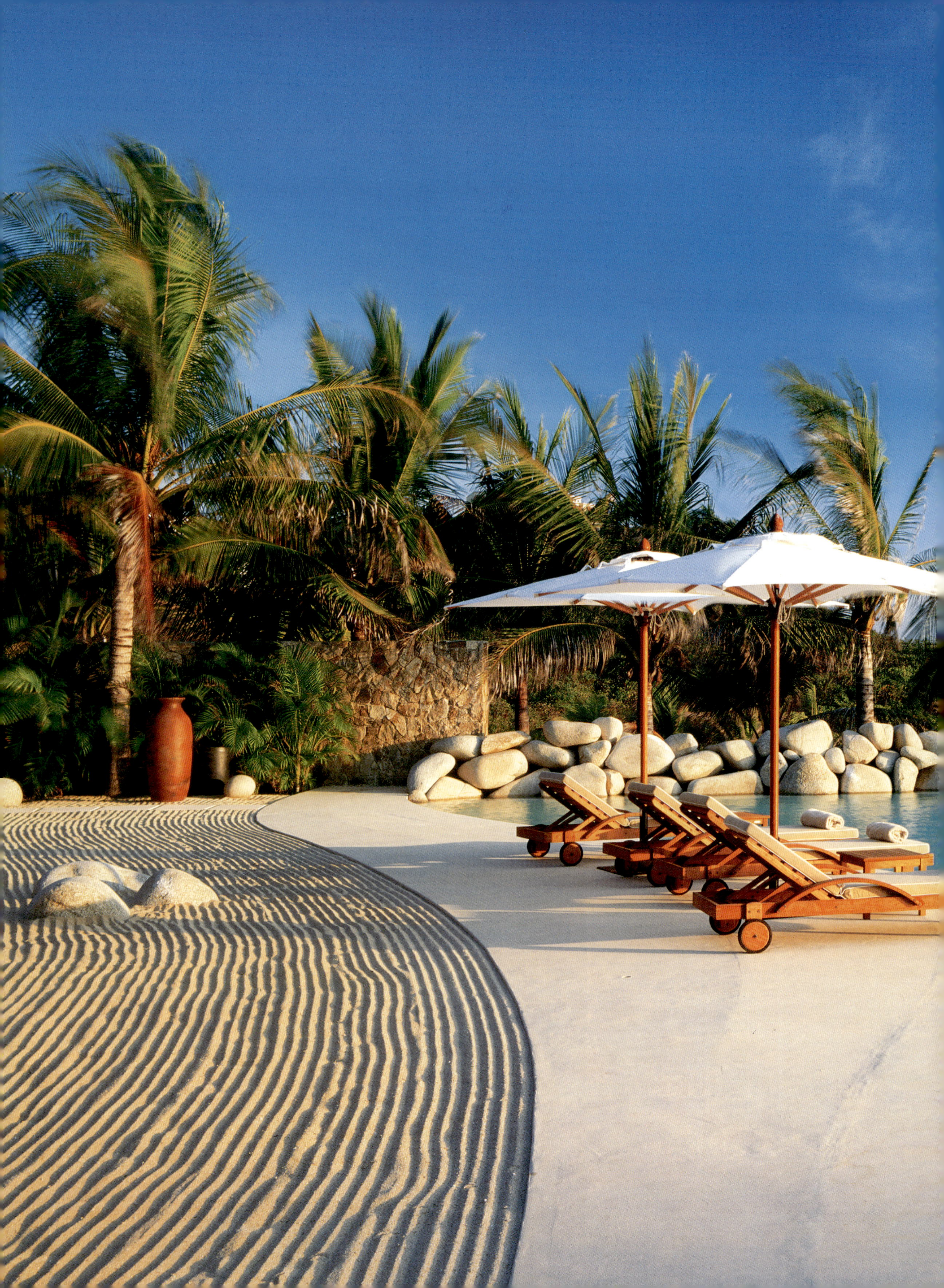

# OUTDOOR LIFE
piscinas y terrazas
pools & terraces

La mejor parte de la vida se desarrolla afuera cuando honramos al sol, cuando recibimos en la frente a la brisa salada y el golpe de la lluvia en el rostro; cuando miramos crecer a la luna, escuchamos al cenzontle pájaro de las mil voces, y a las inquietas gaviotas. El verano nos hace nocturnos, nos jala al aire libre para aspirar el hueledenoche bajo las estrellas. La razón de ser de estas casas es, precisamente, el exterior. Están volteadas al paisaje, al mar extendido hasta donde llega la vista, a la playa, a los acantilados, a las rocas espumosas y a los ríos. Todo eso es la costa, más el murmullo constante de las olas, el grito descarado de las guacamayas, el contrapunto de los grillos, el lejano aullido del coyote o el relinchar de los caballos que conocen el camino de regreso por veredas ocultas. Aunque sea el mismo, el paisaje cambia diariamente. Y todos los días las casas despiertan para contemplarlo y para contemplarse en él.

The best part of life awaits us outdoors when we honor the sun and are greeted by the salty breeze and the gentle drumming of rain on our faces; when we watch the moon grow, listen to the mockingbird of a thousand voices and the restless seagulls. Summer turns us into nocturnal beings, breathing nocturnal aromas under the stars. The raison d'être of these houses is, precisely, the outdoors. They face the countryside, the sea stretching out as far as the eye can see, the beach, the cliffs, the frothy rocks and the rivers. All of this belongs to the realm of the coast, set to the constant swishing of the waves, the shameless shrieking of the macaws, the melodies of crickets, the distant howling of coyotes or the neighing of horses well acquainted with the route home through hidden paths. Although it's the same, the landscape changes every day, and every day the houses awake to contemplate it and contemplate themselves as part of it.

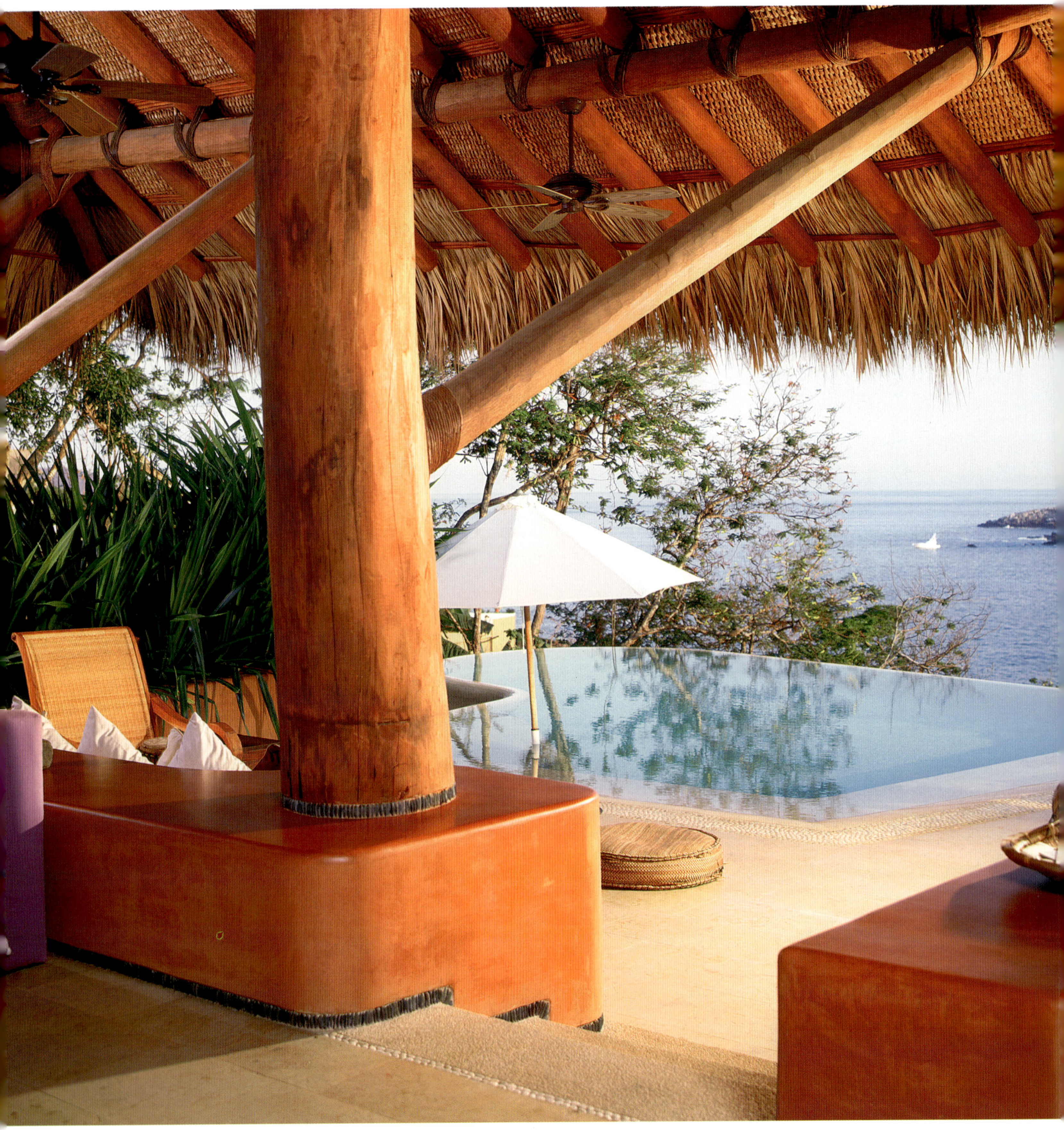

La implacable belleza de la naturaleza encuentra en los espacios exteriores terrazas, albercas, patios, asoleaderos, pérgolas, un motivo de diálogo, una oportunidad para el intercambio. Así se entrelazan, al encontrarse, las buganvilias y los muros; las palmas y los pavimentos de piedra; la parota y el sabino con los textiles; la arena y la espuma con las toallas; el sol con las sombrillas y las tumbonas. Todo es uno.

The boundless beauty of nature finds dialog and exchange in outdoor spaces in the terraces, pools, patios, sunbathing areas, rooftop gardens. Bougainvilleas converse with walls; palm trees with stone paths; the earpod tree and the cypress tree with textiles; sand with the sponginess of towels; the sun with the sunshades and deckchairs. All is one.

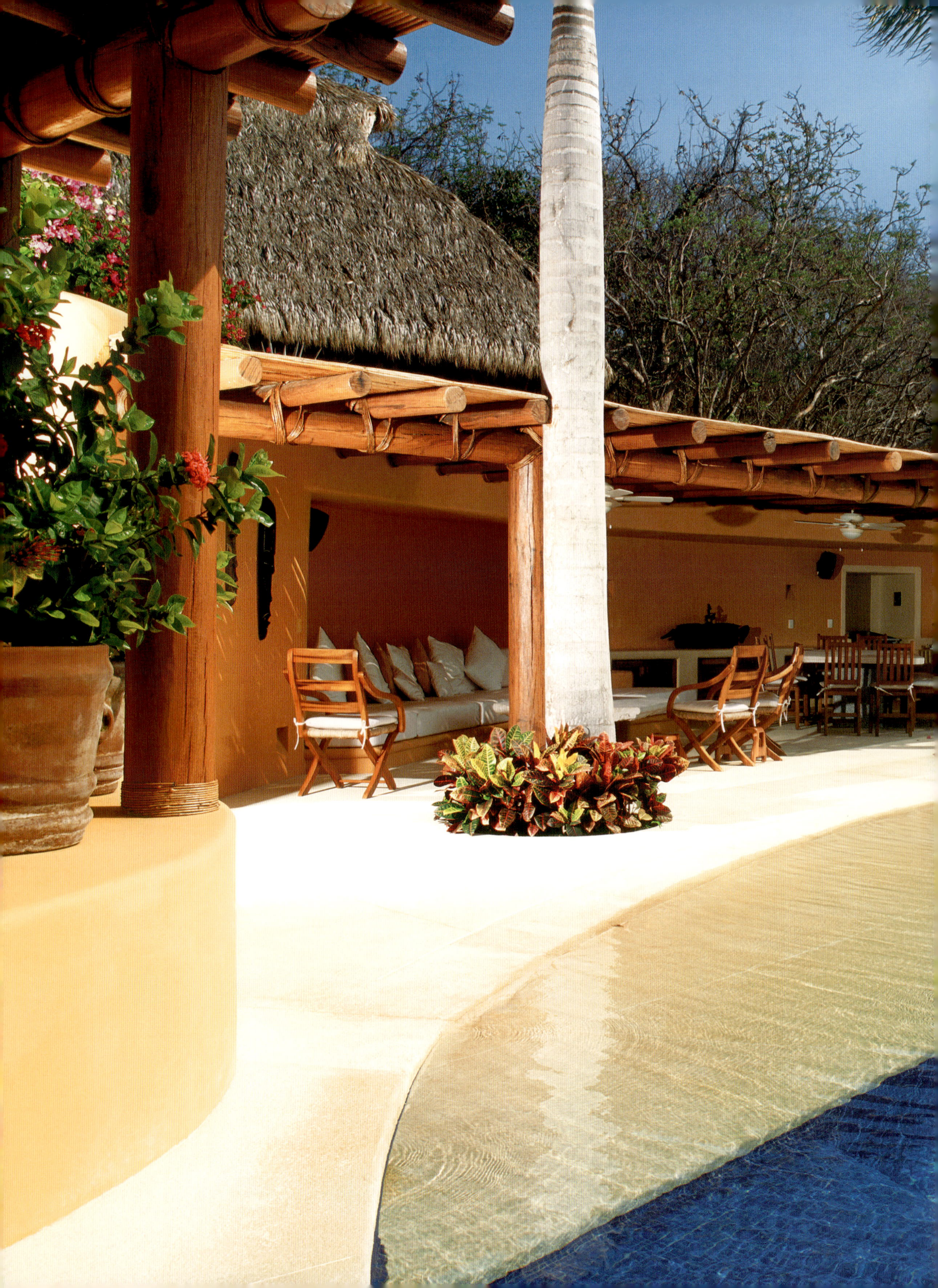

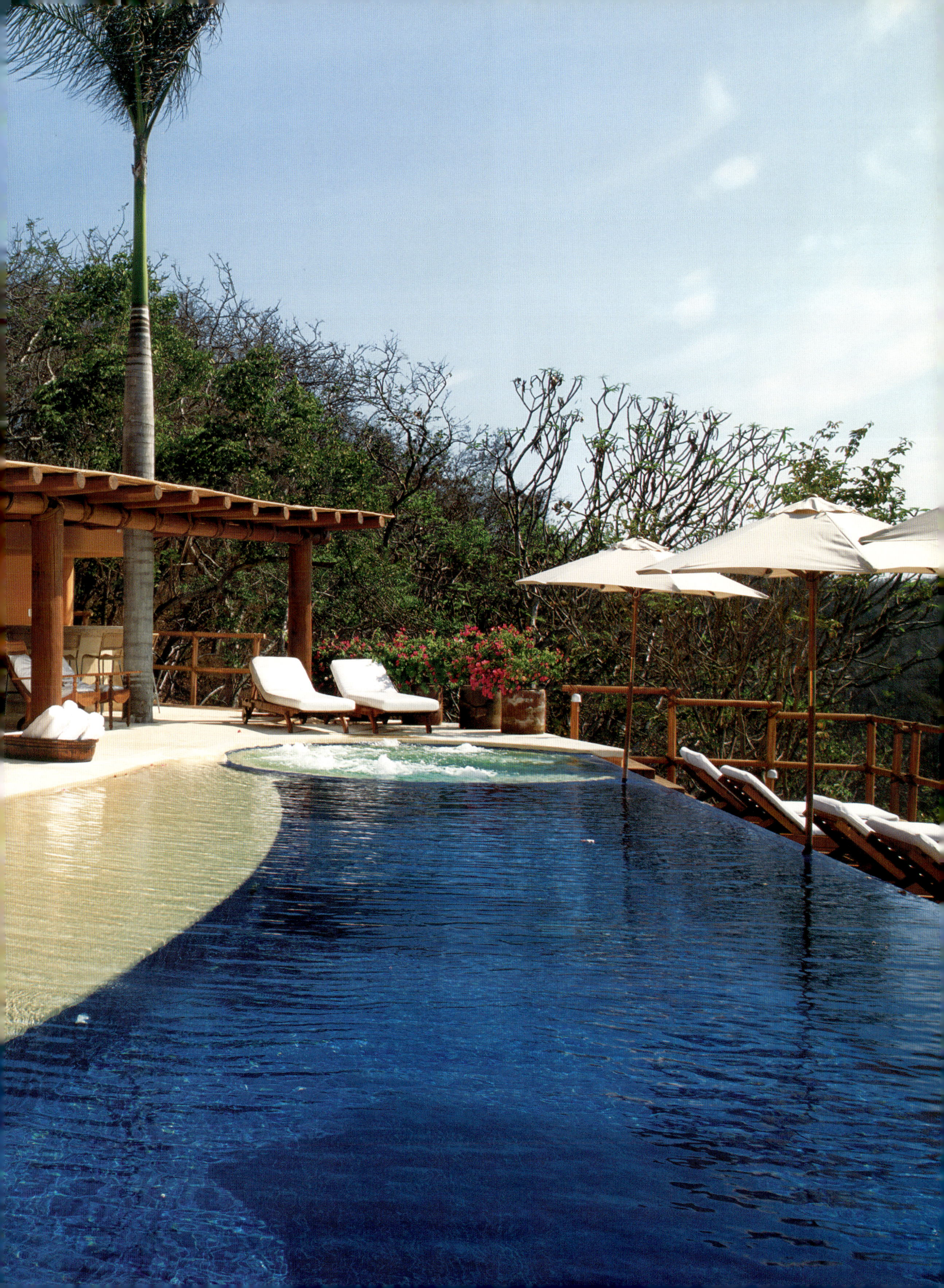

Como un vientre materno o un gran caparazón de molusco, la canasta hecha sillón forma una concha protectora que replica y hace aún más acogedora la privacidad de la terraza. De cerca, la naturaleza se ve amansada, obediente y tierna. Más lejos su presencia nos inspira respeto. A pesar de ello no pudo ser más adecuado el nombre de la casa, bordado apenas como un susurro en la toalla.

Like a mother's womb or a huge mollusk's shell, the basket-come-chair forms a protective casing that imitates and enhances the intimacy of the terrace. Close up, nature appears docile, obedient and gentle. But from further away, its presence demands our respect. In spite of this, the name of the house could hardly be more appropriate, embroidered like a whisper into the towel.

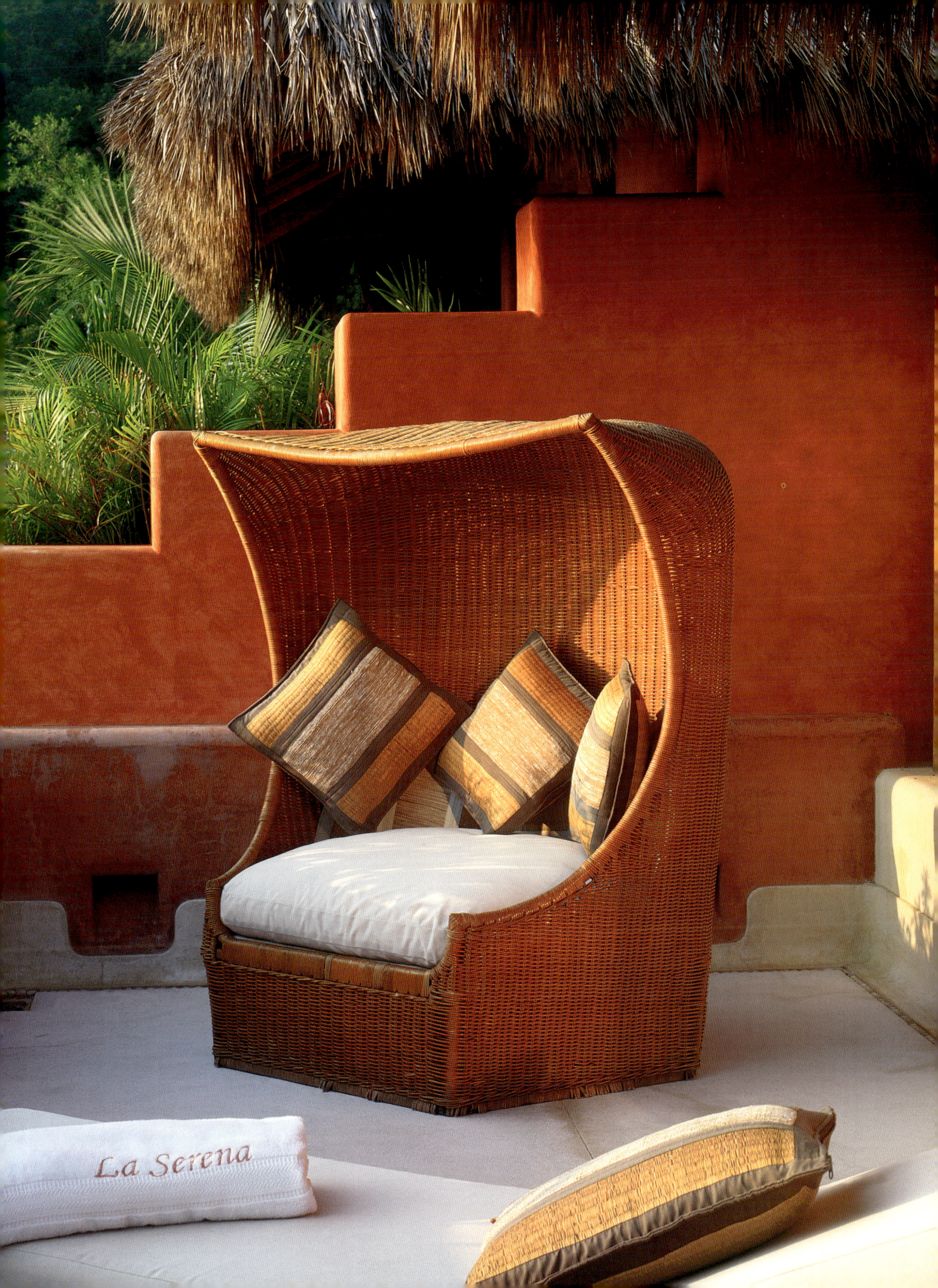
La Serena

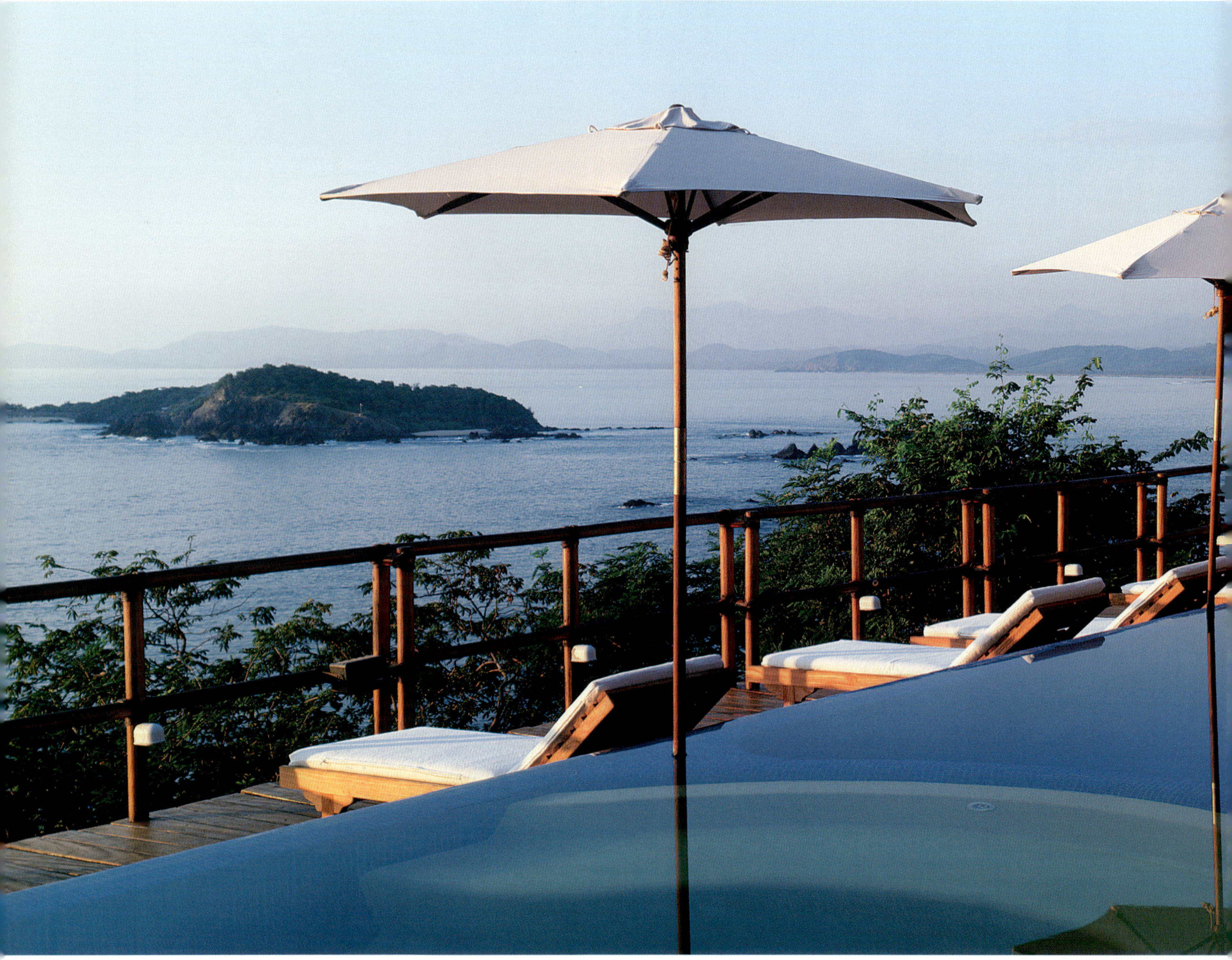

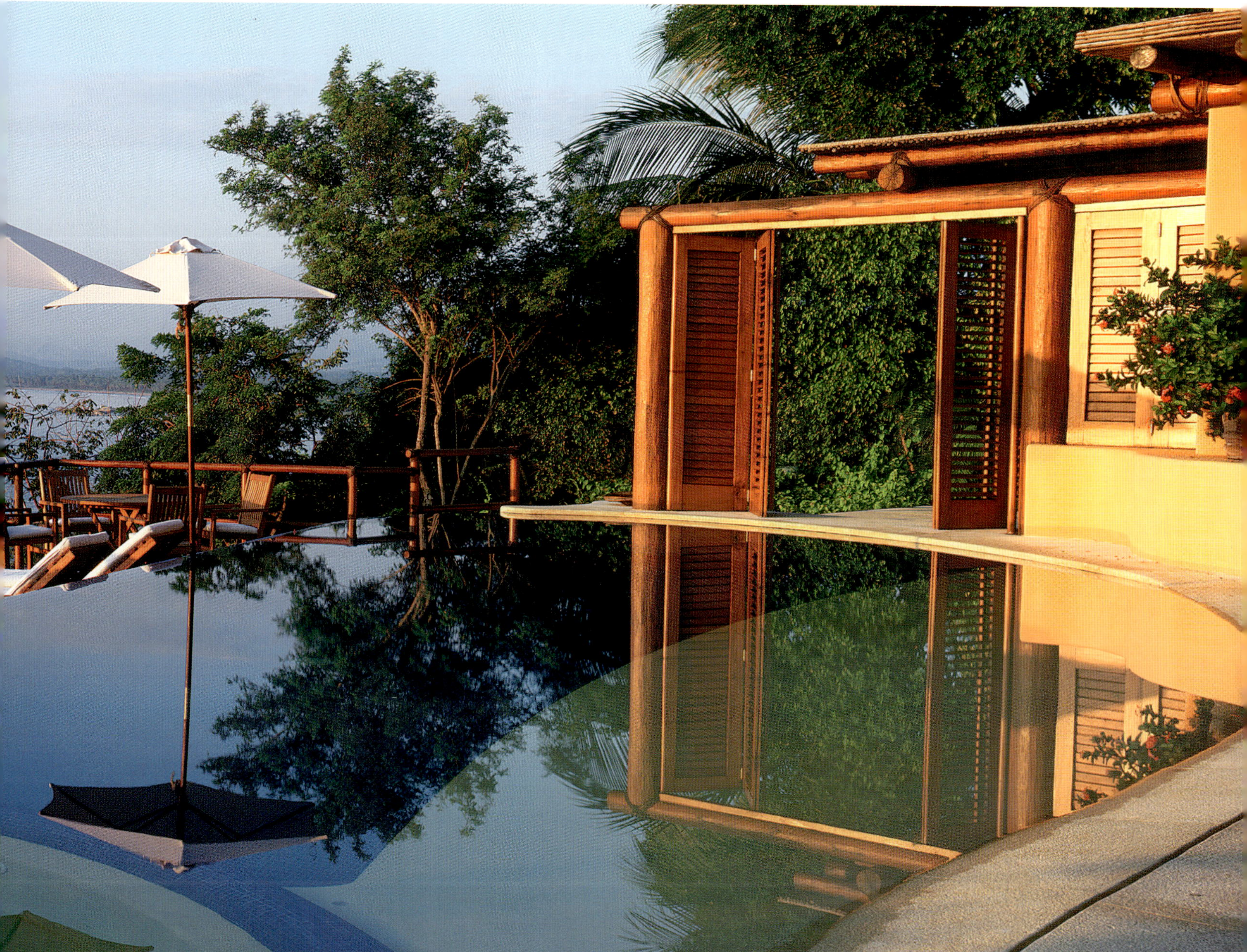

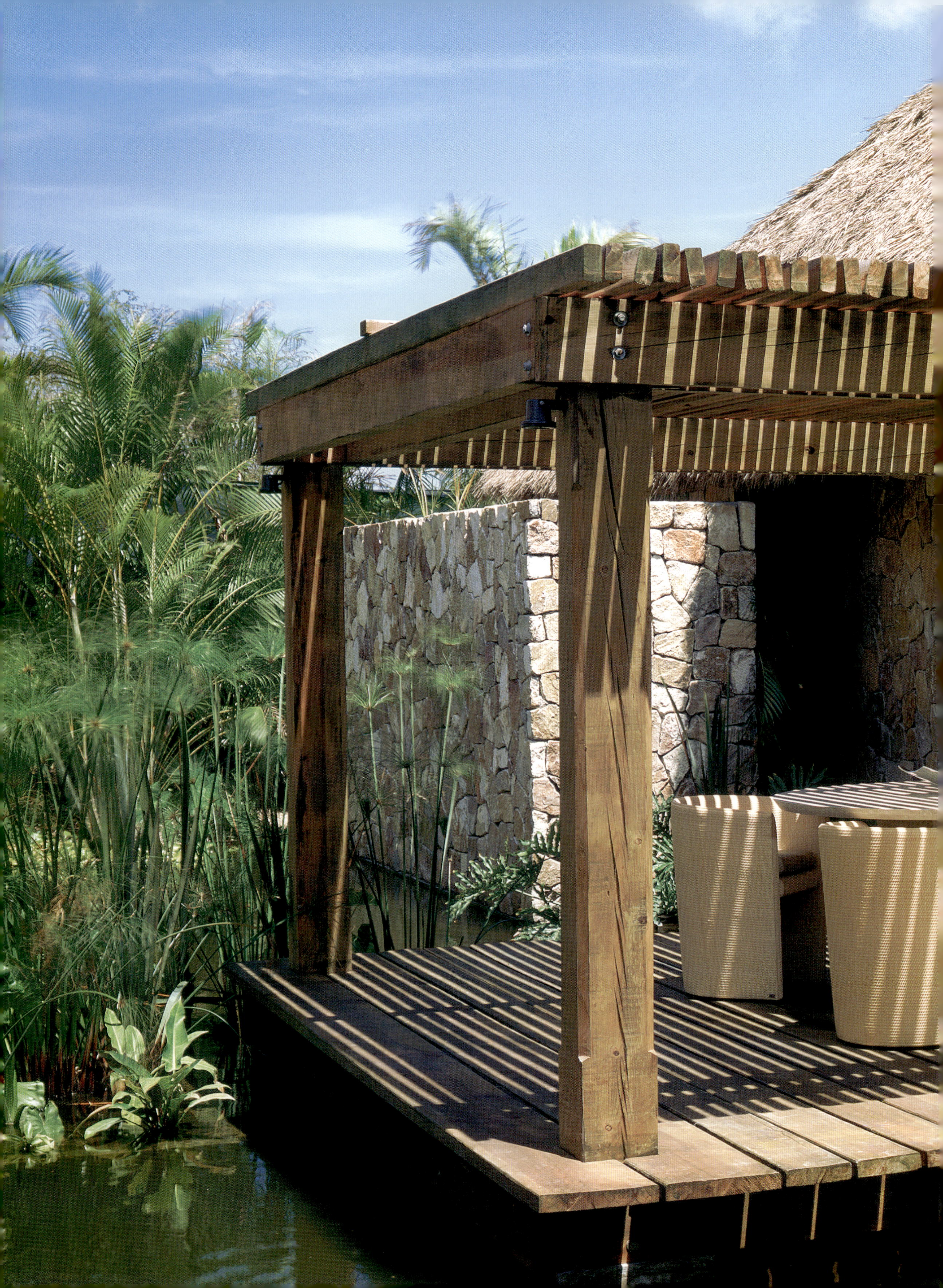

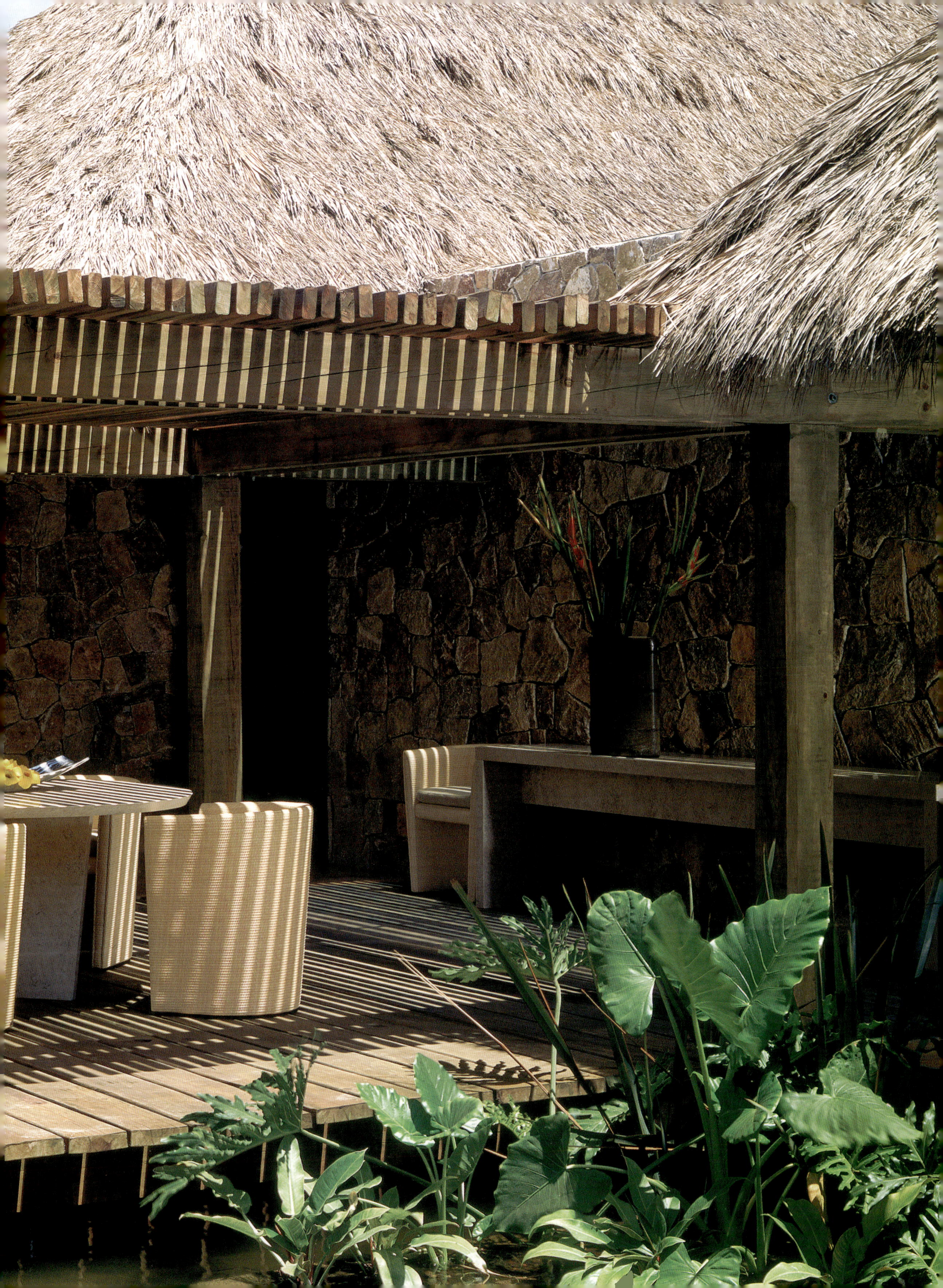

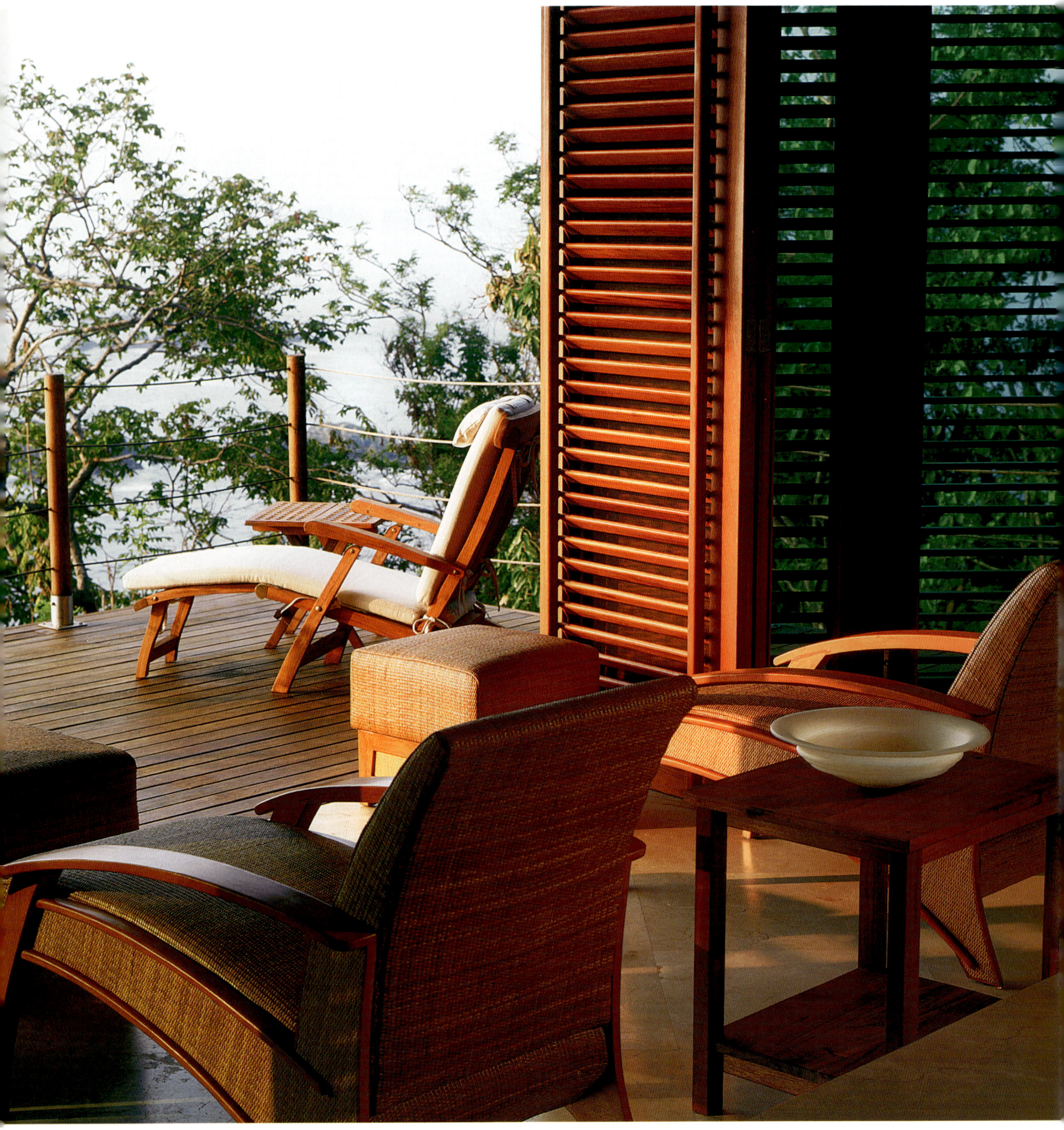

Las líneas curvas y descendentes de los sillones aplacan el ánimo y llevan la vista hacia abajo, hacia el mar. La madera hace del espacio un gran mueble donde podemos sentirnos como si estuviésemos dentro de un fino estuche. Es la convocatoria al reposo de los cuerpos, a la contemplación callada, al silencio compartido, a la plática próxima. Brazos se llaman esas maderas de los sillones. Abrazos deberían llamarse.

The curved, down-turned contours of the armchairs are a soothing presence that guides the line of sight downwards, towards the sea. Wood turns space into a grand item of furniture to make us feel we are contained inside a fine sheath. This is the cue for bodily rest, silent contemplation, shared silence and intimate words. It is not without justification that they are called armchairs, although they could also be called embracing chairs.

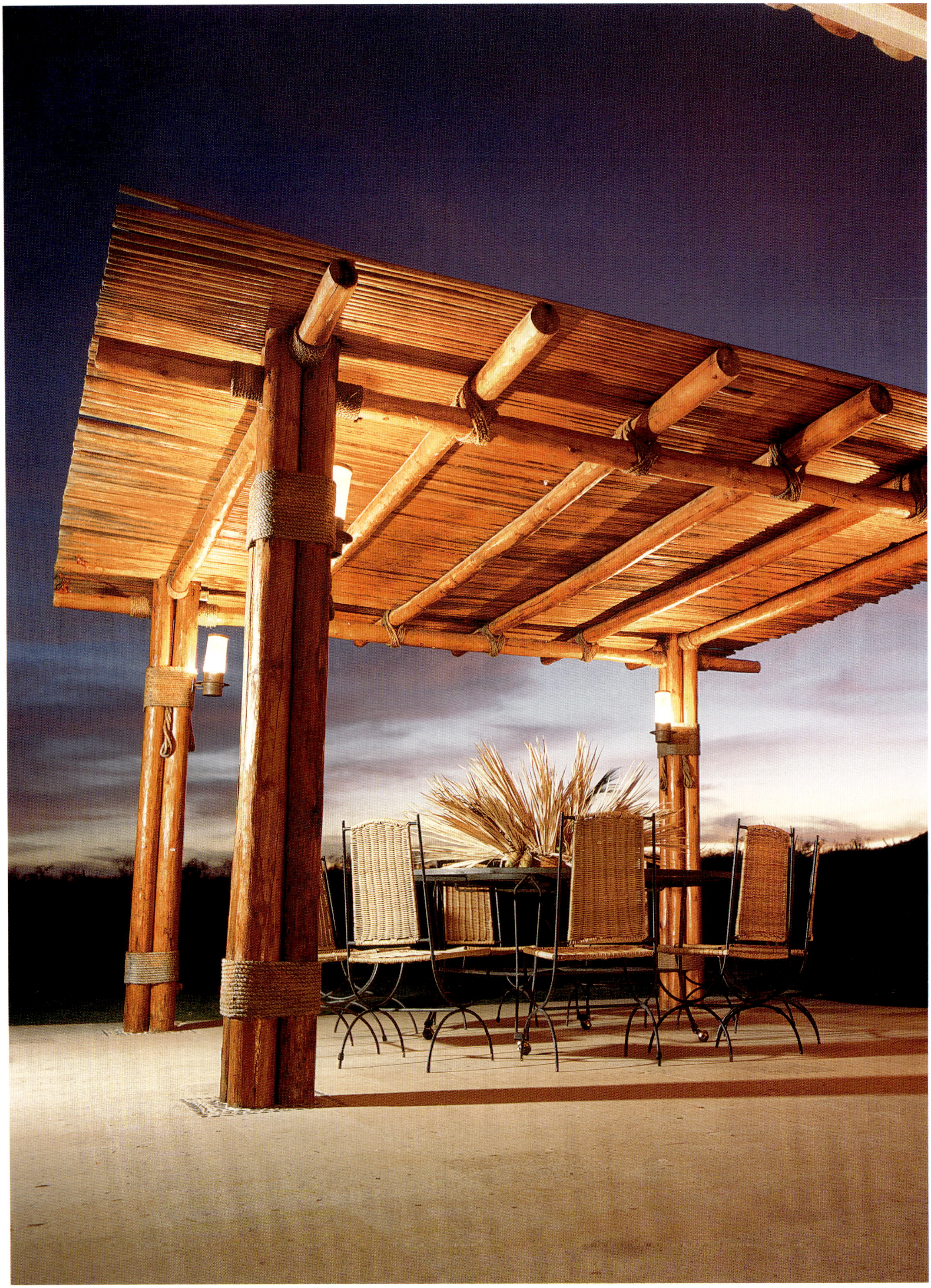

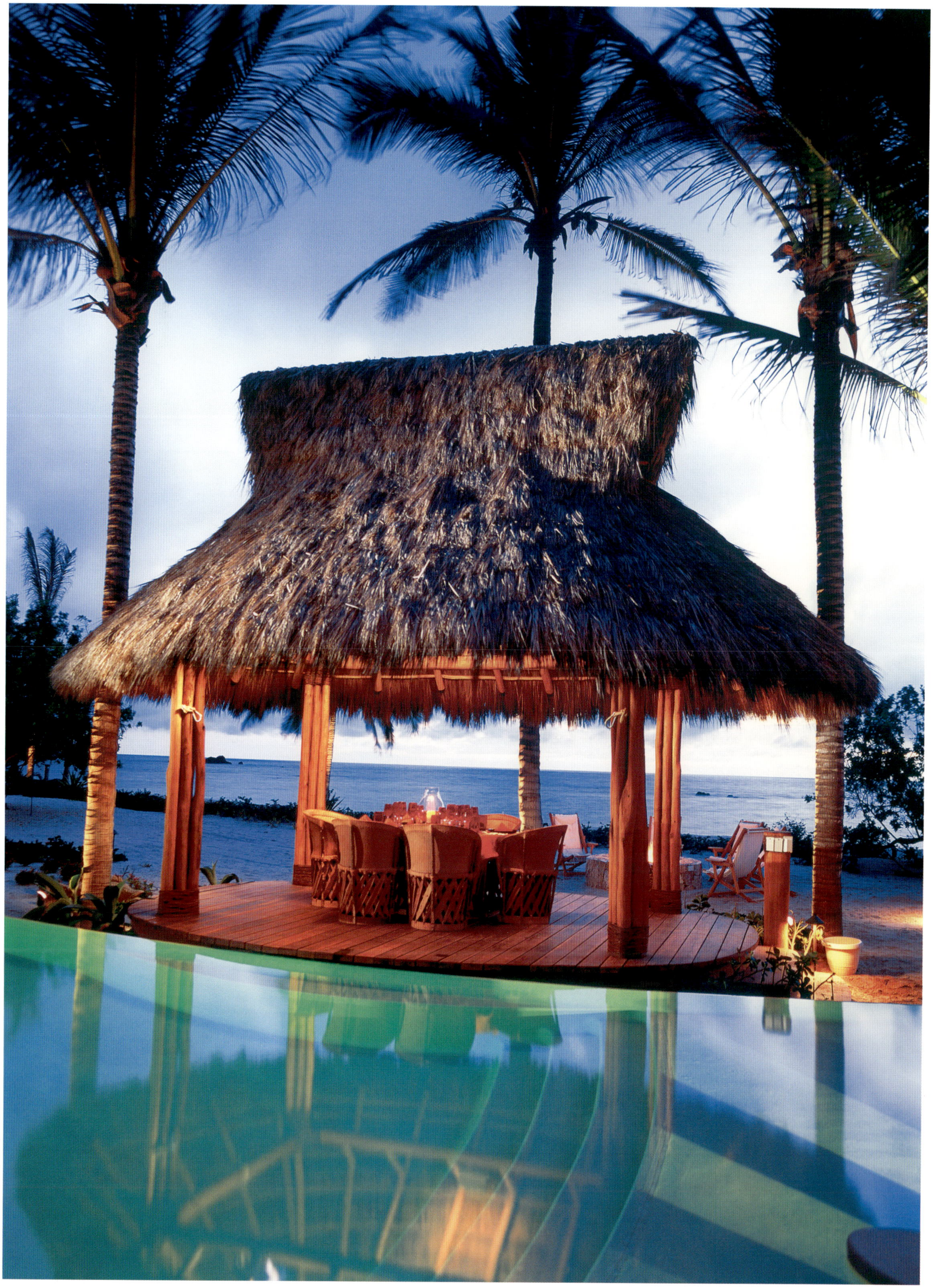

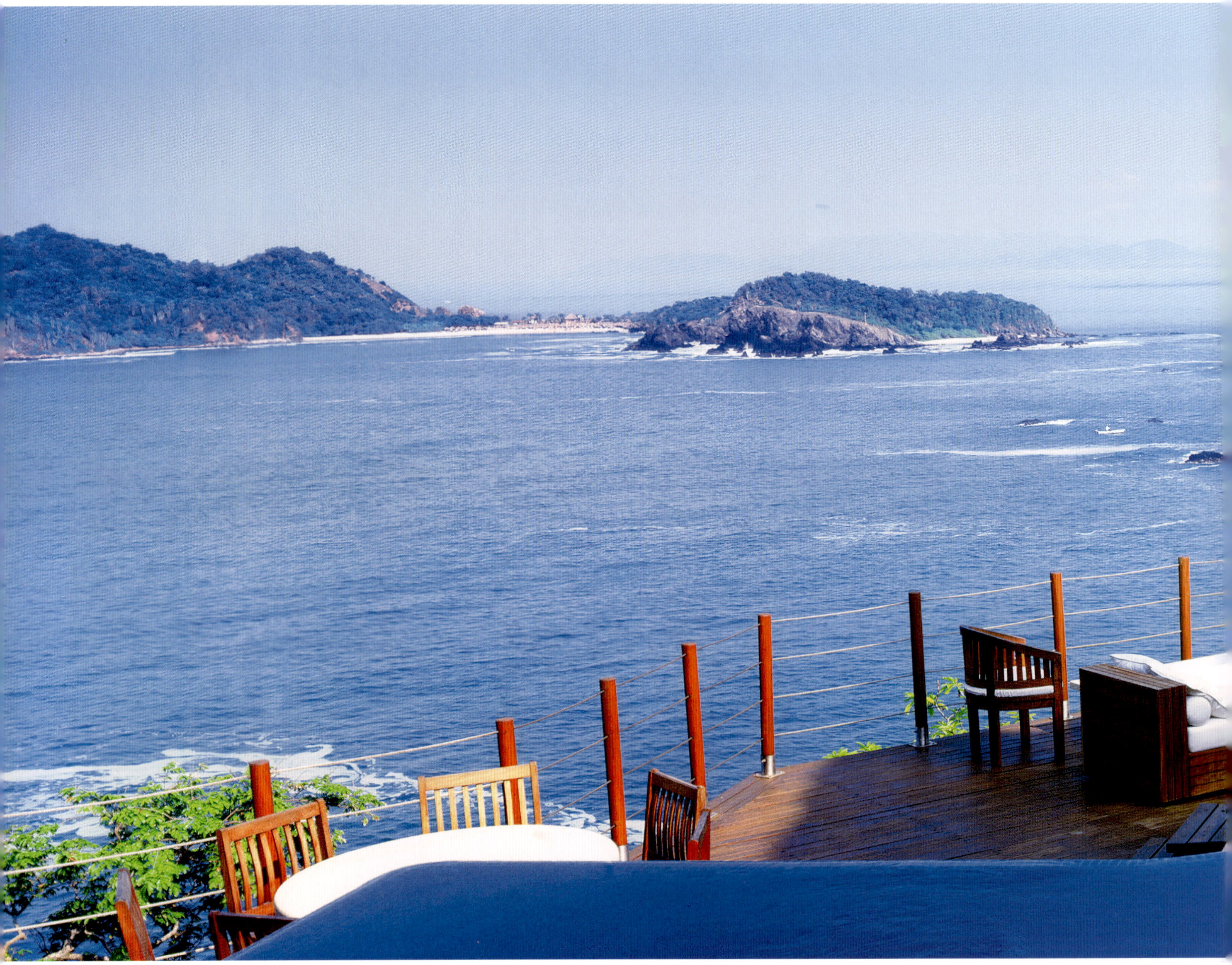

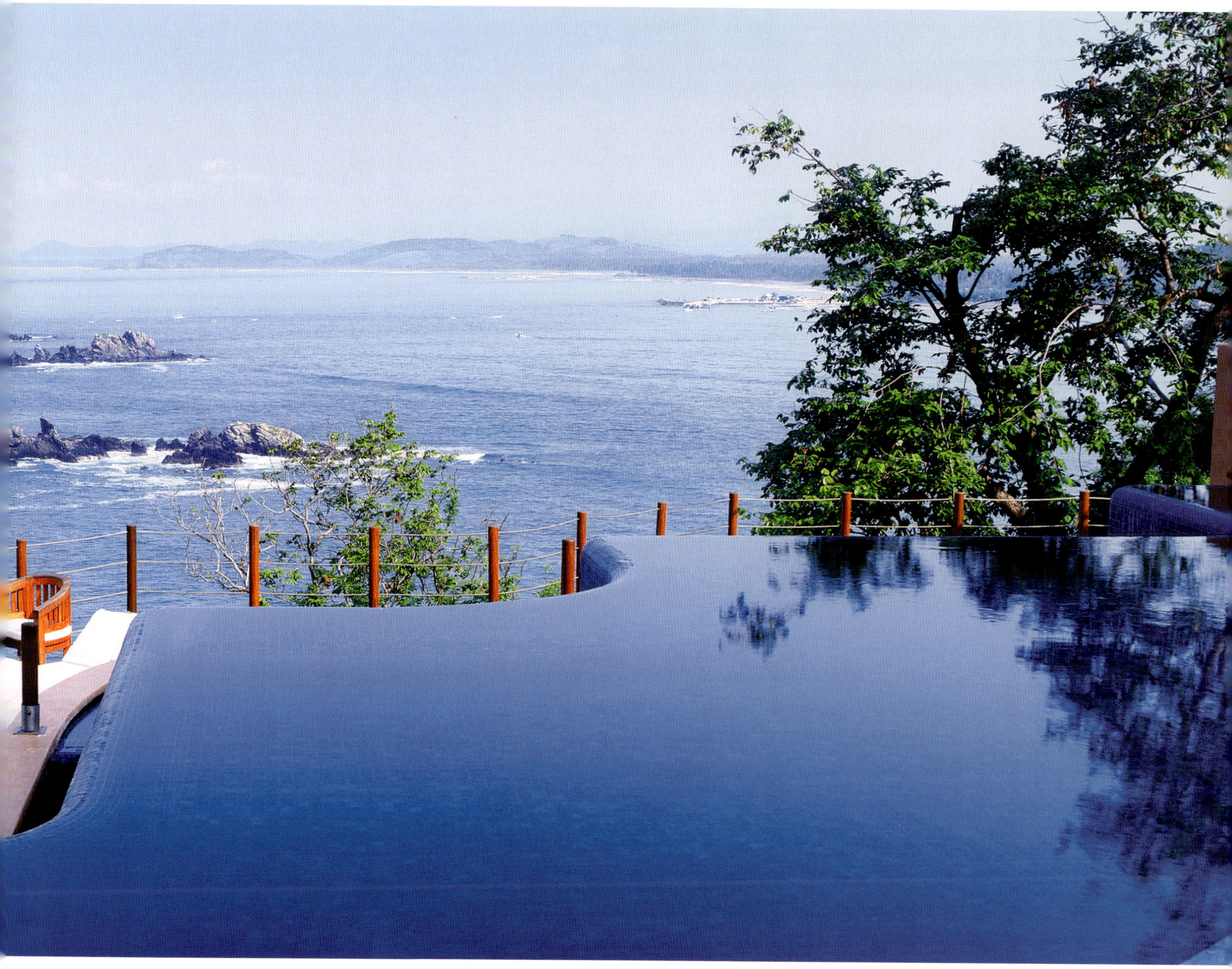

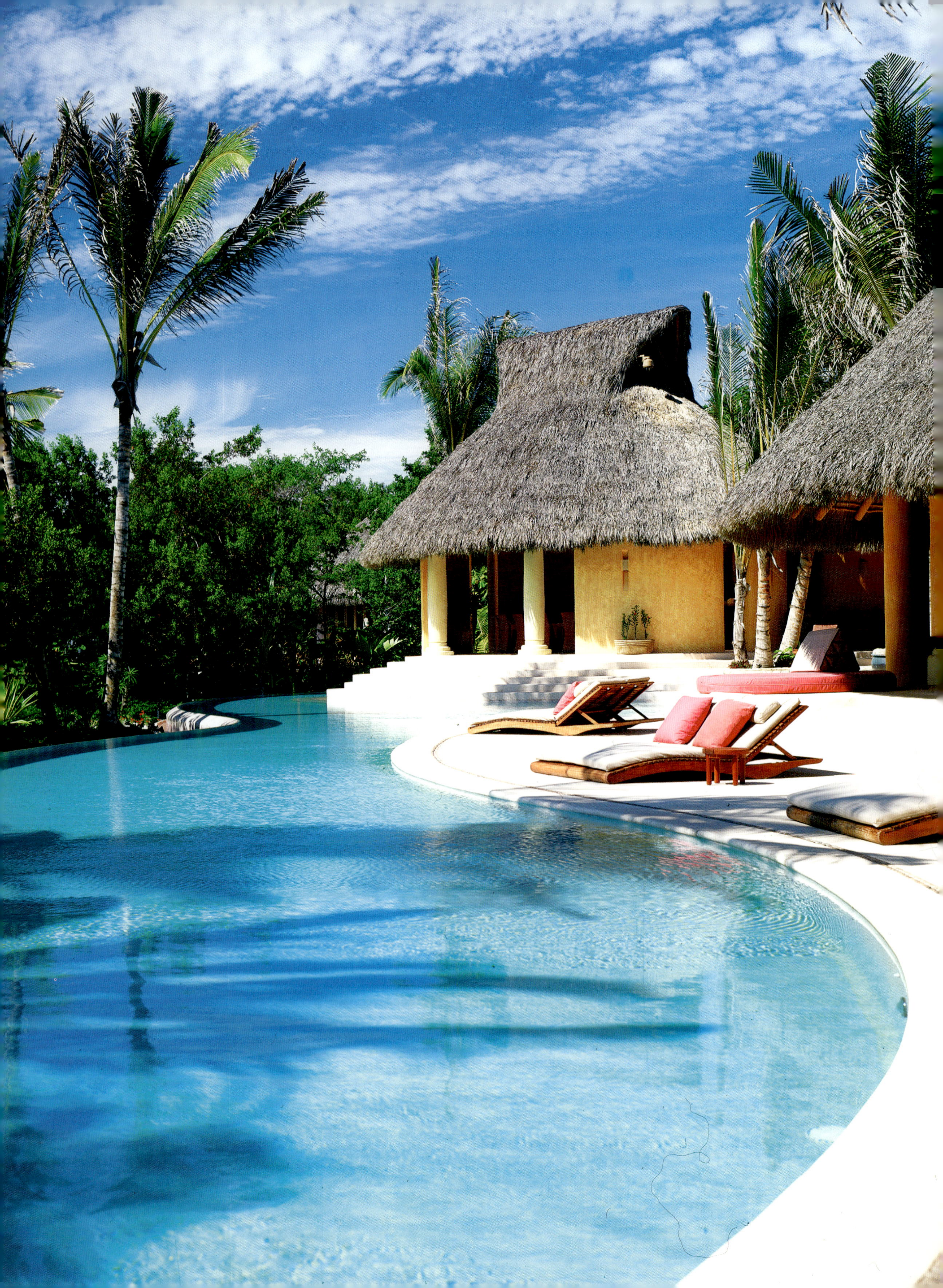

La arquitectura sabe cómo reconocer sus raíces y sus maestros. Sabe transformarlos y darles vida nueva: la imagen tradicional de la choza maya está presente aquí y también el templo. Porque somos cuerpo y somos también espíritu, el placer es uno solo, completo, reflejado en el espejo de la piscina.

Architecture knows how to recognize its roots and masters, transform them and give them new life. The traditional image of Mayan huts makes its presence felt here alongside the temple, because we are body but also spirit, while pleasure is one, complete, reflected in the mirror of the pool.

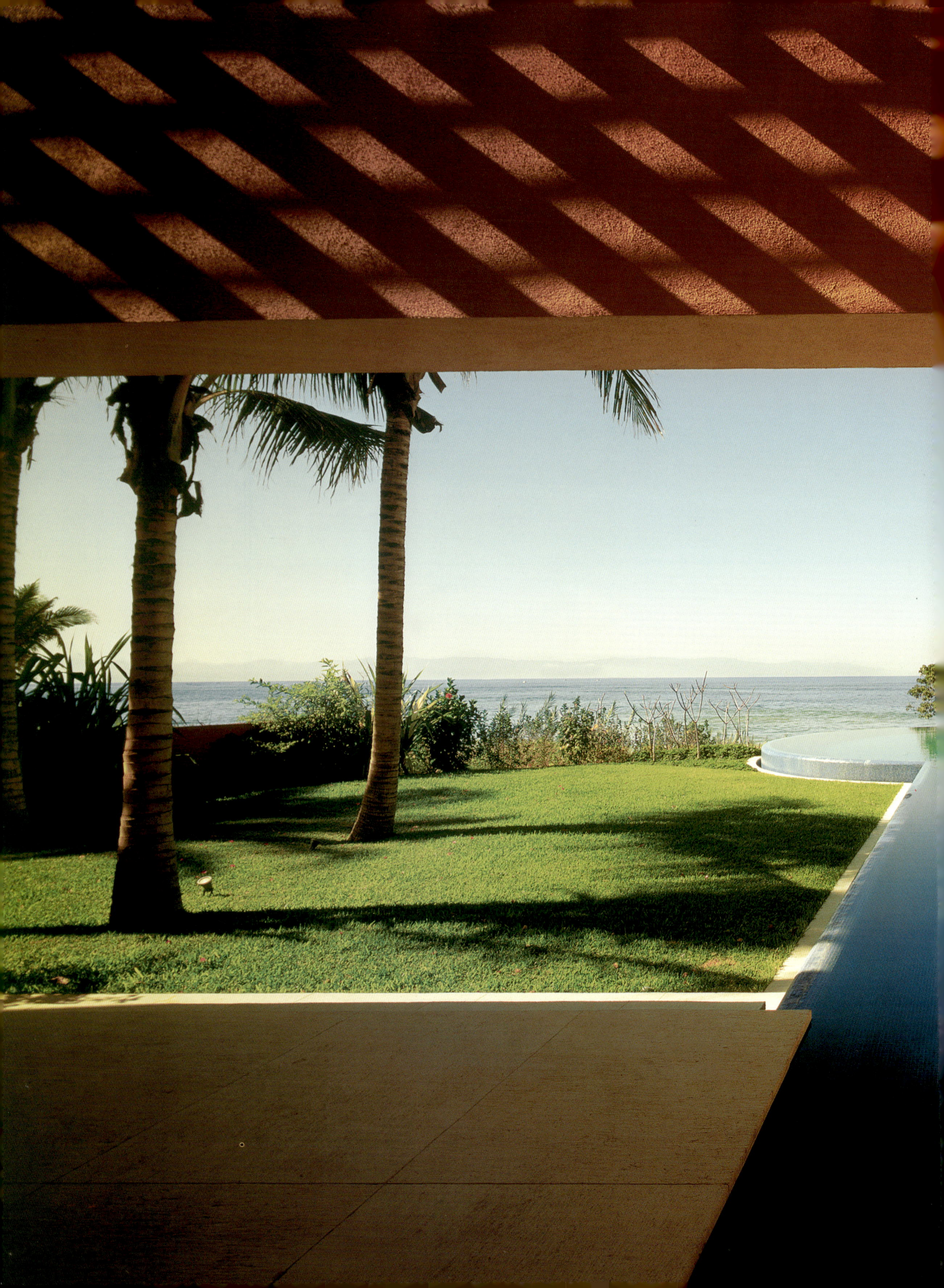

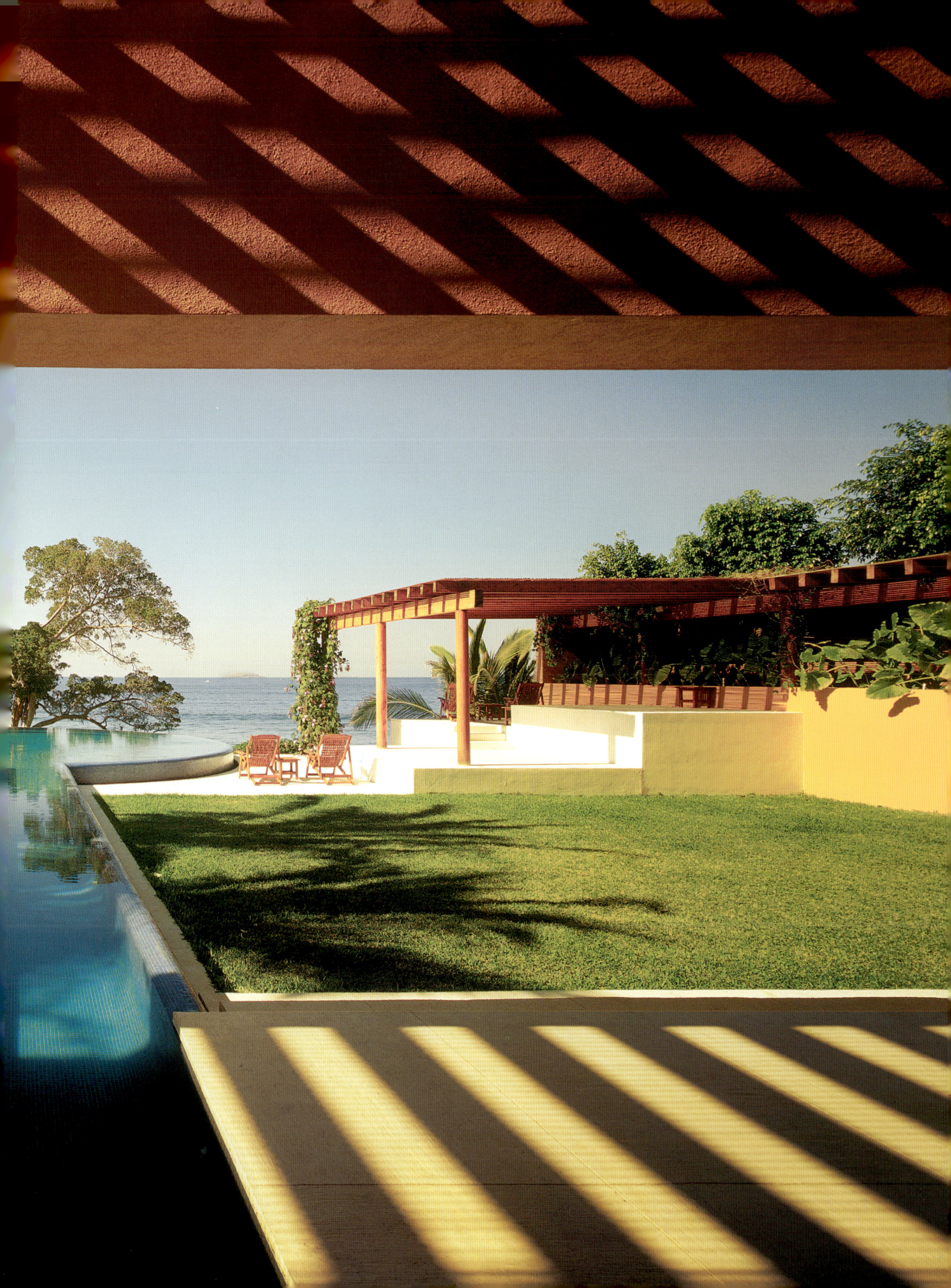

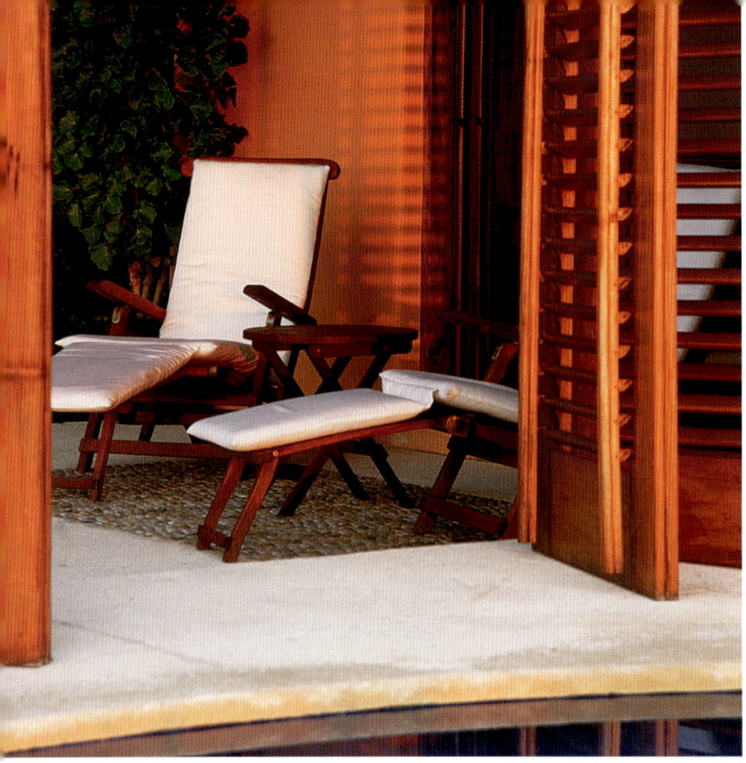

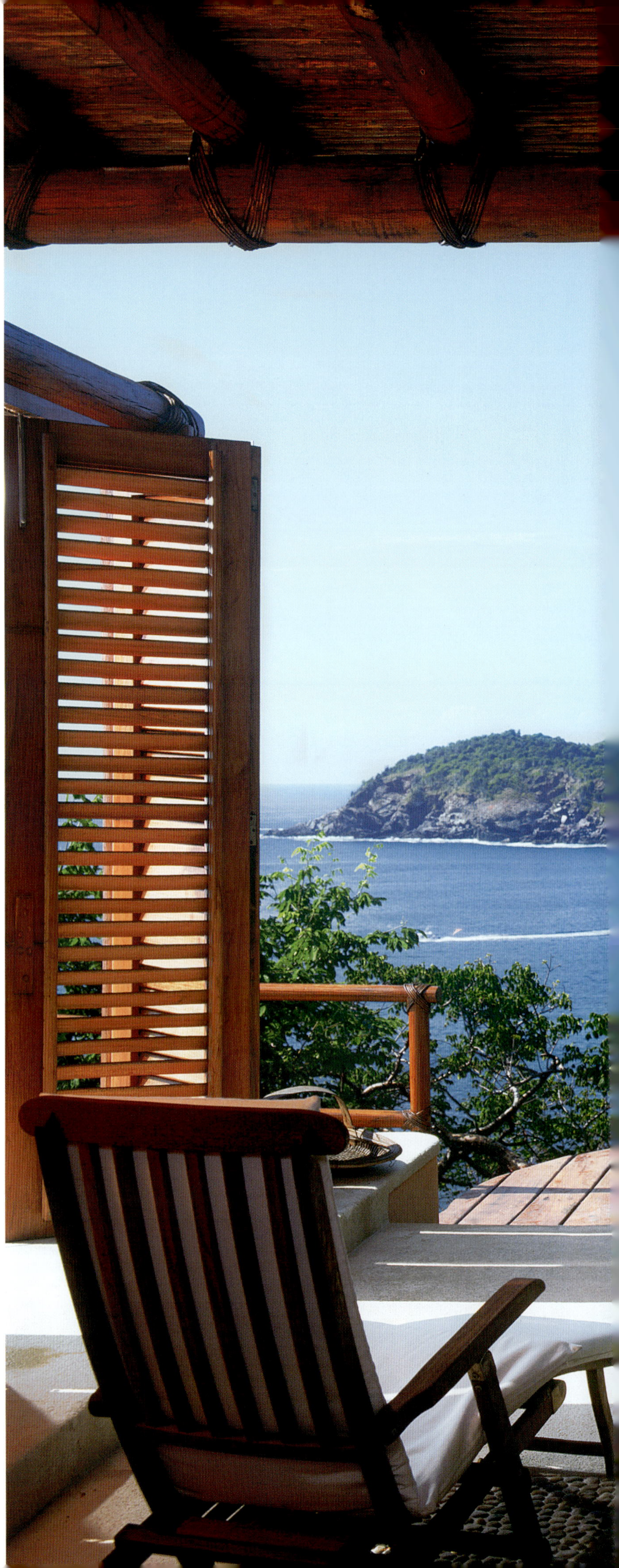

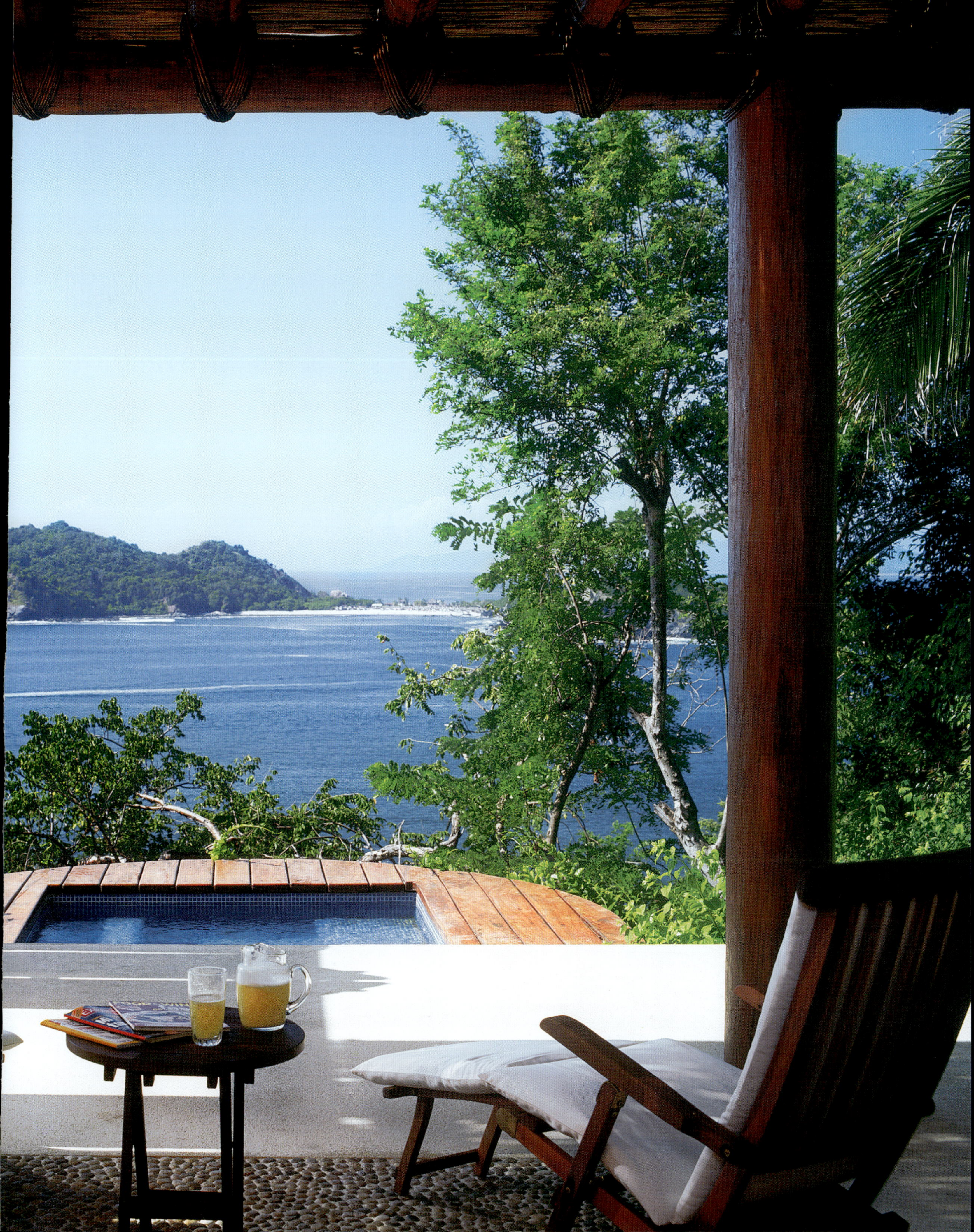

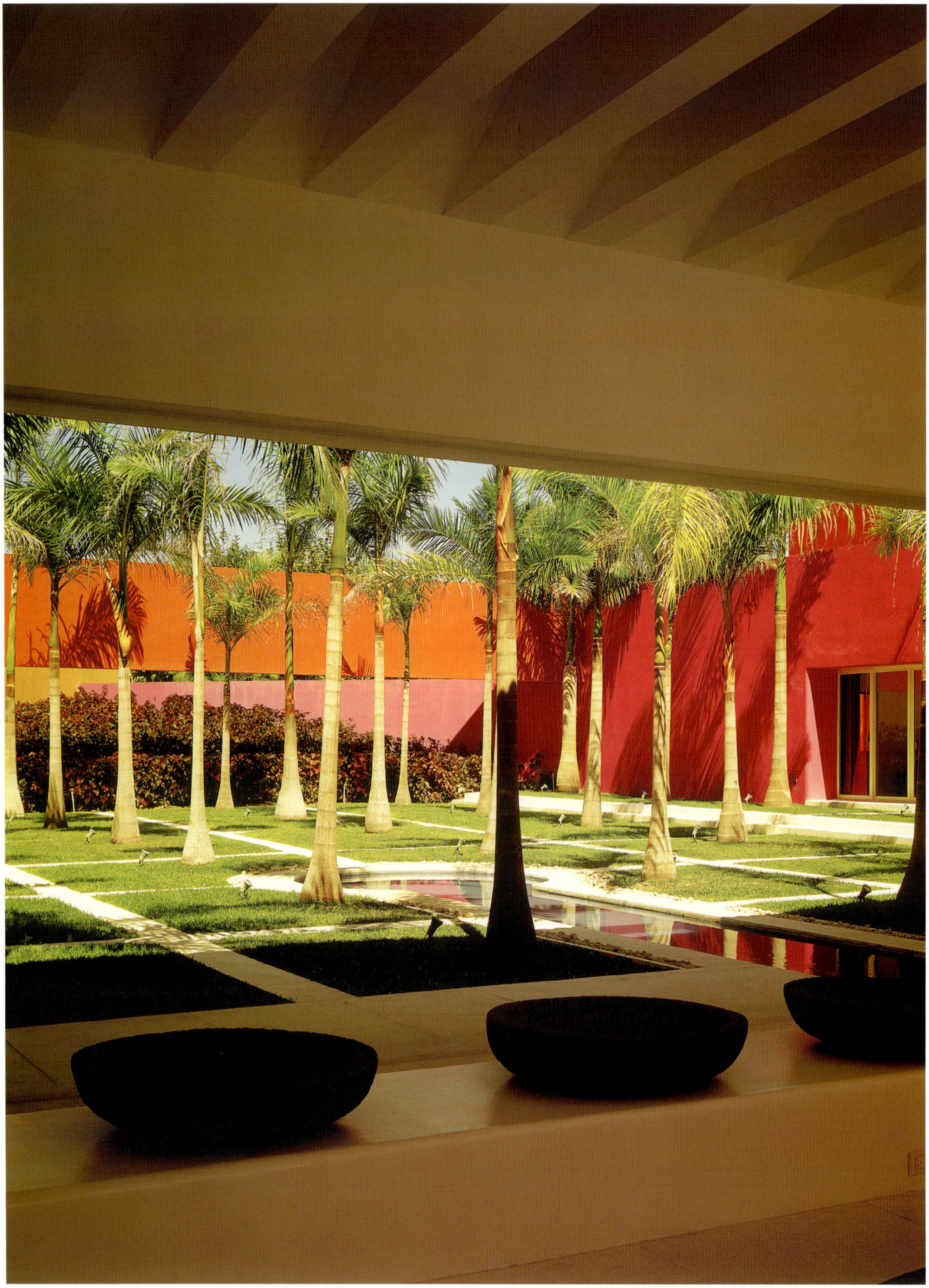

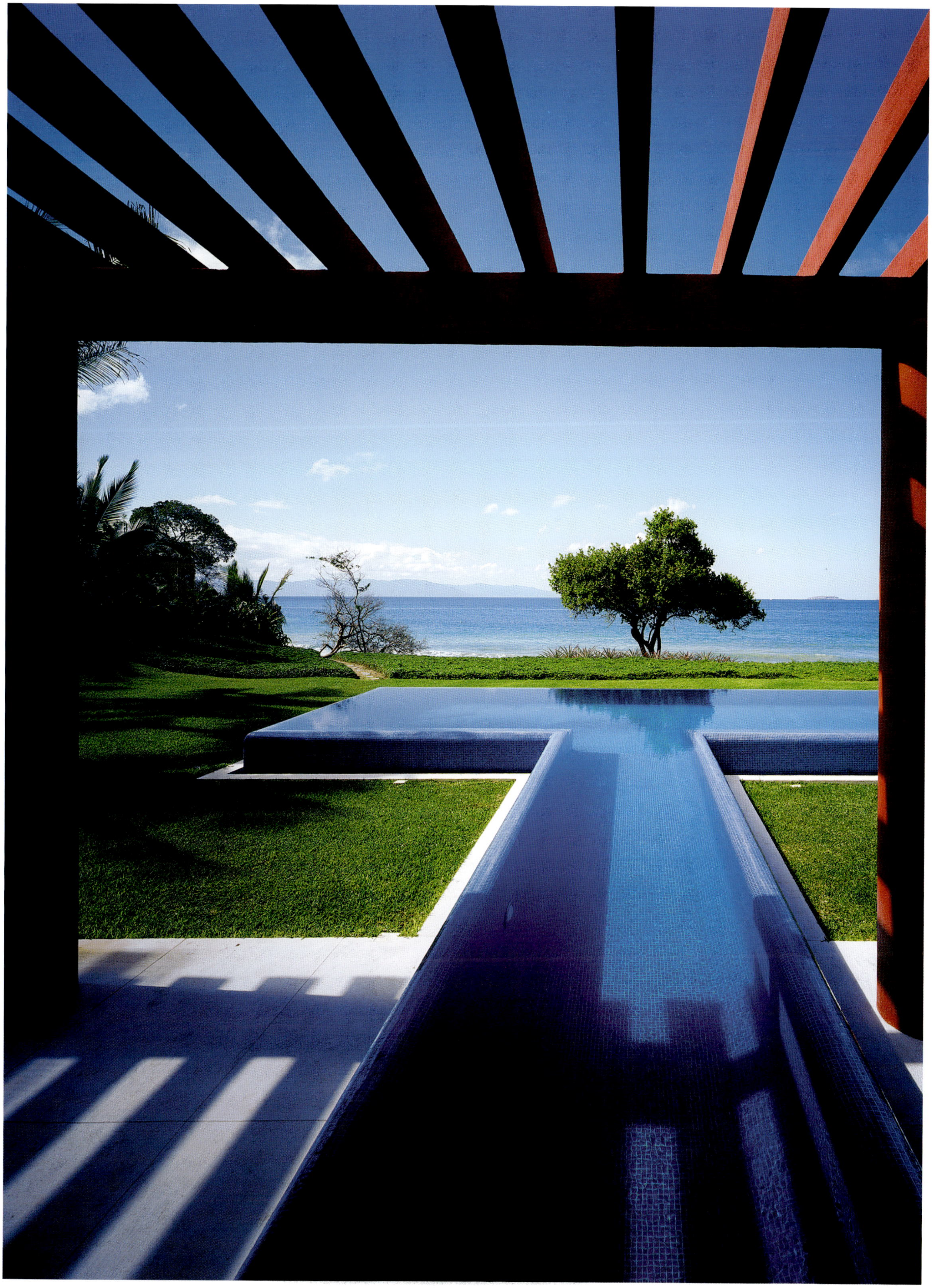

Aparentemente fuera de lugar, al margen de un contexto natural lleno de plantas, troncos y rocas, arena, palapas y muebles artesanales, esta piscina gigantesca, estanque de las mil y una noches, monstruo submarino, nautilus del siglo XXII establece un extraordinario contraste y nos recuerda que también somos hijos de un mundo que cada día evoluciona y cambia. Quedan inmutables, sin embargo, la belleza y el placer.

Apparently out of context, set amid a plethora of plants, trunks, rocks, sand, thatched roofs and crafted furniture, this huge pool, harboring the mystique of a thousand and one nights, a sea monster, the nautilus of the Twentieth Century, creates a stunning contrast and reminds us that we are also the children of a constantly changing world. What never changes, however, are beauty and pleasure.

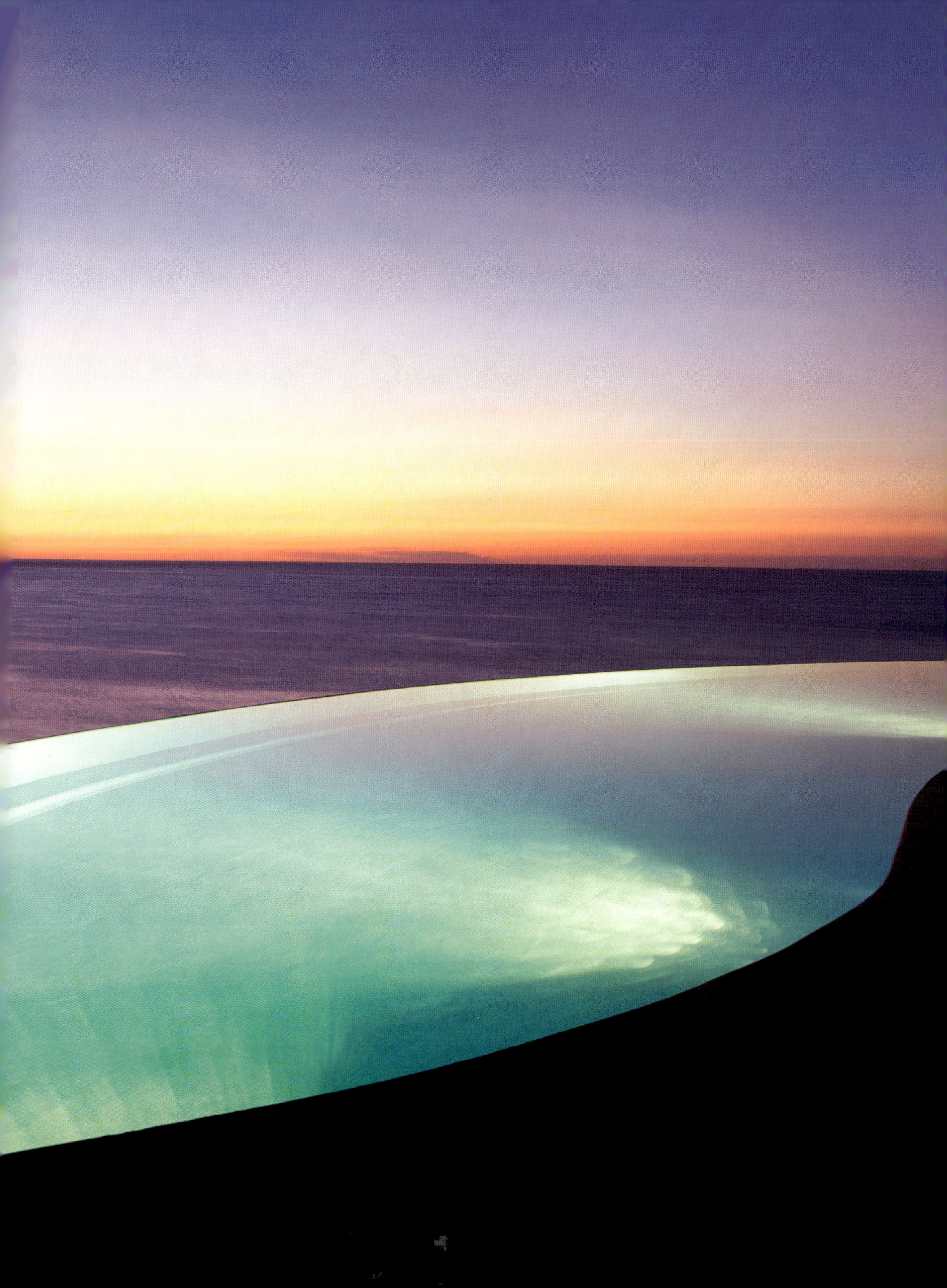

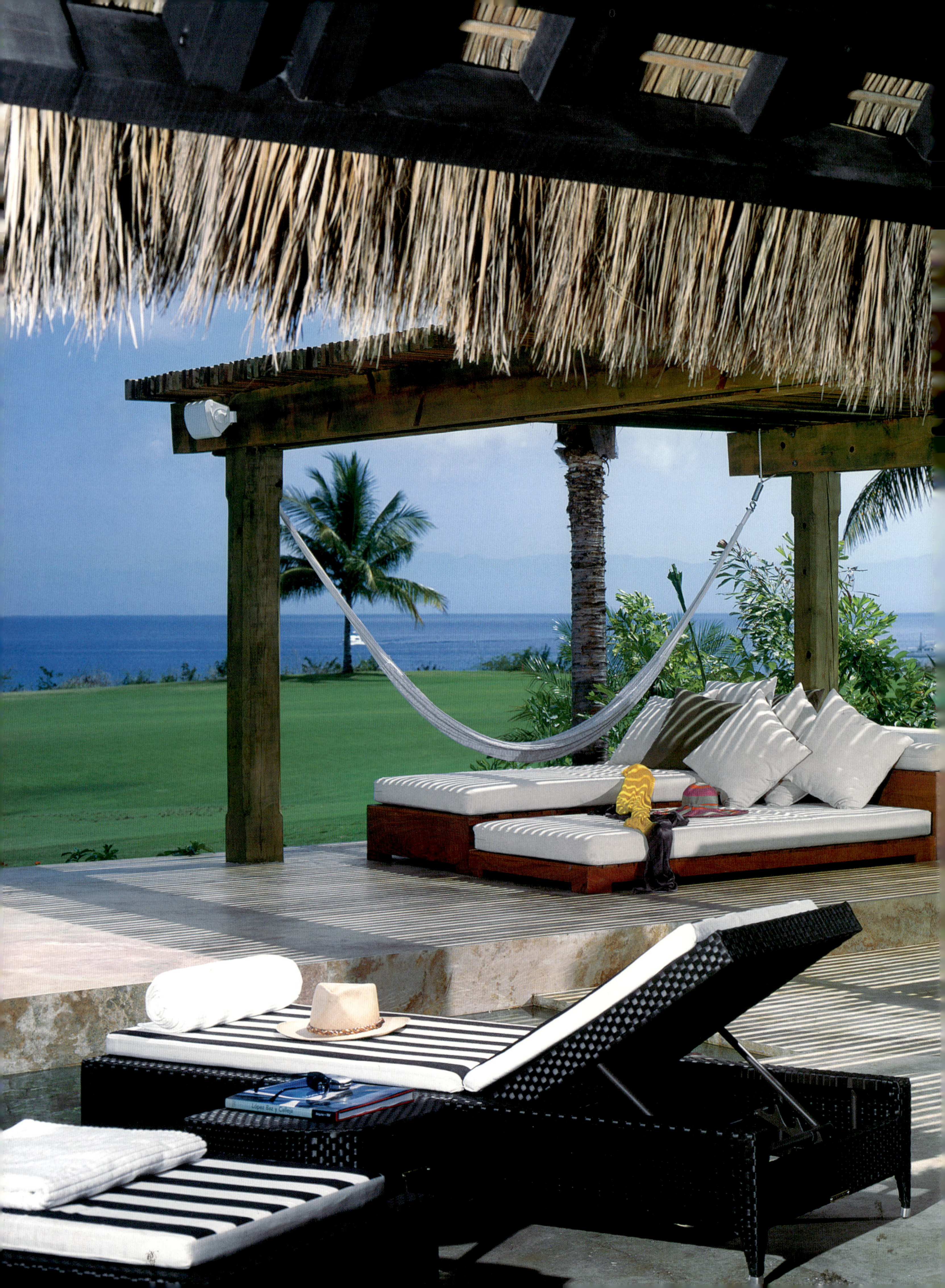
López Baz y Calleja

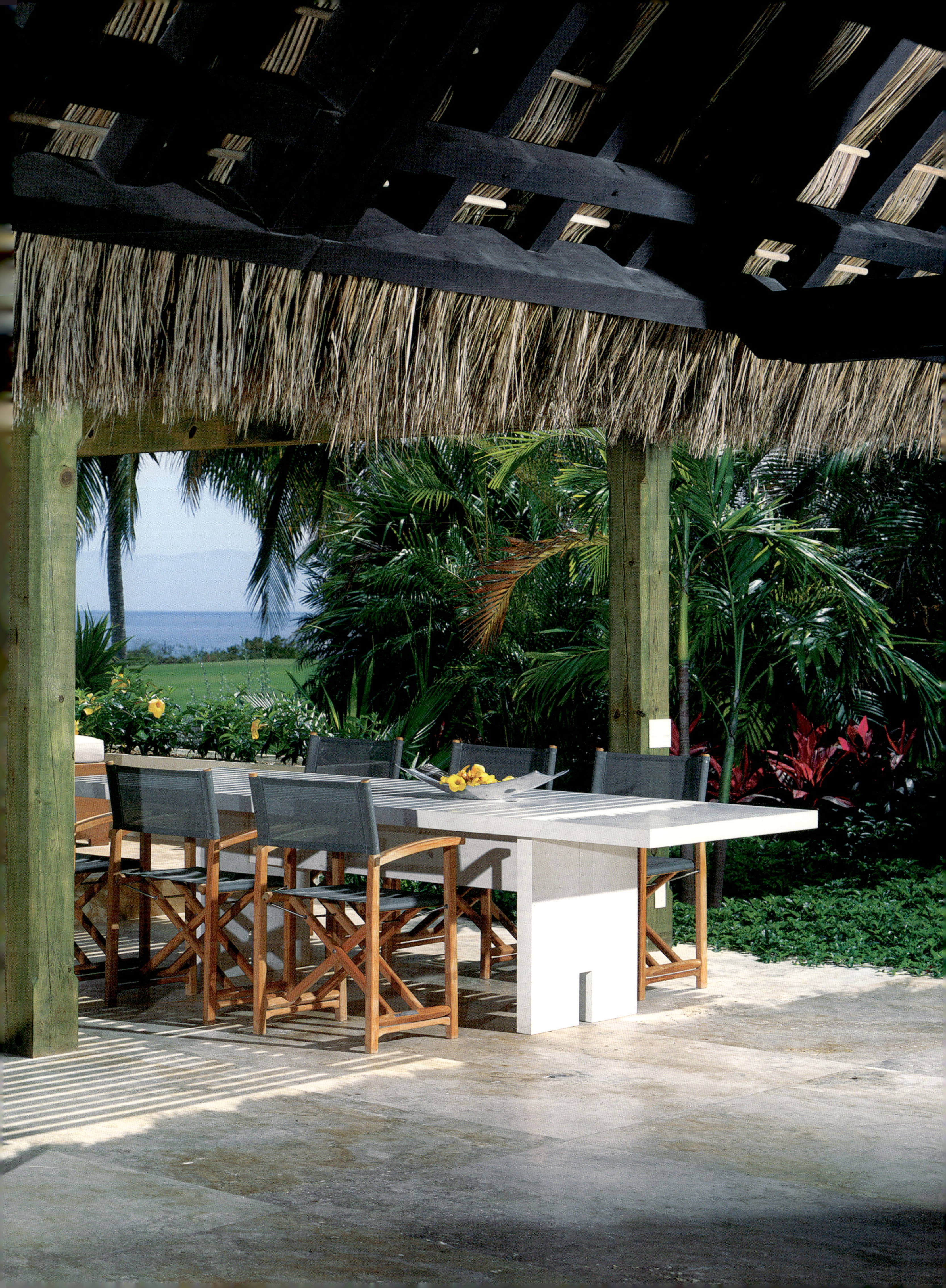

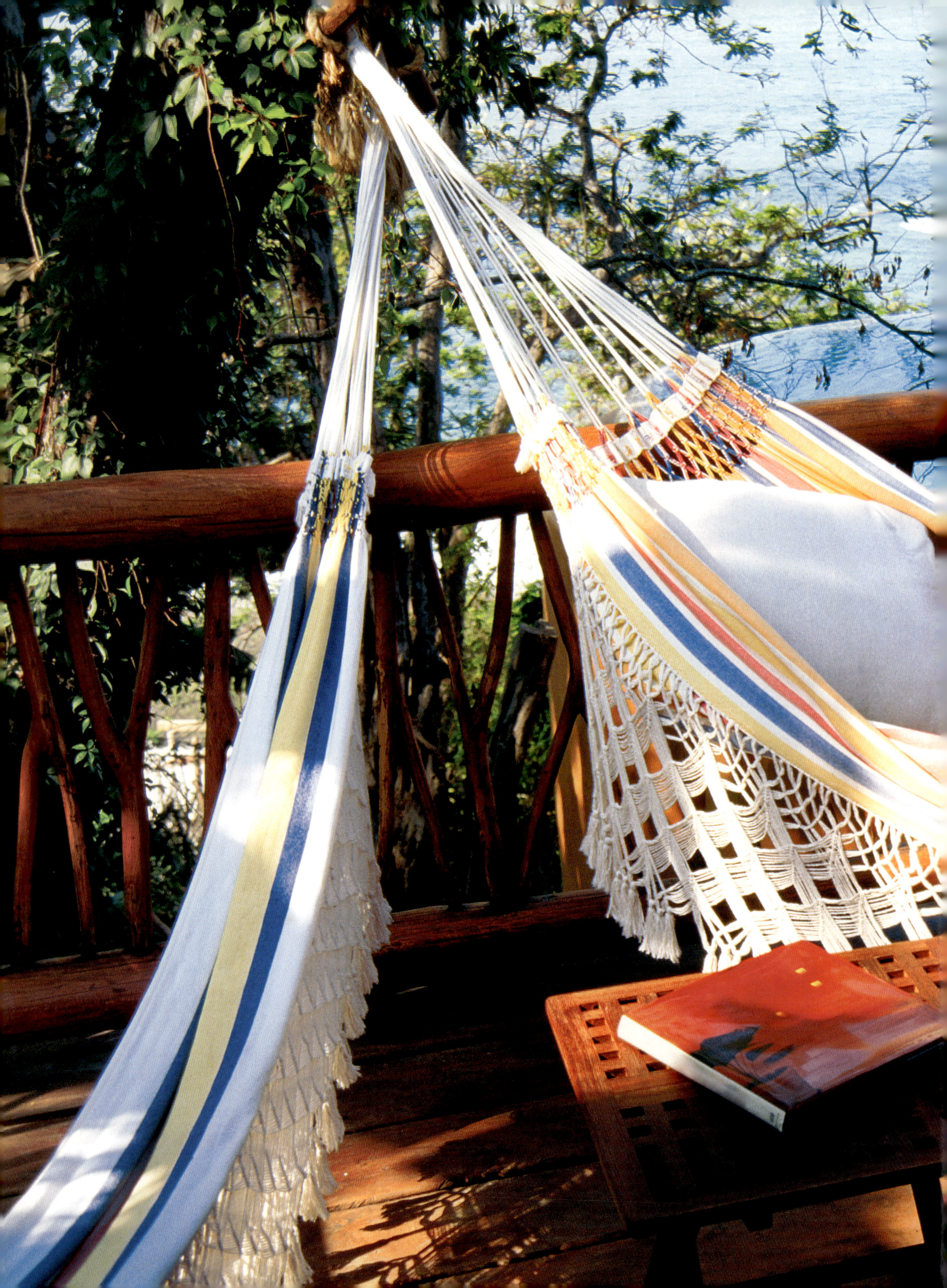

En la interminable fiesta del color, las hamacas son arcoiris capturados y atados al tiempo de la siesta, al tiempo de la ensoñación. En el verano, sirven para escuchar el paso de la brisa entre los hilos del entramado. En el invierno, para envolver los sueños. Sus cuerdas huelen a perfume de henequén, a perfume de algodón. Su balanceo es nostalgia de la cuna infantil y por eso nos hace, otra vez, inocentes.

**In this endless feast of color, the hammocks are rainbows that have been harnessed and fastened for siestas, where dreams reign. In the summer, one can almost hear the breeze passing between the woven fabric. In winter, it is dreams that are woven. The fragrance of its threads is henequen and cotton. Its balance, reminiscent of the childhood cot, takes us back to innocence.**

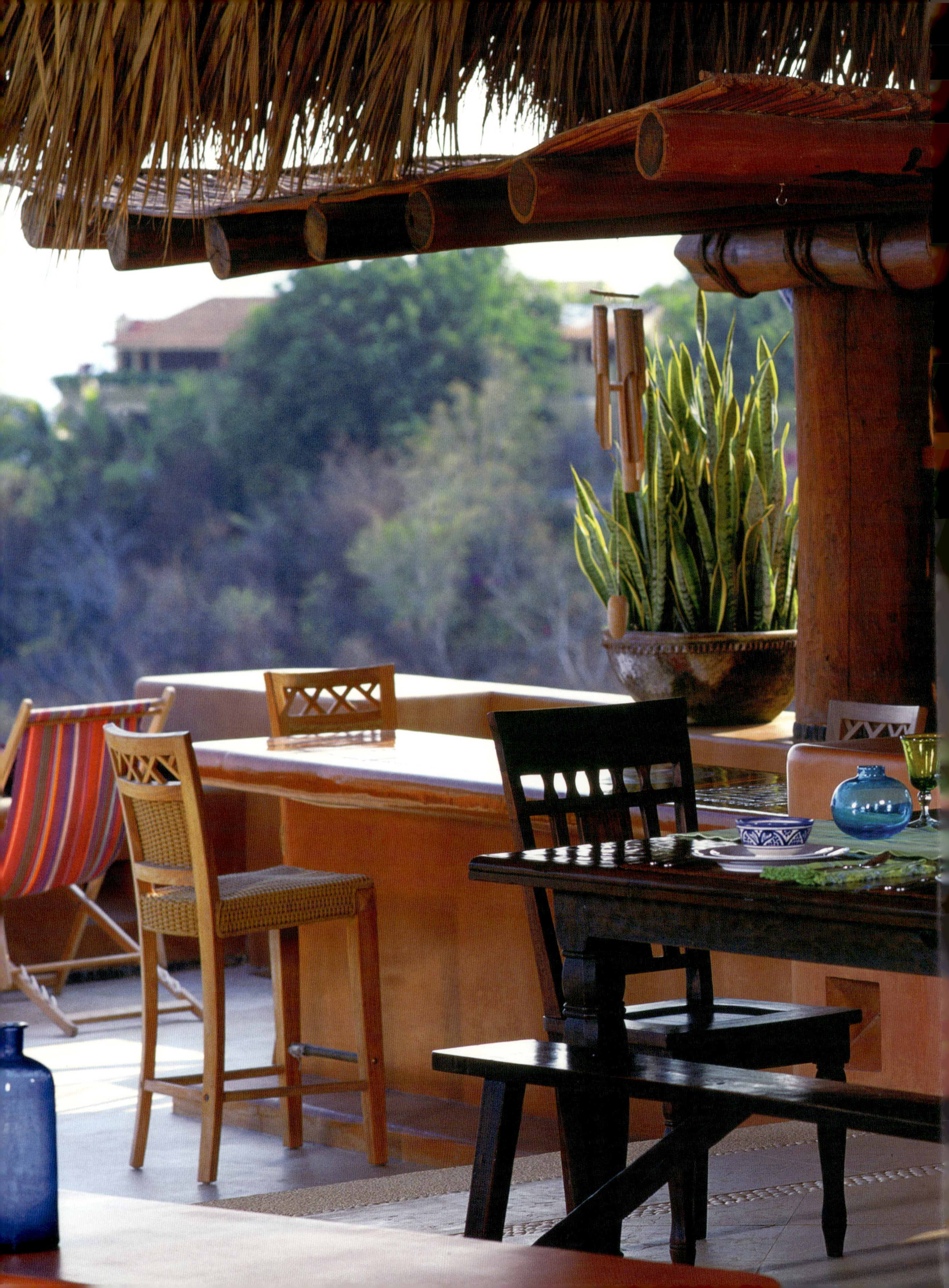

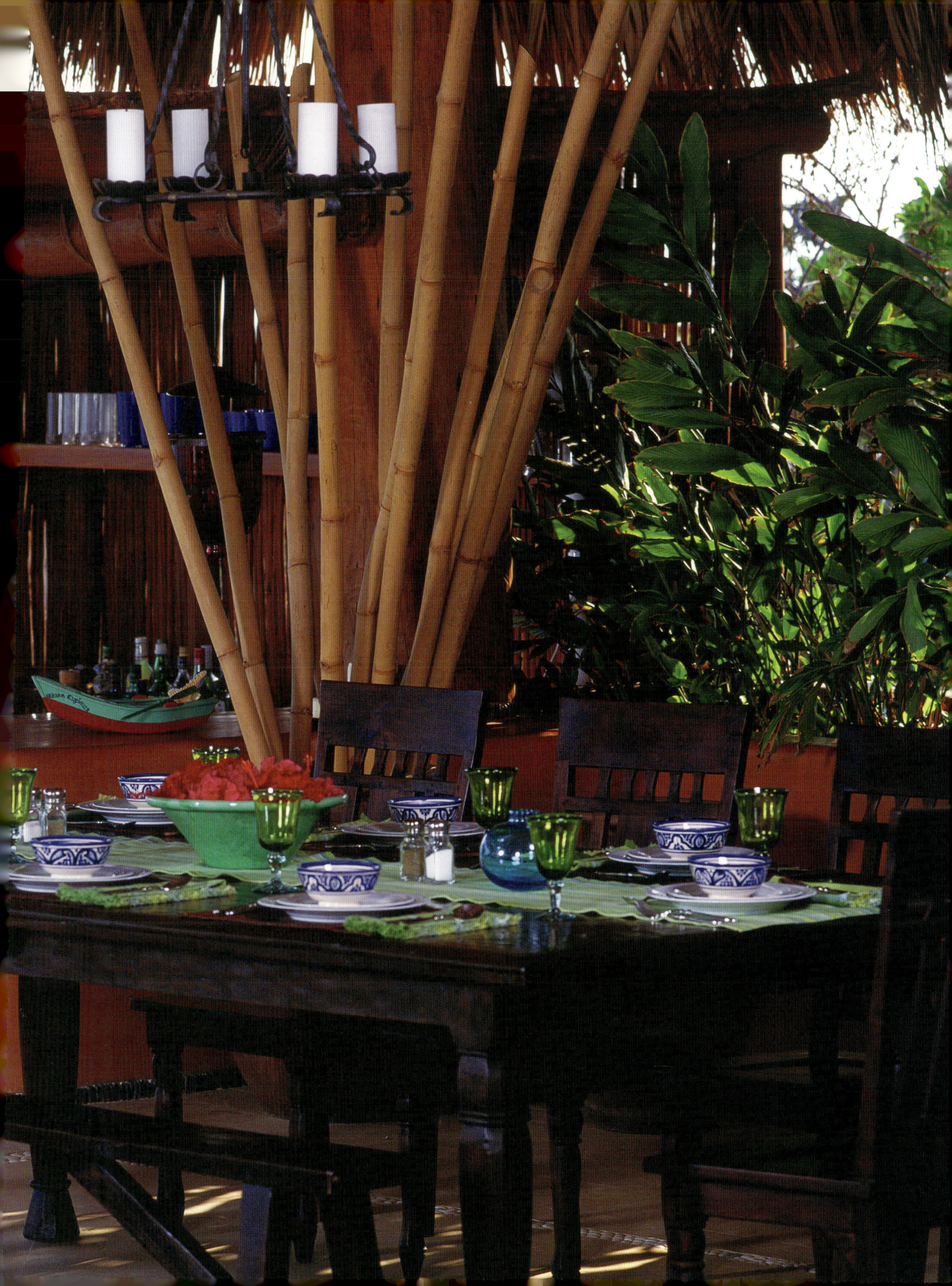

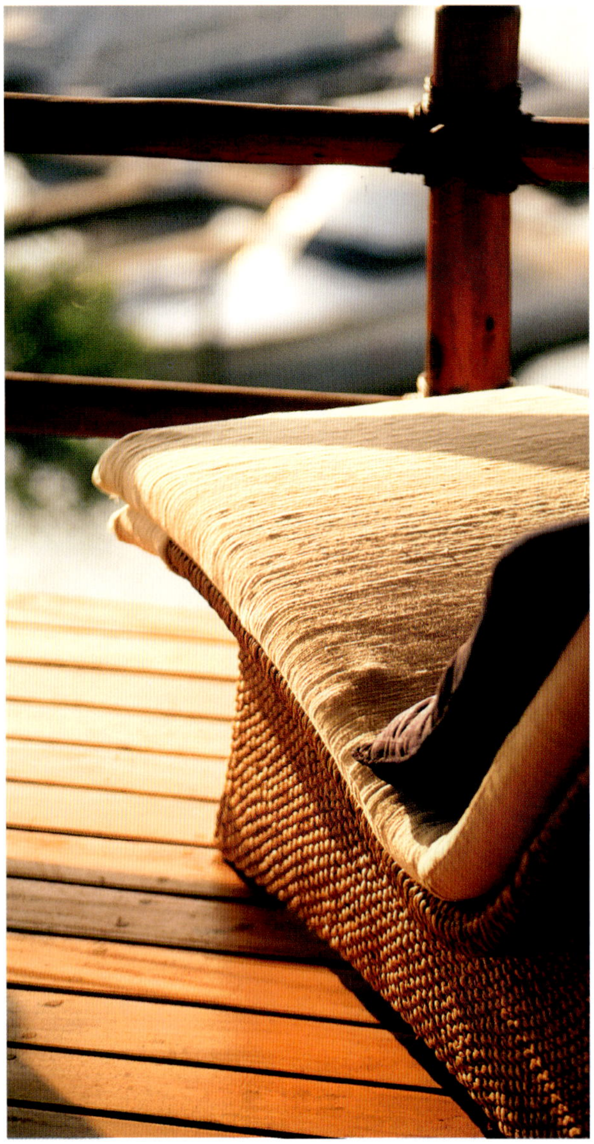

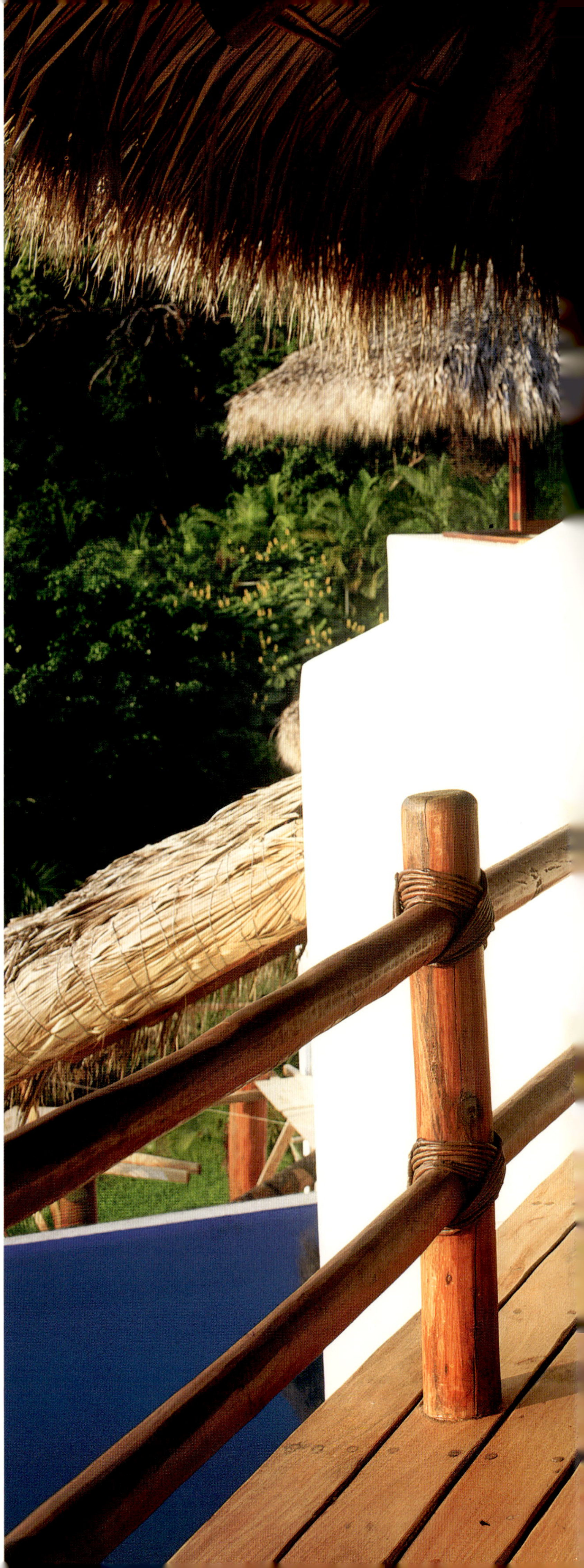

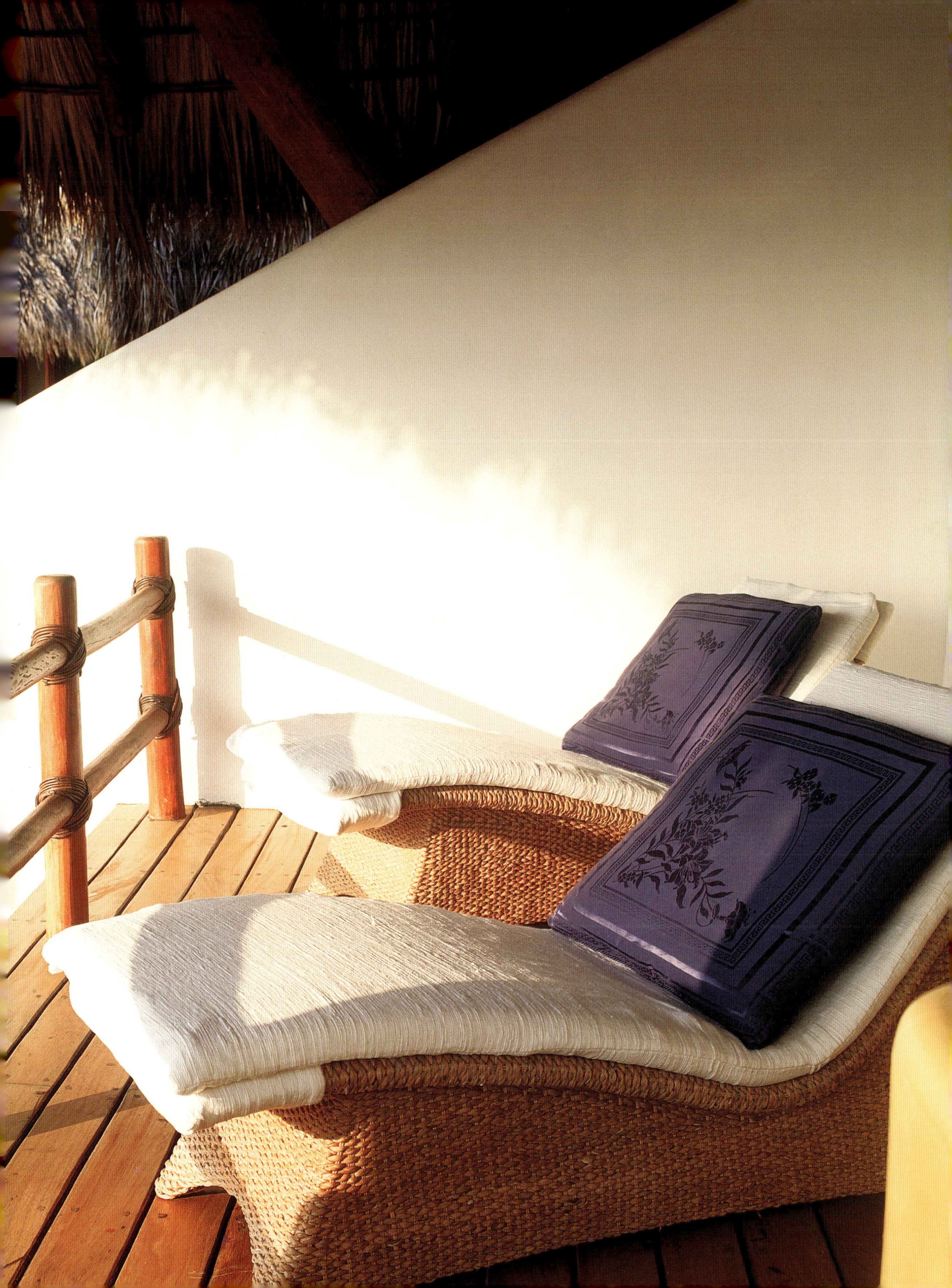

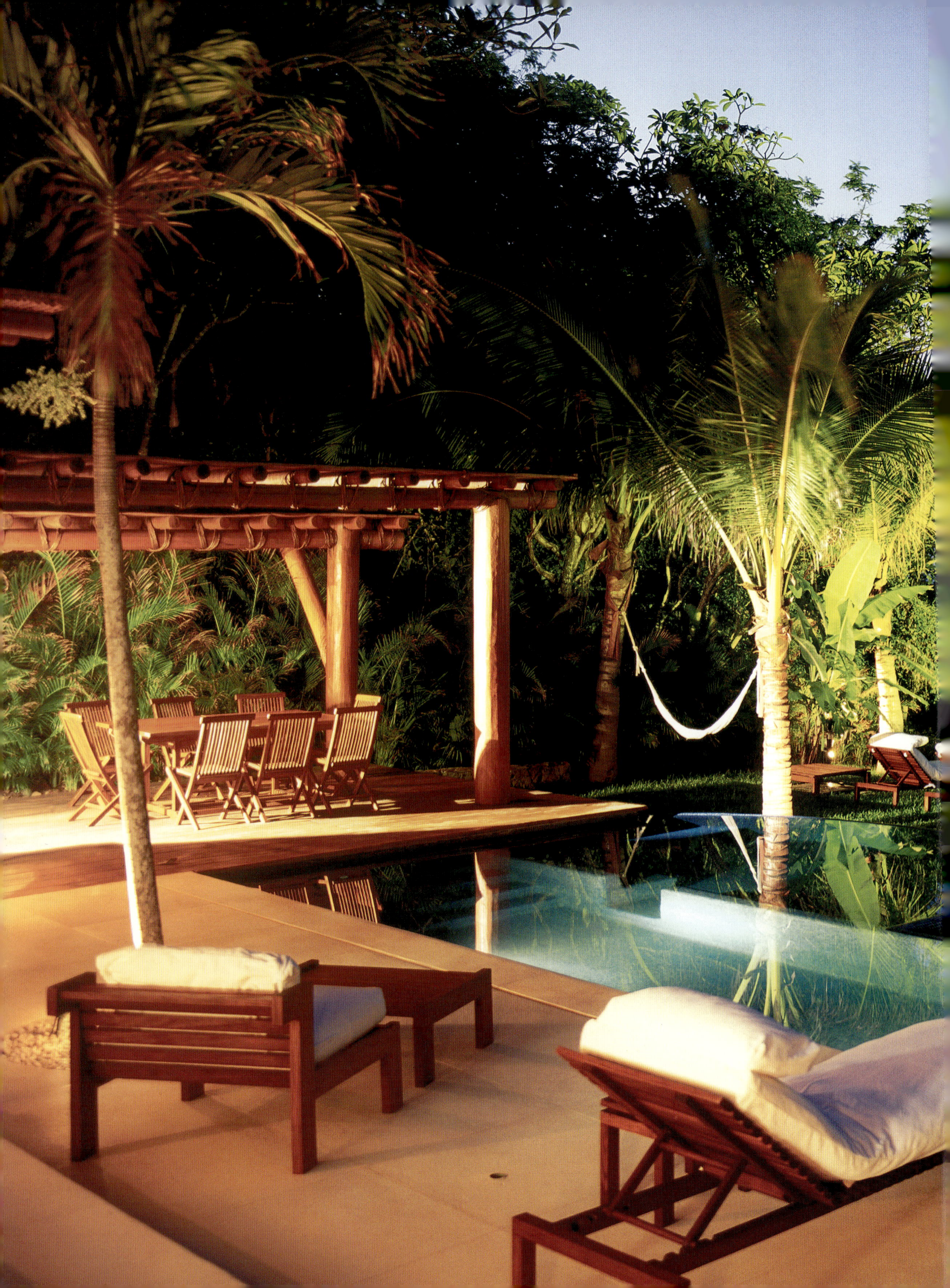

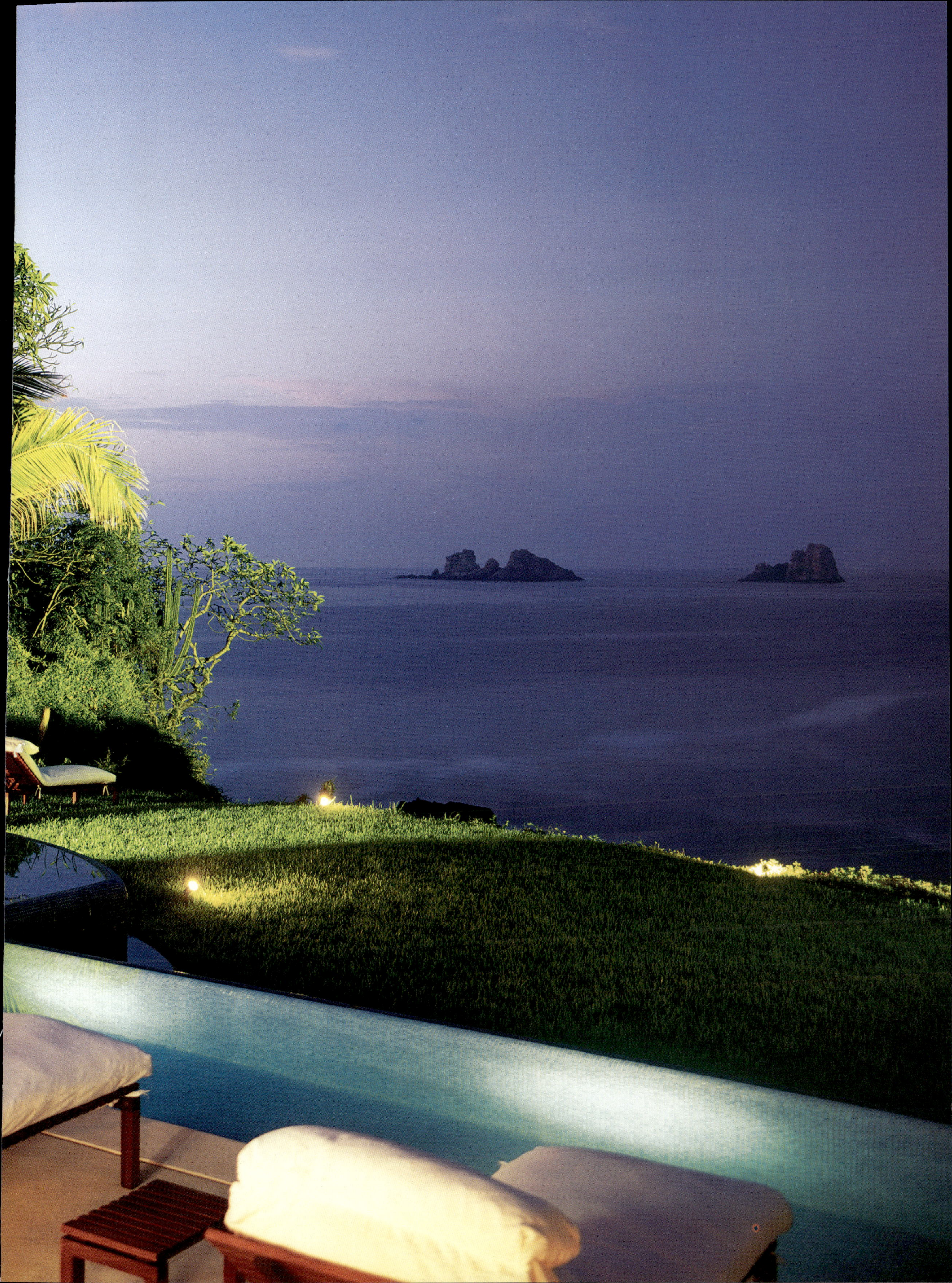

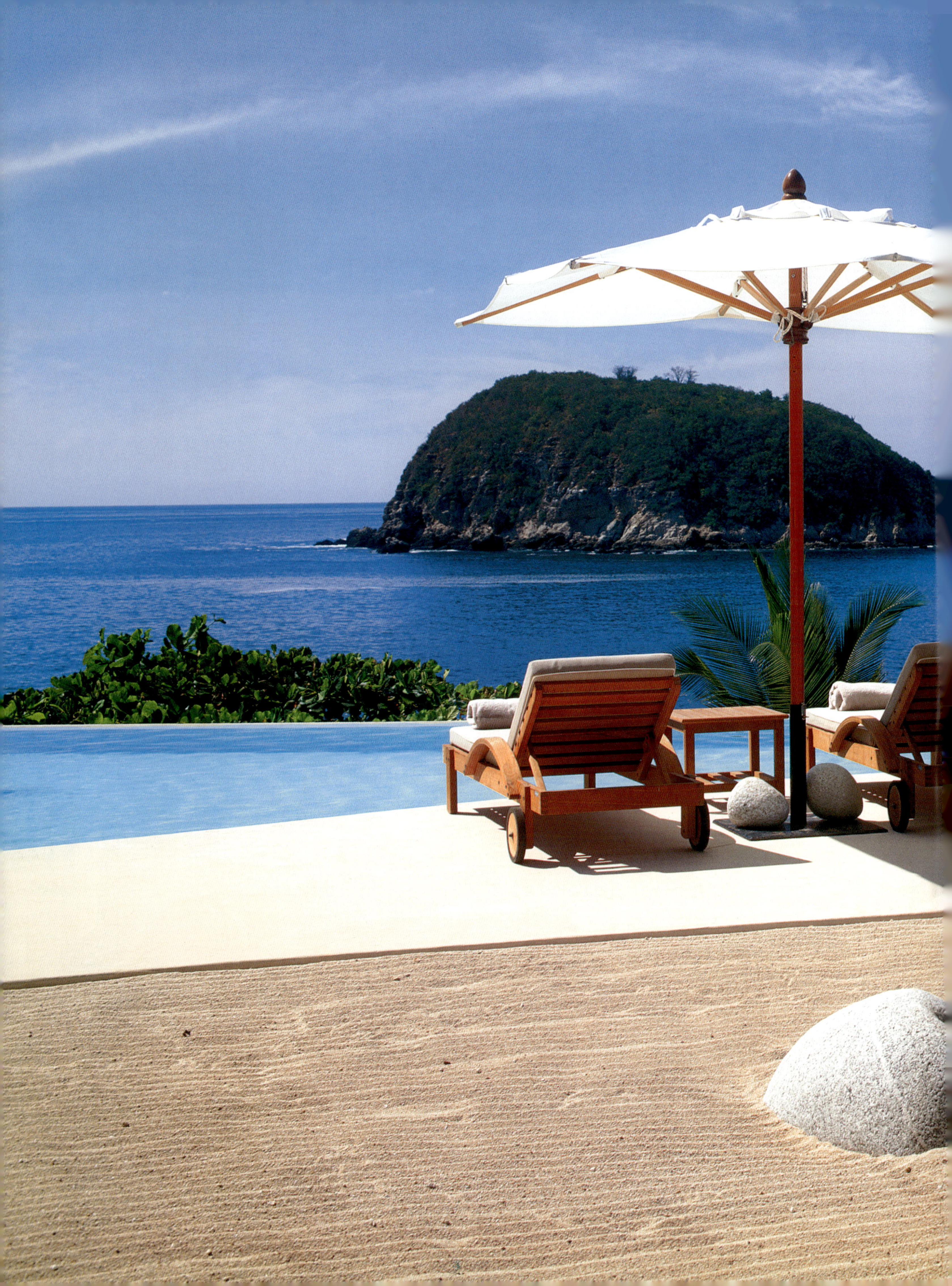

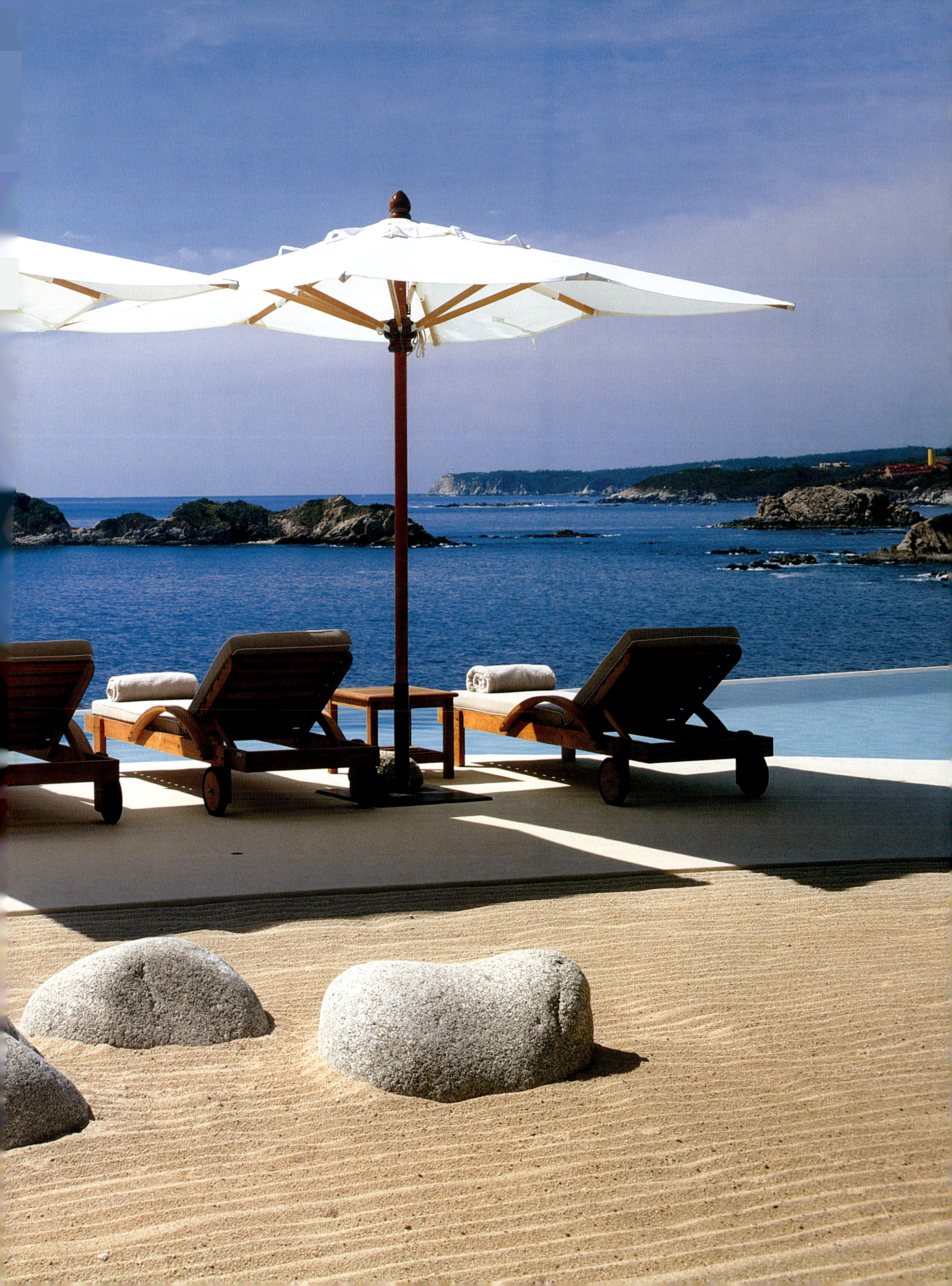

# INDICE / INDEX

- 7 José de Yturbe Bernal • José de Yturbe Sordo • Andrés Cajiga Ramírez
- 8 (top left) Enrique Zozaya Díaz, (top center, center right and bottom center) Fernando de Haro L. • Jesús Fernández S. • Omar Fuentes E., (top right, center, bottom right and bottom left) Enrique Muller • Pablo Díaz Conde, (center left) José Miguel Monroy Stratil • Marco A. Monroy Stratil
- 9 (top left, top center, center left, center and bottom right) Enrique Muller • Pablo Díaz Conde, (top right) Carlos Herrera Massieu, (center right and bottom center) Manuel Mestre, (bottom left) Enrique Zozaya Díaz
- 10-11 José de Yturbe Bernal • José de Yturbe Sordo • Andrés Cajiga Ramírez
- 12 Fernando de Haro L. • Jesús Fernández S. • Omar Fuentes E.
- 14-15 Alfonso López Baz • Javier Calleja • Antonio Artigas
- 18-19 Manuel Mestre
- 20 Enrique Muller • Pablo Díaz Conde
- 21 Carlos Herrera Massieu
- 22-23 José de Yturbe Bernal • José de Yturbe Sordo • Andrés Cajiga Ramírez
- 26-27 Carlos Herrera Massieu
- 28-31 Fernando de Haro L. • Jesús Fernández S. • Omar Fuentes E.
- 32-33 Carlos Herrera Massieu
- 34-37 Fernando de Haro L. • Jesús Fernández S. • Omar Fuentes E.
- 38-39 Enrique Muller • Pablo Díaz Conde
- 40-41 Enrique Zozaya Díaz
- 42-43 Enrique Muller • Pablo Díaz Conde
- 44-45 Fernando de Haro L. • Jesús Fernández S. • Omar Fuentes E.
- 46-47 Enrique Zozaya Díaz
- 48-49 Fernando de Haro L. • Jesús Fernández S. • Omar Fuentes E.
- 50-51 Santiago Aspe Poniatowski
- 52-53 Fernando de Haro L. • Jesús Fernández S. • Omar Fuentes E.
- 54-55 Enrique Zozaya Díaz
- 56-57 Enrique Muller • Pablo Díaz Conde
- 58-63 José de Yturbe Bernal • José de Yturbe Sordo • Andrés Cajiga Ramírez
- 64-65 Alfonso López Baz • Javier Calleja • Antonio Artigas
- 66-71 Fernando de Haro L. • Jesús Fernández S. • Omar Fuentes E.
- 72-73 Enrique Muller • Pablo Díaz Conde
- 74-75 Fernando de Haro L. • Jesús Fernández S. • Omar Fuentes E.
- 76-79 José de Yturbe Bernal • José de Yturbe Sordo • Andrés Cajiga Ramírez
- 80-81 Fernando de Haro L. • Jesús Fernández S. • Omar Fuentes E.
- 82-83 Manuel Mestre
- 84-85 Enrique Zozaya Díaz
- 86 Enrique Muller • Pablo Díaz Conde
- 87-89 Manuel Mestre
- 90-91 Enrique Zozaya Díaz
- 92 Enrique Muller • Pablo Díaz Conde
- 93 Enrique Zozaya Díaz
- 94-95 Carlos Herrera Massieu
- 96-97 Alex Pössenbacher
- 98-99 Enrique Muller • Pablo Díaz Conde

| | |
|---:|:---|
| Santiago Aspe Poniatowski | 100-101 |
| Alex Pössenbacher | 102-103 |
| Carlos Herrera Massieu | 104-105 |
| Alfonso López Baz • Javier Calleja • Antonio Artigas | 106-107 |
| Fernando de Haro L. • Jesús Fernández S. • Omar Fuentes E. | 108-109 |
| José de Yturbe Bernal • José de Yturbe Sordo • Andrés Cajiga Ramírez | 110-113 |
| Manuel Mestre | 114 |
| José de Yturbe Bernal • José de Yturbe Sordo • Andrés Cajiga Ramírez | 116-117 |
| Enrique Muller • Pablo Díaz Conde | 118-119 |
| Fernando de Haro L. • Jesús Fernández S. • Omar Fuentes E. | 120-123 |
| Manuel Mestre | 124-129 |
| Santiago Aspe Poniatowski | 130-131 |
| Enrique Zozaya Díaz | 132-137 |
| Alex Pössenbacher | 138-139 |
| Enrique Zozaya Díaz | 140-141 |
| Enrique Muller • Pablo Díaz Conde | 142-147 |
| Carlos Herrera Massieu | 148-149 |
| Fernando de Haro L. • Jesús Fernández S. • Omar Fuentes E. | 150-153 |
| José de Yturbe Bernal • José de Yturbe Sordo • Andrés Cajiga Ramírez | 154-155 |
| Alfonso López Baz • Javier Calleja • Antonio Artigas | 156-157 |
| Carlos Herrera Massieu | 158-159 |
| José Miguel Monroy S. • Antonio Carrera T. | 160 |
| Enrique Zozaya Díaz | 162-163 |
| Fernando de Haro L. • Jesús Fernández S. • Omar Fuentes E. | 164-165 |
| Manuel Mestre | 166 |
| Enrique Muller • Pablo Díaz Conde | 167 |
| Fernando de Haro L. • Jesús Fernández S. • Omar Fuentes E. | 168-169 |
| Santiago Aspe Poniatowski | 170 |
| Enrique Muller • Pablo Díaz Conde | 171 |
| Alfonso López Baz • Javier Calleja • Antonio Artigas | 172-173 |
| Enrique Muller • Pablo Díaz Conde | 174-175 |
| José Miguel Monroy S. • Antonio Carrera T. | 176 |
| Manuel Mestre | 177 |
| Enrique Muller • Pablo Díaz Conde | 178-179 |
| Manuel Mestre | 180-183 |
| José de Yturbe Bernal • José de Yturbe Sordo • Andrés Cajiga Ramírez | 184-185 |
| Fernando de Haro L. • Jesús Fernández S. • Omar Fuentes E. | 186-189 |
| José de Yturbe Bernal • José de Yturbe Sordo • Andrés Cajiga Ramírez | 190-191 |
| Alex Pössenbacher | 192-193 |
| Alfonso López Baz • Javier Calleja • Antonio Artigas | 194-195 |
| Enrique Zozaya Díaz | 196-199 |
| Fernando de Haro L. • Jesús Fernández S. • Omar Fuentes E. | 200-201 |
| Enrique Muller • Pablo Díaz Conde | 202-203 |
| Fernando de Haro L. • Jesús Fernández S. • Omar Fuentes E. | 204-205 |
| Alex Pössenbacher | 206-207 |
| Carlos Herrera Massieu | 208-209 |

**Fotografía** Photography

Víctor Benítez 96-97, 102-103.

Michael Calderwood 8 (top, center, center right and bottom), 9, 12, 18-21, 26-27, 30-33, 38-43, 46-47, 50-51, 54-57, 70-75, 80-95, 98-101, 104-105, 114, 118-120, 122-149, 158-159, 162-163, 166-171, 174-175, 177-183, 188-189, 192-193, 196-200 (left), 201-209.

Mark Callanan 14-15, 64-65, 106-107, 156-157, 172-173, 194-195.

Fernando Cordero 7, 10-11, 22-23, 58-63, 77-79, 110-113, 184-185, 190-191.

Miguel García 76, 116-117, 154-155.

Rigoberto Moreno S. 8 (center left), 160, 176.

Sebastián Saldívar 44-45, 186-187.

Héctor Velasco Facio 28-29, 34-37, 48-49, 52-53, 66-68, 108-109, 121, 150-151, 152-153, 164-165, 200 (right).

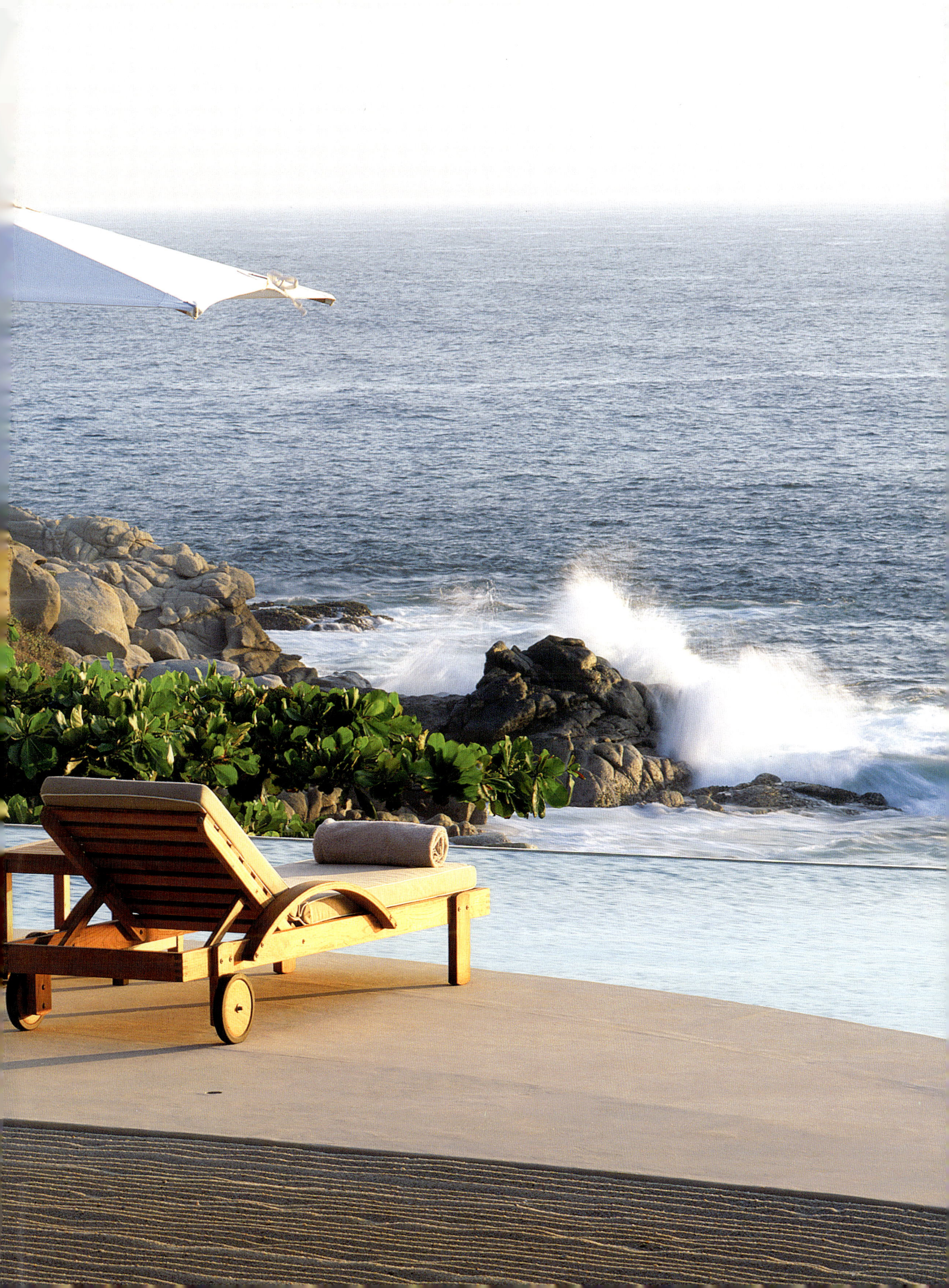

Se terminó de imprimir en el mes de Junio del 2006 en China. El cuidado de la edición estuvo a cargo de AM Editores S.A. de C.V. **Printed in June 2006 in China. Published by AM Editores S.A. de C.V.**